W0250664

Figures du communisme

Frédéric Lordon

Figures du communisme

La fabrique
éditions

www.lafabrique.fr
lafabrique@lafabrique.fr
Conception graphique :
Jérôme Saint-Loubert Bié
ISBN : 978-2-35872-213-1

La Fabrique éditions
64, rue Rébeval
75019 Paris
lafabrique@lafabrique.fr
Diffusion : Les Belles Lettres

Sommaire

Prologue

En réalité, c'est simple. Nous savons maintenant indubitablement que la manière dont nous avons vécu – la manière capitaliste – mène au désastre général. Par conséquent, nous devons en changer. Entièrement.

*
* *

1

Il fallait sans doute la catastrophe pour fermer la longue parenthèse de la préhistoire – celle du développement matériel. Le malheur ne sera pas venu pour rien s'il nous fait entrer enfin dans l'histoire – celle du développement humain. La vie commune doit donc être refaite de fond en comble.

Les individus qui ont régné pendant la préhistoire continueront d'avoir droit de cité. Nous les regarderons comme des curiosités, apprécierons leurs transformations. Empêcherons fermement les récalcitrants de nuire. Puisque ce que nous devons faire est à l'opposé de ce qu'ils ont si longtemps imposé.

Que les sociétés de la préhistoire aient pu faire du développement des accumulations monétaires leur unique horizon offre contre elles, par soi, le plus terrible des réquisitoires.

Une société humaine hiérarchise ses priorités tout autrement : selon un ordre logique pour la raison – même si, bien sûr, tout est solidaire et, dans la pratique, se donne d'un seul ensemble.

*
* *

2

Viennent en premier les exigences de la conservation de la vie. Pour bien vivre, d'abord il faut vivre bien.

Il s'ensuit que le système général de la santé vient en haut dans l'ordre logique. Par système de la santé, il ne faut pas seulement entendre les institutions du soin médical, mais l'ensemble des pratiques concourant à l'entretien et au bien-être des corps. Ces pratiques supposent la diffusion par l'éducation, le partage des expériences, et le temps de s'y adonner.

Il suit également que, dans la conservation des vies humaines, il entre décisivement la plus grande considération pour les existences non humaines. Seule la folie de nous croire « comme un empire dans un empire » a pu nous faire oublier que nous ne sommes pas suffisants et que nous avons besoin des autres, au minimum d'organiser notre symbiose en leur compagnie – par conséquent de vivre *intelligemment* avec eux.

Les formes nouvelles de l'agriculture entrent dans cette intelligence.

La médecine, les pratiques du corps, les attentions de la symbiose et l'agriculture sont les institutions de la santé humaine.

*
* *

3

Pour autant, il n'y a pas de santé possible dans l'inquiétude matérielle. La deuxième priorité logique est celle qui soustrait également les individus aux hantises de l'avenir, servitude mentale qui fait les servitudes politiques. Nul ne doit plus redouter.

Si le travail social ne peut être que divisé, il est impensable que quiconque ait à craindre pour accéder à tout le nécessaire. La société sortie de la préhistoire vise, par l'organisation collective et à toutes les échelles, la plus grande stabilisation possible des conditions d'existence matérielle des individus. Nul ne doit dépendre pour sa vie d'un intermédiaire versatile, souverain et tyran, que ce soit sous la forme de l'« employeur » ou celle du « marché ». Aussi revient-il à la société entière de garantir inconditionnellement à chacun l'accès aux moyens socialement déterminés de la tranquillité matérielle.

Si l'on veut tenir ce nécessaire pour un minimum, le maximum devra être rigoureusement borné.

La propriété privée n'aura plus de jouissance que d'usage. Son exploitation à des fins de mise en valeur appartient à la préhistoire. Elle y restera définitivement.

Le désastre nous aura appris que la hiérarchie préhistorique des importants marchait sur la tête : les réputés premiers étaient des boulets, inutiles au mieux, nuisibles le plus souvent ; la société ne tenait en fait que par ceux qu'elle considérait comme ses subalternes. La division du travail refaite en vue de l'élimination des boulets, la société identifiera clairement ceux à qui elle doit le plus, et les traitera en conséquence.

*
* *

4

Les titres de la santé et de l'existence matérielle ne sont que les prérequis à la fin véritable de la vie commune : le développement des puissances créatrices de tous.

L'accès élargi et permanent au plus grand nombre de savoirs possible pour le plus grand nombre d'individus possible entre d'évidence dans la société du développement humain. Quiconque cultive son esprit tend *ipso facto* à cultiver celui des autres. Il est par là utile à la société et encouragé par elle.

Si l'on donne à cet accès le nom général d'éducation, toutes les formes en seront développées au titre de priorités de la vie sociale : scolaire, populaire, associative, autonome, etc. Tous les domaines aussi.

Les médias, instruments de servitude, de conformisme et d'abêtissement dans la société antérieure, recevront une attention particulière. Ils seront strictement tenus à la mission inscrite dans leur nom même : donner à chacun à connaître de la vie de tous les autres et de la collectivité et des autres collectivités. Recevront au surplus celle de rendre compte de toutes les idées et de toutes les créations, hors la subordination à quelque pouvoir constitué.

Les éducations, les médias, les lieux de création sont les institutions du développement humain.

La préhistoire matérielle avait situé le sens de la vie dans le niveau de la jouissance monétaire, l'histoire humaine le met dans les possibilités de la libre production des mains et de l'esprit. Elle remplace l'argent par l'œuvre – en donnant la plus grande extension possible au mot, donc sans qu'il entraîne quelque condition ni d'abstraction ni de postérité, sans qu'il l'exclue non plus.

La société humaine se jugera elle-même à ses œuvres.

*
* *

Coda

Des principes n'ont pas d'autre force que celle de l'encre sur du papier. Pour qu'ils deviennent lettre *vive*, il faut, avait dit un éclaireur, qu'ils « s'emparent » du grand nombre.

Il faut admettre qu'il est de la nature des déclarations de principes de rester muettes quant aux conditions de réalisation des principes.

Elles omettent beaucoup de choses et ne disent rien non plus des détails. C'est une autre faiblesse. Mais celle-là est aussi une force. D'abord parce qu'elle est une invitation à la contribution de tous – de chacun selon ses savoirs à la collectivité selon son désir politique. Ensuite parce que sans doute le cheminement se fabrique-t-il en cheminant.

Cependant, vouloir aller *ailleurs*, si c'est aujourd'hui une nécessité de sauvegarde, ne suffit pas en soi : on ne va nulle part sans s'être fait avant une idée de la destination.

Introduction

Quelle surprise : « après la Covid », plus rien ne devait être comme avant, or tout est pareil en pire. L'énormité du choc devait forcer les méditations les plus profondes, les reconsidérations d'ampleur, bref renverser le monde. Il se maintient à l'identique, et va très bien merci – très bien, entendons : pour Bezos, Musk, Gates, GAFAM, etc., toujours les mêmes. Pour les autres... Mais enfin « les autres » n'ont jamais trop compté. Ça s'appelle le capitalisme, à un moment il faudrait s'en souvenir. Il le faudrait d'autant plus que ses manières de massacrer « les autres » ne cessent de s'enrichir. Nous connaissions de longue date la manière salariale, commencions à découvrir la manière climatique, voici que la manière pandémique fait une entrée en scène fracassante.

D'un fracas paradoxal cependant. L'énormité du dégât est objective, en termes de nombre de malades et de morts ça va sans dire, mais au moins autant dans les existences confinées de ceux qu'on appellerait à peine des « bien-portants ». Énormité du dégât donc, mais conscience encore des plus floue de ses causes. Or celles-ci ne font aucun doute. Détruisant la planète avec une obstination de brute, le capitalisme détruit les partages territoriaux des espèces : humains, animaux, virus. La cohabitation heureuse supposait les « bonnes » distances, celles-ci ont été abolies puisque l'homme capitaliste revendique que *tout* lui appartienne (et s'offre à son exploitation), il s'ensuit quelques imprévus retours de manivelle. À en croire les chercheurs qui depuis longtemps réfléchissent à ces questions, celui de la Covid n'est que le premier[1], et un simple échauffement en douceur avant d'autres plus sérieux.

Si elle est une condition nécessaire de la transformation des choses, la conscience claire des causalités est pourtant loin d'être suffisante. Ne parlons même pas de ceux qui ferment les écoutilles, mettent tous leurs efforts à ce que cette conscience ne leur parvienne *pas*, persisteront à tenir la pandémie pour un choc exogène, un coup du sort comme il en arrive parfois, s'esclafferont à l'idée que « le capitalisme » aurait quoi que ce soit à voir là-dedans. Si ceux-là sont perdus et n'entendront jamais rien, le cas d'autres, qui eux voient assez bien de quoi il y va mais demeurent incapables d'en tirer quoi que ce soit de *sérieux*, n'est pas moins mystérieux. Or nous en arrivons à un point de menace sur l'humanité où il va falloir hâter, le cas échéant forcer à la *conséquence*. La conséquence n'est pas davantage que de mettre l'une derrière l'autre deux idées qui s'appellent logiquement – par exemple des conclusions à la suite de prémisses. Ça n'est pas davantage, et pourtant c'est tellement demander, semble-t-il. Il suffit de voir, à gauche, avec quel mélange de gracieux détours et d'acharnement toute une fraction d'intellectuels, de politiques, d'« activistes » et d'organisations s'y appliquent. En fait, on comprend un peu les raisons du refus d'obstacle : c'est que l'obstacle est haut. Plus exactement, il est triple. Dans la situation qui est la nôtre en effet, la conséquence commande de se rendre à trois énoncés qui ne se négocient pas facilement : 1) le capitalisme est entré dans une phase où il *détruit l'humanité*, par conséquent l'humanité va avoir à choisir entre persévérer tout court et persévérer dans le capitalisme – pour s'y éteindre ; 2) *jamais* les capitalistes ne se rendront à leur responsabilité homicide ni (donc) ne renonceront à la poursuite du (de leur) jeu, les tours les plus spécieux de raisonnement seront déployés pour convaincre de la possibilité, de la nécessité même, de continuer, les pires violences aussi s'il le faut (et de plus en plus il en faudra) ; 3) il n'y a *aucune* solution de renversement, ni même de simple arraisonnement, du capitalisme dans le cadre des institutions politiques de la « démocratie », ou plutôt de ce qui se fait appeler ainsi, seul un dégagement d'énergie politique phénoménal peut empêcher le capitalisme d'emmener l'humanité jusqu'au bout du bout, un dégagement qui porte usuellement le nom de « révolution ».

La position du présent ouvrage est que si, comme n'hésite pas à le claironner le grand parti des propos sans suite, la situation terrestre est bien à ce point *inédite*, et de la dernière urgence, alors, à l'encontre des regards fuyants du même parti, il faut contempler ces énoncés bien en face. Et s'efforcer de les tenir, pour en faire quelque chose. Quelque chose qui soit à la hauteur de l'urgence dont on dit, à raison mais sans conséquence, s'alarmer si fort. Or c'est de cet impératif logique que le parti des propos sans suite et des regards fuyants cherche à se détourner à toute force. Et c'est à cet impératif logique qu'il faut le *ramener*.

Il est vrai que les trois obstacles en engendrent d'eux-mêmes un quatrième : sortir révolutionnairement du capitalisme, donc, mais pour entrer dans quoi ? Il suffit de poser « communisme » comme antonyme de « capitalisme » pour qu'aussitôt s'abattent en avalanche les images historiques. Et le match est plié : entre, d'une part, l'espoir de retarder un peu la montée des eaux, la suffocation et les pandémies sans rien perdre de ses doudous marchands, ses iPhones, ses abonnements Netflix et ses SUV, sans oublier la possibilité que le capitalisme lui-même nous sauve – solutions décarbonées, voitures électriques, vaccins et antidotes – entre tout ceci d'une part, et d'autre part le goulag, point, le choix est très vite fait.

Présenter les choses en ces termes est peut-être une manière d'indiquer la nature du combat politique à jouer – plus exactement d'une de ses dimensions: c'est un combat d'*images*. La fatalité historique du communisme est de *n'avoir jamais eu lieu* et pourtant d'avoir été grevé d'images désastreuses. À la place desquelles il faut mettre enfin des images de ce qu'il pourrait être lui, réellement. Sortir du capitalisme demeurera un impensable tant que le communisme demeurera un infigurable (ou un « in-refigurable »). Car le communisme ne peut pas être désirable seulement de ce que le capitalisme devient odieux. Il doit l'être pour lui-même. Et pour l'être il doit se donner à voir, à imaginer: bref, se donner des *figures*.

Ici l'idée centrale, celle autour de laquelle s'ordonnent des figures possibles du communisme, est empruntée au travail de Bernard Friot. Friot la nomme « salaire à vie » mais c'est un choix qui, s'il a pour lui de bonnes raisons, n'en a pas moins créé nombre d'inutiles malentendus. On lui préférera: « garantie économique générale » (pourvu que le changement d'appellation ne fasse pas oublier la réalité de la paternité). Le système de la garantie économique générale a pour visée de nous libérer de deux maîtres fous: le *marché* et l'*emploi* capitalistes. Avec un remarquable pouvoir de concentration (mais aux innocents les mains pleines), un seul titre de presse récemment glané résume à lui seul le tréfonds de l'aberration présente: « Le marché automobile français a régressé en 2020 à son niveau de 1975[2] ». Relisons avec soin pour être sûr de bien comprendre: produire beaucoup moins de voitures, c'est-à-dire beaucoup moins de petites machines ambulantes à cracher du CO_2, au prix de beaucoup moins d'extractions, puis de déchets, n'est pas du tout un *progrès*, c'est même tout le contraire : « régresser ». Mais voici le pire – en fait le plus vicieux : ce qui, en réalité, devrait être tenu pour une excellente nouvelle n'en est pas moins *objectivement* un désastre : pour les salariés du secteur automobile. Un système d'ensemble qui lie de cette manière les deux événements, d'une part d'un soulagement pour l'environnement, et d'autre part d'une catastrophe pour les salariés, qui est incapable de faire que l'un ne conduise pas à l'autre et vice versa, un tel système, en effet, doit être dit *vicieux*. C'est le système du marché et de l'emploi capitalistes. Et c'est cela qu'il faut détruire.

À sa place, la garantie économique générale instaure la déconnexion de l'activité et du revenu, la propriété collective d'usage après abolition de la propriété privée des moyens de production, la souveraineté des producteurs associés, la fermeture complète de la finance, un système fédéral de caisses pilotant le subventionnement des investissements et les décisions d'orientation de la division du travail. La division du travail, justement : c'est sans doute l'une des questions centrales dans toute cette affaire, l'une des moins posées aussi, en tout cas dans les secteurs de la gauche anticapitaliste qui ne regardent que les expériences d'autonomie. Non pas que celles-ci ne soient pas d'un grand intérêt, mais elles ne peuvent certainement pas suffire à soutenir seules un nouveau mode de production.

Car c'est bien un *mode de production* qu'il s'agit de reconstruire, à la hauteur de notre désir matériel, lui-même rediscuté à la lumière de la menace qui pèse maintenant sur la planète – ou plutôt : sur nous sur la planète. À la lumière aussi de nos habitudes anciennes, de ce que nous pouvons en abandonner et de ce que nous ne pouvons pas. De toute cette discussion, et d'autres encore, au moins aussi délicates, il résultera un certain *niveau de forces productives* adéquat à ce désir matériel raisonné, et une certaine manière de nous organiser à toutes les échelles, *y compris macrosociale*, pour le soutenir. Certaines traditions de pensée se perdant, et la perspective révolutionnaire sortie depuis si longtemps de nos horizons, toute une partie de la gauche radicale a voulu penser le salut dans les communautés de petite taille, l'horizontalité, et l'oubli de l'« économie ». Mais l'« économie », elle, ne nous oubliera pas, et pour une excellente raison : elle consiste simplement en l'ensemble des manières dont nous faisons collectivement face à la nécessité de persévérer matériellement. Nous sortirons de l'économie capitaliste. Mais certainement pas de l'économie tout court. Dont les questions continueront de se poser à nous. Et dont les réponses s'expriment dans des termes auxquels on n'échappera pas, « forces productives » et « division du travail » notamment. La proposition du présent ouvrage tient qu'il est des possibilités de manipuler ces termes d'une manière qui laisse toutes leurs chances aux puissances de la vie humaine.

*
* *

Usuellement, la sociologie vit ce petit drame que chacun voit les choses du monde à sa porte. Notamment les « urgences ». Par exemple, pour le bourgeois urbain à conscience, l'urgence, c'est « la planète ». Pour certains Gilets jaunes, c'était plutôt de trouver de quoi manger dans les deux jours. À la violence avec laquelle la crise économique Covid va cogner, ce genre-là d'urgence, déjà bien installé, est promis à une extension foudroyante, le nombre des personnes précipitées dans l'angoisse du lendemain certain d'exploser. On pensait la misère un phénomène tout à fait regrettable mais réservé aux « marges », dont, par conséquent, on pouvait se désintéresser après avoir offert une émotion. Mais la fiction des « marges » se met à souffrir quand des pans entiers de la société s'apprêtent à basculer dans les soupes populaires, Emmaüs et les Restos du cœur. Littéralement parlant, elle devient une *autre* société – par là, peut-être, prête à envisager d'*autres* choses. En tout cas à avoir les oreilles différemment orientées. Quand l'angoisse des lendemains devient ravageuse au point de faire douter de la subsistance quotidienne, voire du simple fait d'avoir un toit, l'écoute se modifie, l'idée de la tyrannie capitaliste, celle du « marché » qui peut naufrager d'un coup un secteur entier, et celle de l'« emploi » qui en fait toujours payer les pots cassés aux salariés, cette idée peut recevoir une attention nouvelle. Il ne reste alors qu'à enchaîner logiquement d'une première idée à une deuxième, etc.

Pour peu que les inconséquents ne se mettent pas en travers. On les reconnaît à ce que, eux-mêmes bien installés, et quoique allant répétant sans cesse qu'« il sera bientôt trop tard », ils pensent fondamentalement avoir encore le temps, celui de faire durer encore un peu un mode de vie qui, somme toute, leur réussit assez bien. C'est à eux, et à leurs tours dilatoires, que ce livre voudrait couper la route. Pour les forcer à regarder. Le capitalisme nous détruit, il faut détruire le capitalisme. Il n'y a pas d'échappatoire, les fausses solutions sont fausses.

Mais la sociologie qui, donc, a ses petits drames a aussi ses petits miracles : à la faveur de la crise Covid, et si différentes qu'elles soient, les deux urgences, celle de la planète « bientôt il sera trop tard mais on a quand même encore un peu le temps », et celle de devoir manger qui, elle, n'attend pas, pourraient bien trouver à se rencontrer. Et la seconde à gentiment pousser au train la première, histoire qu'elle se presse un peu. Peut-être faudrait-il songer à faire quelque chose de ces retrouvailles d'urgences que tout sépare d'ordinaire. On dira que les rapprochements ont déjà été esquissés : « fin du monde, fin du mois, même combat ». Mais, dans une certaine lecture au moins (dont il y a lieu de craindre qu'elle soit la plus fréquente), la formule même trahit ses impensés. La « fin du mois », c'est le salaire ; et le salaire, c'est l'emploi capitaliste. On comprend qu'on s'est mis à la recherche de la solution qui va simultanément sauver le monde de la destruction *et* remettre à flot le salaire (capitaliste). C'est-à-dire empêcher la fin du monde, mais *depuis* le capitalisme. Bref, et sauver le monde et relancer le capitalisme. Ou, plus ramassé encore : sauver le monde capitaliste. Si tel est bien le projet, il est une contradiction dans les termes. Bien sûr tout le barnum de la *transition* est là pour nous convaincre du contraire : on va transitionner – mais à l'intérieur –, et tout ira bien.

La conception du rapprochement des urgences développée ici tient que nous sommes arrivés au point où il n'y a plus de « transition » que par le dehors, c'est-à-dire de transition vers *autre chose* que le capitalisme. Et que la conjonction de la planète dévastée, des pandémies qui suivent de cette dévastation, et des massacres sociaux qui suivent à leur tour des pandémies, créent, pour la première fois peut-être, les conditions d'une saisie synthétique du « problème ». Ainsi qu'une idée plus juste du type de « transition » qu'il appelle. Ce n'est pas tant l'aspiration à la transition (la grande) qui depuis longtemps a manqué qu'une idée de sa destination. Le moment, à l'évidence particulier, que nous vivons n'est pas le plus mal choisi pour contribuer à en former une. Et à la dire. Ou plutôt : à la montrer.

Post-scriptum : *une partie des textes qui constituent ce livre a été publiée entre le printemps et l'été 2020 sur le blog « La pompe à phynance » du* Monde diplomatique *avec le concours précieux, compétent et amical de Thibault Henneton et Guillaume Barou, avec également les lectures de Serge Halimi, Pierre Rimbert et Sandra Lucbert. Selon la formule consacrée, la responsabilité du produit final n'appartient qu'à moi.*

Première partie

Les forces de l'inconséquence (dénis, évitements, atermoiements)

1. Certitude du désastre (si nous n'y faisons rien)

Némésis de la nature. Dont le capitalisme a tant abusé du nom. Certes, la « nature » selon le capitalisme – selon son discours hégémonique, selon ses idéologues – n'était pas tant l'ensemble des paysages, des espèces, des humains parmi eux, de leurs rapports à tous que la « nature » des « lois de la nature ». Au nombre desquelles le capitalisme affirme compter. Il y aurait assurément matière à faire la longue généalogie des idées qui ont construit l'« économie » comme une sphère quasi autonome, régie par des « lois » propres, celles d'un procès sans sujet, planant au-dessus de toute la vie sociale et lui imposant sa nécessité – la nécessité d'une « loi de la nature », précisément. On en restera à la version bouffonne de l'argument, celle d'Alain Minc, ou du ministre « socialiste » Pierret[3], qui assurent qu'on obéit (qu'on doit obéir) aux nécessités de la mondialisation de la même obéissance qu'à la loi de la gravitation. La naturalisation des faits sociaux, et spécialement des faits économiques, figure parmi les malversations intellectuelles les plus classiques des idéologues néolibéraux. On comprend pourquoi : à qui pourrait-il venir à l'idée de se rebeller contre l'accélération de la pesanteur au motif qu'il voudrait se sentir plus léger ? La contestation des « lois de l'économie » est identiquement vaine, nous expliquent les physiciens néolibéraux. « La-mondialisation », cette espèce de syntagme mou, sous lequel il faut en réalité ranger tout ce que le capital a envie de faire, est un fait de nature. Ce qui signifie : c'est ainsi.

« Si nous ne changeons pas nos modes de vie... »

Et voilà que la nature, dont le capital s'était fait un bouclier épistémologique et politique, lui revient en pleine gueule. Évidemment sous une autre forme, non pas celle d'une physique abstraite, mais celle d'un biotope – méthodiquement dévasté. Ironie : après avoir tant invoqué « la nature » des « lois de la nature », sous la protection desquelles il pensait trouver abri politique, le capital voit la nature le rappeler à ses grossièretés de pensée. Sur l'ampleur de la dévastation, nous sommes désormais de plus en plus au clair, et même d'un degré de clarté qui frise le point de certitude. Non sans, d'ailleurs, de nouveaux « enrichissements ». Nous nous savions promis aux inondations, aux canicules et à la suffocation par la catastrophe écologique. Nous avons découvert avec la Covid qu'elle nous aura aussi par le virus, une nouveauté bien faite pour frapper les esprits, pour peu que, contre tous les discours de déflection, l'idée de cette connexion finisse par leur arriver. Ça n'est pas faute en tout cas que des chercheurs l'aient vue venir, depuis un certain temps même – mais il ne manquerait plus qu'on les écoute. En tout cas ils n'ont manifestement pas été surpris, et leurs explications étaient prêtes. Malheureusement pour nous, elles sont assez convaincantes. Les déforestations massives, par exemple, ont conduit à un bouleversement des partages de territoires entre animaux et humains, mettant les premiers dans un contact bien trop rapproché avec les seconds, d'où a résulté l'augmentation du risque de zoonoses[4]. Nous apprenons désormais que la fonte de la banquise, dont nous croyons savoir qu'elle va assez bon train, pourrait libérer des masses considérables de virus inconnus. « Si nous ne changeons pas nos modes de vie, nous subirons des monstres autrement plus violents que ce coronavirus[5] », nous avertit Jean-François Guégan, chercheur à l'Inrae[6] sur les relations santé-environnement. Dans *La chauve-souris et le capital*[7], Andreas Malm compile une masse effrayante de travaux effrayants *qui disent tous la même chose* : sur le front microbien comme sur le front atmosphérique, nous n'avons encore rien vu.

N'excluons tout de même pas l'hypothèse que ces travaux soient de grossier parti pris : certains des auteurs ne cachent même pas une antipathie à fleur de peau pour l'ordre social présent, d'autres écrivent dans des revues ouvertement anticapitalistes, quant au dégonfleur de SUV[8], on voit mal comment en faire un témoin de moralité épistémologique présentable. Non, pour se faire des idées un peu robustes, il faut se tourner vers des autorités crédibles. L'US Army par exemple. Qui publie fin 2019 un rapport commandé par le général Milley, président des chefs d'état-major interarmées, à un groupe d'institutions où l'on trouve la Garde nationale, le département « météo » de l'US Army, la NASA, le Département d'État, le Bureau de l'innovation de la Maison-Blanche[9] – *enfin* du sérieux. C'est que le général est inquiet, et fait étudier deux scénarios portant l'un sur le risque d'effondrement du réseau électrique, l'autre sur le danger épidémique, et les deux explicitement en lien avec le changement climatique. Pour que le tableau soit complet, jusque dans ses anomalies, on notera que le général n'est pas seulement inquiet du changement climatique, mais qu'il a été nommé à son poste de plus haut gradé de l'armée américaine par Trump. Dans l'attelage de ces deux propriétés violemment contradictoires, c'est pourtant la première qui l'emporte dans la tête du galonné, pour une raison assez simple d'ailleurs, indiquée par le titre même de l'article (« US Military Could Collapse Within 20 Years Due to Climate Change, Report Commissioned By Pentagon Says »): il y va de l'effondrement possible de sa boutique. On pourrait trouver à ironiser sur cet axe improbable US Army / Pablo Servigne. Mais il y a un autre usage à faire des rapports à mâchoire carrée du Pentagone de Trump, l'usage d'une caution *a fortiori*. Au point où nous en sommes, il faut avoir perdu la raison pour ne pas considérer le désastre en train de se profiler comme une certitude – si nous ne faisons rien. Mais faire quoi à quoi ? C'est ça la question.

Normalement, la réponse devrait être assez vite vue. Car la certitude n'est pas moins grande quant aux causes : la catastrophe écologique n'a qu'un auteur, le capitalisme. Il y a plusieurs années déjà, Andreas Malm avait eu l'heureuse idée de pulvériser l'ânerie de l'« anthropocène ». La nouvelle époque, celle du climat déréglé, nous était-il expliqué, était le fait de l'« homme », et devait donc porter son nom. L'« homme »... On se croyait revenu chez Feuerbach ou les Jeunes Hégéliens, pourtant dézingués comme il faut par Marx. Il faut croire que tout est toujours à refaire. Ici, donc, c'est Malm[10] (et Christophe Bonneuil[11], et Armel Campagne[12]) qui s'en charge(nt) : le climat n'est pas déréglé par l'« homme », il est déréglé par le *capitalisme*. Par conséquent : capitalocène.

Malheureusement, tout le monde n'est pas d'accord. Plus exactement, l'accord ne se fait que moyennant, pour certains, une restriction mentale (politique) : la cause, c'est le capitalisme *dans son état présent*. Une restriction de taille, si elle est énoncée en peu de mots – l'« état présent », le point de bifurcation où les trajectoires se séparent. On comprend les forces à l'œuvre dans la réserve : si le problème est bien le capitalisme *tout court*, quel obstacle n'avons-nous pas à franchir ? L'« état présent », lui au moins, nous laisse la possibilité d'autres « états futurs », qu'on espère très fort raisonnables, responsables même, soucieux de ceci et respectueux de cela. Mais « tout court », c'est impossible, tout sauf « tout court », les derniers à avoir envisagé « tout court » n'étaient-ils pas les bolcheviques (il est vrai qu'ils n'avaient guère d'autres versions sous la main) ? Indépendamment même de toute modalisation, le mot « capitalisme » met un temps infini à être prononcé. De Bruno Latour à Aurélien Barrau et depuis tant d'années, pas une incrimination du capitalisme, pas une désignation explicite du capitalisme comme cause, comme chose désormais sans aménagement possible[13], donc comme chose à renverser, et dont seul le renversement peut nous sauver. Il est impossible de dresser le tableau croisé complet des affects et des groupes sociaux (depuis les industriels les plus cyniques jusqu'aux intellectuels social-démocrates en passant par les gens de médias) qui se refusent à la *conséquence*, cette vertu devenue introuvable sous le néolibéralisme, qui, par exemple, devrait interdire à un journal (*Le Monde*) de soutenir à peu près toutes les réformes économiques du macronisme en même temps qu'il sort sa titraille maximale, format Déclaration de guerre ou Armistice, pour publier les appels de scientifiques ou de vedettes en tous genres avertissant solennellement que « Il sera bientôt trop tard[14] ». Mais nous avons là la marque d'un certain journalisme, très maître de ses manières de dire – et de ne pas dire.

Si elle n'est pas de l'ordre des hypocrisies du demi-dire, une forme particulièrement pathétique, mais au sens littéral du terme, de la peur, peur inséparablement intellectuelle et politique de se rendre aux conclusions qui pour ainsi dire découlent des prémisses, est fournie par un article de Mediapart, pourtant aussi salutaire dans son choix d'objet que solide dans ses éléments, exposant, lui aussi, un rapport, celui-là établi par l'IPBES[15], un rapport s'ajoutant à tous les autres rapports, aussi effrayant que tous les autres rapports, peut-être plus puisqu'il traite spécifiquement du risque pandémique et nous annonce que nous débarquons dans « l'ère des pandémies ». Et tout le pathétique de l'article, en soi aussi bien construit que bien informé, faisant implacablement le point sur l'état, hélas formel, des recherches, tient à sa phrase de conclusion, qui demande d'une voix presque suppliante : « La science sera-t-elle entendue après la désastreuse expérience que nous traversons[16] ? » La réponse est non. Elle ne sera pas entendue.

Ça fait des décennies que la science avertit de toutes sortes de risques, substances cancérigènes, réchauffement climatique, propagation pandémique maintenant – et qu'elle arrose le sable. Le quotidien-de-référence-très-engagé-dans-la-lutte-contre-la-crise-écologique (*Le Monde*, ses scientifiques, ses people, ses polices de caractère) peut donc interroger un spécialiste qui nous met assez explicitement en garde : « Si nous ne changeons pas nos modes de vie… », suivi d'une prévision assez terrifiante, *ça n'imprime pas*. Tout le reste des pages du *Monde* n'est qu'une gigantesque ratification implicite de « notre mode de vie », et jamais n'y passe la première velléité d'en envisager le changement : il faut surveiller la dette, être attentif aux marchés, faire l'indispensable réforme des retraites, leur prévoir de justes compléments capitalisés (à ce propos consulter nos pages « Épargne-argent », mais aussi parce qu'il faut savoir se détendre nos suppléments « Beaux objets », le raffinement embellit la vie), encourager l'innovation, libérer les énergies, *comme d'habitude*.

Mais enfin, sera-t-il objecté, quel rapport entre, par exemple, la-nécessaire-réforme-des-retraites et le climat ? Justement, il y en a un : entamer la retraite par répartition, c'est pousser les salariés vers les solutions de capitalisation ; faire monter subrepticement la capitalisation, par les voies insensibles de la longue attrition de la répartition, était d'ailleurs le but inavoué (inavouable) de la « réforme » (sur laquelle les bonnes fées de l'assurance privée se sont penchées avec tant d'attention)[17] ; or les collecteurs de l'épargne-retraite des salariés (assureurs, fonds de pension, investisseurs institutionnels variés) se font une concurrence sauvage *par le rendement* servi à leurs adhérents ; donc mettent une pression sauvage à la rentabilité financière des entreprises dans lesquelles les épargnes sont placées ; et l'on imagine, dans ces conditions de surpression actionnariale, que les entreprises accepteront de nouvelles contraintes « environnementales » qui auront pour effet de dégrader leur profitabilité ? La réponse est non, car les entreprises qui échouent à servir la rentabilité exigée par l'opinion actionnariale savent parfaitement qu'elles finiront massacrées en Bourse. D'où suivront, leurs cours envoyés par le fond, la menace d'une OPA et, pour les équipes dirigeantes, la perspective de leur débarquement. Or cela, les équipes dirigeantes ne le veulent pas. Si les contraintes environnementales se trouvent, par concurrence dans l'industrie financière, exigence actionnariale et profitabilité interposées, menacer leur propre survie, on sait ce que ces dirigeants choisiront. « Aucun rapport entre la réforme des retraites et les questions climatiques » ? Malheureusement, si. C'est tout le charme du capitalisme néolibéral : sa « cohérence » d'ensemble – pour le pire. À l'évidence ce sont là des connexions qui n'apparaissent pas à tout le monde, en tout cas pas au quotidien-de-référence, et qui ne doivent pas venir contrarier le désir de refaire régulièrement la démonstration qu'on est une *grande conscience*, de se montrer *concerné*, s'il le faut jusqu'à *s'inquiéter*. On a bien sorti la titraille en police 60, alors qu'on ne dépassait pas 30 dans les grandes occasions d'antan, c'est donc que « les choses évoluent ». Tout de même : dans « Si nous ne changeons pas de mode de vie... », qu'est-ce que *Le Monde* ne comprend pas ?

Le capitalisme et ses « solutions »

Au vrai, les médias « progressistes », au sens assez exact que le macronisme a donné à ce terme, ne sont que la pointe la plus visible derrière laquelle on trouve la masse compacte des inconséquences et des refus de voir, des intellects dissociés et des pratiquants de la dissonance. On y lutte de toutes ses forces pour *préserver*. Pour préserver quoi ? L'idée qu'on s'en tirera à moindres frais – entendre : *dans* le capitalisme. « Changer nos modes de vie », ça voudra dire trier encore plus soigneusement nos déchets, multiplier les kilomètres de pistes cyclables, prendre des objectifs solennels de compensation carbone quand on est chef d'entreprise, multiplier les numéros spéciaux « sobriété » quand on est un hebdo, reconvertir en *hype* le recyclage des vieux vêtements. Et quand on aura fait tout ça, quand on aura assimilé toutes les encyclopédies des « petits gestes », on aura modifié nos modes de vie et ça ira.

Alors non, ça n'ira pas. Ça n'est pas que le capitalisme ne soit pas partant pour la « modification des modes de vie », mais d'un certain type seulement : celui qui préserve les volumes (les augmente). L'accumulation du capital, le développement du profit sur une base étendue, aimable en soi et nécessaire à la rémunération de masses d'épargnes financières considérables, celles des pensions notamment, tout ceci suppose la croissance *indéfinie* des volumes – de production, de ventes, de *cash-flow*. De ce côté-là, inutile d'appeler le capitalisme (les capitalistes) à *réduire* – autant demander à un cercle de s'aménager des coins. L'incompatibilité manifeste entre un principe de croissance indéfinie, qui est l'essence même du capitalisme, et la finitude du monde dans lequel il pompe entame à peine la croyance – la croyance en la viabilité éternellement reconductible du capitalisme. Comme souvent, la croyance a la structure d'un édifice, on y trouve des énoncés directeurs et des énoncés secondaires. Ici l'énoncé directeur dit l'éternité du capitalisme. En réalité c'est presque mieux qu'une croyance : une évidence absolue, et son contraire un impensable radical. Ordinairement, une croyance suppose son propre extérieur, où l'on trouve de la non-croyance et/ou de la croyance opposée. Plus en l'occurrence. L'idée de ne plus être dans le capitalisme ne vient simplement pas aux esprits, même pas comme une hypothèse qu'on examine pour la rejeter. Les religieux avaient fini par avoir des athées dans leur paysage mental : à combattre, mais existants. Ici, non. De là que les « solutions » aux difficultés créées par le capitalisme soient systématiquement et spontanément cherchées dans le capitalisme, puisque le capitalisme est une chose sans bords, ni extérieur. L'évidence, ou la supra-croyance, est alors servie par la première des croyances secondaires : l'innovation. Le capitalisme, c'est l'innovation – on n'en finirait pas de parcourir le réseau de discours par lesquels nous est répétée cette certitude, et surtout de constater leur variété, donc leur efficacité, propos d'économistes bien sûr, mais aussi déclarations quasi évangéliques des gouvernants de la *start-up nation*, ou encore, si c'est plus surprenant, tout un régime d'images du cinéma de science-fiction ou d'anticipation, qui n'est qu'étalage de prodiges technologiques, monstration si efficace qu'elle peut laisser fonctionner toute seule sa prémisse tacite : quel mode de production autre que le capitalisme pourrait nous donner « ça »[18] ?

Dans ce lien si étroitement serré entre capitalisme et innovation, on fait alors entrer par effraction l'idée que le capitalisme, *par l'innovation*, est capable de régler ses propres problèmes. Certes, reconnaissent les plus ouverts d'esprit, le capitalisme donne bien lieu de-ci, de-là à quelques à-côtés fâcheux. On aurait cependant tort de s'en formaliser plus que ça : il n'est pas de problème dont l'ingéniosité *problem-solving* des innovateurs ne puisse venir à bout. La suppression de toute extériorité au capitalisme se laisse également saisir ainsi : comme un état du monde où il n'y a plus à « régler » que des « problèmes ». Et qui consacre naturellement le règne des *problem-solvers*. Par exemple : il y a du CO_2, on ne va pas dire le contraire ; c'est embêtant, on ne le niera pas davantage. Calme et patience, cependant : c'est un *problème*, on va trouver – des *solutions*. On a toujours trouvé. On trouvera donc la technologie qui décarbone. Au reste, on parle de « monde fini » mais c'est vite dit, si l'on y réfléchit : *the sky is the limit* – technologiquement parlant. Par conséquent, il n'y a plus de limite. Mettons qu'au pire on ait irréversiblement salopé la Terre. Qu'à cela ne tienne : les autres planètes, leurs ressources nous attendent. Entre-temps, le capitalisme qui sait tenir ensemble la technologie, les marchés et les coûts finira bien par solvabiliser un business de bennes à ordures spatiales. Le plus étonnant jusqu'à présent c'est que Elon Musk et Jeff Bezos rivalisent par navettes orbitales interposées, mais sans que se soit encore solidifiée une doctrine du « capitalisme spatial », une de ces

« nouvelles frontières » si bien ajustées à l'héroïsme pour entrepreneurs.

Le sophisme du capitalisme qui repousse devant lui ses propres problèmes en les réglant les uns après les autres n'est pas complètement neuf. Il a trouvé ses premières applications à la faveur de la déréglementation des marchés de capitaux, qui n'a pas manqué d'entraîner instabilité et crises financières, auxquelles il a été répondu, non pas en revenant sur la cause première de la libéralisation, quelle idée, mais au contraire en proposant d'ajouter une couche supplémentaire de finance, celle des produits dérivés, supposés fournir des couvertures contre le risque. Dont on a pu constater rapidement qu'ils ajoutaient eux-mêmes leurs propres instabilités aux précédentes, d'où un round supplémentaire d'innovations financières, etc., puisque dans la finance aussi, c'est par l'« innovation » que se « règlent » les « problèmes » – et avec quel succès. C'est dire en tout cas que « l'idée » est disponible depuis un moment, et qu'elle s'offre à servir indéfiniment. Nous voilà donc en attente des « solutions » décarbonées. Une attente qui n'a d'ailleurs pas que des inconvénients : pendant qu'on ne pense qu'au carbone, on ne pense pas à autre chose. L'obsession fossilotrope ou carbocentrique a en effet cette vertu de concentrer (réduire) la totalité du désastre écologique dans la seule question du CO_2 et des objectifs de température. Pendant ce temps, pas un mot de la question des déchets, de la pollution des nappes et des océans, de la prolifération des substances pénibles, de la destruction de la diversité, donc des grands équilibres biotopiques, de la banquise restée trop longtemps inexploitée – les volumes toujours.

De ses « problèmes », le capitalisme fait des occasions de *relance*, des horizons pour ré-élargir encore l'accumulation du capital, au prix bien sûr de nouveaux « problèmes » qui appelleront heureusement de nouvelles solutions – de nouvelles extensions. On peine à croire qu'il se trouve des âmes suffisamment enfantines pour continuer de faire des rêves de modération, de ralentissement, ou d'inflexion gentille. Mais tout est bon pour se raconter des histoires en couleurs pourvu qu'elles aient la vertu d'éviter la confrontation. On s'enthousiasme pour les annonces du président de la République populaire de Chine qui s'engage sur la neutralité carbone à horizon de 2060. Pour autant, on ne sent pas trop la modération ou la gentillesse dans ses projets pour le capitalisme chinois. On n'exclura pas que, là encore, quelques dégâts collatéraux survenus entre-temps appellent de nouvelles « solutions ». Ailleurs, on espère – on espérait – dans le *Green New Deal* d'AOC et Sanders. La réelle consistance de l'espoir n'avait pas tant à voir avec les chances électorales du « socialiste » américain qu'avec l'accueil effectif qui aurait été réservé à ce *New New Deal*, eût-il vu le jour. Car de deux choses l'une : ou bien le capitalisme (le capital) trouve un intérêt à une proposition de ce type, ou bien il n'en trouve pas. S'il n'en trouve pas, il lui fera la guerre, à mort même – et il en a les moyens[19]. S'il en trouve un, ceci signifie qu'il ne voit dans le *Deal* aucune incompatibilité sérieuse avec sa logique fondamentale, et qu'il ne fera que redéployer autrement son élan d'illimitation – c'est-à-dire son mouvement d'épuisement de la planète. Dans le capitalisme tel qu'il est devenu, avec l'approfondissement sans précédent de sa domination, notamment du fait des latitudes stratégiques qu'il a conquises en matière de capacité à mouvementer les capitaux, les sièges sociaux, les domiciliations fiscales et réglementaires, les usines, etc., latitudes sans commune mesure avec celle du *New Deal* historique (des années 1930), dans ce capitalisme-là, donc, toute proposition de redressement écologique tombe sous l'alternative de l'innocuité (au mieux de la tragique insuffisance) ou de l'annihilation.

Évitements

On se demande ce qu'il faudrait encore pour que les « centristes de l'écologie[20] » finissent par apercevoir l'impasse (et le mur au fond). Décidément, la formation intellectuelle au matérialisme historique fait défaut. Celle qui fait prendre la mesure de ce que c'est que la domination capitaliste, de ce que c'est que le capital comme groupe d'intérêt, de ce qu'il faut engager comme processus de transformation pour lui faire lâcher prise, de l'inanité des solutions consensuelles ou dialogiques, bref de toutes ces choses dont même la simple intuition aurait permis d'éviter d'aller se jeter, people en tête, dans cette bouffonnerie de la Convention citoyenne pour le climat avec l'espoir qu'il pourrait en sortir quoi que ce soit de sérieux, espoir tout à fait insensé, à plus forte raison en face d'un personnage comme Macron, à la fois prototype du fondé de pouvoir, davantage même : du capital en personne, et individu aux convolutions psychiques bizarres (en fait pas bizarres du tout), pour qui les paroles sont des bruits autonomes sans rapport avec la réalité, encore moins avec l'engagement.

Au moins les citoyens pour le climat auront-ils appris sur le tas, et il est probable qu'on ne les y reprendra plus. Ça n'est pas le cas de tous, notamment des intellectuels qui persistent à chercher des forces motrices dans les constellations d'idées. Pierre Charbonnier reprend la maxime de Philippe Descola selon laquelle « on ne peut pas être révolutionnaire politiquement et conservateur ontologiquement[21] ». Malheur à nous si la phrase est vraie : nous aurons mille fois le temps de finir carbonisés, submergés, asphyxiés, empoisonnés, etc. C'est que les révolutions ontologiques sont des révolutions anthropologiques, et que leurs constantes de temps ne sont pas exactement de celles dont il nous reste les moyens. Il a fallu des siècles pour que se convertissent en un imaginaire commun spontané les métaphysiques de la subjectivité et du libre arbitre – où effectivement le capitalisme a trouvé un terreau des plus favorable. Le spinoziste peut n'avoir que de la sympathie pour le mouvement de pensée qui ferait rompre avec cet isolationnisme de l'homme « empire dans un empire[22] » pour l'envisager comme *pars naturae*, une partie de la nature, partie finie qui plus est, donc nécessairement en interrelation avec les autres parties de la nature, dans une existence tout aussi nécessairement symbiotique. Mais s'il faut que cette idée philosophique sorte de son souterrain, puis gagne les esprits pour y refaire un équivalent, mais relationnel, de l'imaginaire du sujet monadique afin de sauver la nature, nous sommes très mal partis. On ne mettra pas l'évitement du désastre sous condition de révolution ontologique-anthropologique – ou alors nous aurons le désastre.

Si c'est dans un autre genre que la confiance en les forces motrices de la pensée ontologique, c'est sans doute le même défaut de réalisme matérialiste qui conduit à placer tous ses espoirs dans une alliance « du zadiste, du jacobin écolo et du technocrate radicalisé[23] ». Le zadiste mis à part qui, lui, a pris la tangente pour de bon, les figures mêmes du jacobin écolo et du technocrate radicalisé livrent immédiatement leur implicite commun : toute cette affaire se passera dans le capitalisme et depuis les (ses) institutions politiques. On suppose donc que, sous le nez des marchés de capitaux en furie et à la face du pouvoir actionnarial, on édictera des règles qui auront pour conséquence d'entamer les latitudes du capital, plus encore de *diminuer sa profitabilité*, et que les concernés laisseront faire, sans doute sous l'effet d'une épiphanie climatique. Il faut n'avoir aucune idée des processus réels du capitalisme contemporain, de ce que permettent ses structures à ceux qui en occupent les bonnes places, du parti qu'en tirent les capitalistes, et de la violence assertive dont ils se trouvent ainsi rendus capables. On rappellera le grotesque épisode des « pigeons » sous François Hollande, ce quarteron de startupers révoltés qu'on puisse envisager de leur faire payer des impôts sur leurs culbutes boursières, et qui ont fini par emporter le morceau. Que la forme purement symbolique alors empruntée par cette minable sédition entrepreneuriale ait suffi à la couronner de succès devrait, par un argument *a fortiori*, donner une idée de ce qu'est la prise en otage de la société entière par le capital, et conduire à s'interroger sur les conditions de possibilité politique de l'« édiction » écologique.

La fabrique des alliances, exercice assurément nécessaire, risque cependant de tourner court si elle oublie de se demander quoi, ou plutôt qui, elle va trouver « en face » – qui déterminé à quoi. Et elle se manque à elle-même si, de son propre côté, elle ne se demande pas non plus ce qui pourrait déterminer ses composantes à elle au mouvement qu'elle leur propose. C'est particulièrement le cas des « technocrates radicalisés ». Non qu'il n'en existe pas. En effet, de plus en plus on rencontre de ces jeunes « hauts diplômés » qui avaient *a priori* toutes les raisons du monde, non seulement de collaborer, mais d'adhérer à ce à quoi on les destinait et qui, tout bien réfléchi, ont décidé que non[24]. En tout cas du point de vue de l'adhésion. Car du point de vue fonctionnel, c'est bien la question : si la défection intellectuelle n'est pas suivie de la défection matérielle – partir –, que peuvent faire là où ils sont ces semi-défecteurs ? Là où ils sont, c'est-à-dire dans un univers (un champ) où tous les intérêts (matériels, de carrière, de reconnaissance, de sociabilisation) sont configurés pour servir les finalités hégémoniques, où donc emprunter un contre-courant fait prendre des risques considérables, et abandonne tout changement significatif à des engagements « héroïques » ou à des hypothèses de vertu – la vertu, qui l'emporte rarement *contre les structures*.

Fin du monde, fin du mois, même combat ?

Au moins avec tout ça la question des alliances, donc des classes, est-elle posée, une question à laquelle la pensée écologique a mis un moment à se rendre, longtemps persuadée que la conscience planétaire de la classe urbaine éclairée suffisait à emporter le monde. Longtemps contrariée, également, par des incompatibilités en apparence flagrantes, ou des résistances inadmissibles : comment ces ouvriers ne peuvent-ils pas voir que la fermeture de leur usine de pneus, sans doute un regrettable inconvénient, n'en est pas moins une excellente nouvelle pour la planète ? On peine à le croire maintenant – et c'est d'ailleurs un signe de changement –, mais longtemps on en a été là. À la fois comme une conjuration de ces errements grotesques et comme une stratégie d'alliance, on s'est alors empressé de déclarer que la question écologique et la question sociale ne font qu'une seule et même. Fin du monde, fin du mois, même combat. Considérant à quoi il succède, c'est peu dire que le mouvement est bienvenu, et cependant il n'est pas certain qu'il tienne très bien la route. L'essentiel de son argument souligne que le bilan carbone des plus riches est déplorable – leurs SUV sont dégoûtants, ils prennent l'avion comme les autres le métro. Par conséquent, réduire les inégalités, en ramenant les plus riches à des standards de vie moins indécents, c'est *ipso facto* « réduire les émissions de CO_2 ». Sans doute, mais en quelle proportion de la totalité ? Et d'abord que faut-il entendre par « les plus riches » ? Un document d'Oxfam[25] explique que les 10 % les plus riches portent à eux seuls quasiment 50 % des émissions de carbone liées à la consommation. On est très frappé. Cependant, il s'agit des 10 % les plus riches *de la planète*. Mais ces 10 % là sont beaucoup trop vastes pour ne pas être trompeurs s'il est question des « plus riches ». Car on n'y trouve pas que des Bill Gates ou des Bernard Arnault : également, indiscriminées, de larges fractions de la population française, par exemple – sans SUV ni jetlag.

Le même document, attaché à la même démonstration, prend déjà une autre direction quand il souligne que « 100 entreprises sont responsables de plus de 70 % des émissions de gaz à effet de serre » : non plus, en effet, la question des *inégalités*, mais celle de la *souveraineté* du capital – de même que la question connexe des paradis fiscaux, où les entreprises vont se domicilier pour échapper à une fiscalité correctrice : le capital va où on lui permet de faire *ce qu'il veut*. Il ne s'agit donc pas de dire que le « même combat » se trompe d'objet, mais de distinguer ses issues possibles à partir des attendus qu'il se donne. S'il ne se donne pour la « fin du mois » qu'une version de la « question sociale » au sens habituel du terme, par exemple centrée sur les inégalités de revenu, l'erreur de tir est certaine. S'il la comprend comme métonymie de la situation générale du salariat dans le capitalisme, alors il est dans le vrai. Mais dans un vrai qui risque de l'emmener bien au-delà de ce qu'il imagine : jusqu'à la mise en cause du capitalisme *tout court*, c'est-à-dire, peut-être, là où il ne veut pas aller, là où, on l'a vu, tant de personnes ne veulent pas se rendre, et inventent pour éviter de s'y rendre toutes sortes de clauses de sauvegarde. Ainsi Cyril Dion, désormais grand brûlé de la Convention citoyenne pour le climat, qui, en 2018, s'adressait aux Gilets jaunes pour leur faire part de « la bonne nouvelle[26] » (sic): « la raison pour laquelle la planète est dévastée est la même que celle qui provoque les délocalisations, l'esclavage moderne dans les usines ou la montée des inégalités: le système capitaliste *dérégulé*[27] ». Le capitalisme dont voici revenu « l'état présent » – et l'espoir d'un autre « état futur ». Ce n'est pas « capitalisme », c'est « dérégulé » qui pèche. Corrigeons, régulons, et la planète sera sauvée.

Malheureusement, l'hégémonie du capital en est arrivée à un point où il a fermé lui-même l'espace de ses réaménagements, puisque réaménager signifierait de quelque manière concéder et que concéder, il ne le veut plus[28]. Dans ces conditions, il est à craindre que la seule définition viable de la « question sociale » soit celle de la question anticapitaliste. Mais alors tous les énoncés tiennent de nouveau: oui, il y a bien une seule et même cause aux fortunes obscènes, à la précarisation généralisée, à la maltraitance salariale *et* à la dévastation de la planète. Cette cause unique est le capitalisme, et lutter contre elle est, *en effet*, mener *un même combat*. Il n'y a pas de solution, ni « sociale » ni environnementale, *dans* le capitalisme sauf à méconnaître dramatiquement les conditions de possibilité, notamment l'énormité de l'énergie politique à déployer, pour produire un arraisonnement du capital dans l'état de déchaînement où il est désormais. Une énergie telle, engagée dans une confrontation telle, que, de l'arraisonnement au renversement, il n'y aurait en réalité plus qu'un pas. Hors la pensée d'un tel événement, « vert »,

« durable » ou « transition » sont les vocables du déni, de l'atermoiement, et finalement de la démission : passeports pour le désastre. Avec le capitalisme, l'affaire s'est maintenant clarifiée jusqu'au point dont Hervé Kempf donne la formulation ultime : « Ce sera lui ou nous[29]. »

2. Le scoutisme, stade suprême du capitalisme

Dans le tableau général du désastre, il n'y a donc pas que le désastre : il y a aussi tous les boulets. Tous les dénis, tous les atermoiements, tout le temps perdu – alors même qu'on ne cesse de clamer l'urgence. On pense cependant à l'adage populaire qui veut qu'« on n'aille pas plus vite que la musique » et que, dans ce « pas plus vite », il faut sans doute faire entrer le temps des déplacements de conscience, individuels et collectifs. À ceux qui leur reprochent leur « mollesse », des organisations comme Alternatiba ou Extinction Rebellion répondent parfois par une variante de « on n'attrape pas les mouches avec du vinaigre ». Gagner les classes urbaines éduquées, dont elles font leur cible manifeste, ne peut pas passer par des « messages » trop « radicaux » – urbain, ça veut dire aussi bien élevé, ce qui n'est certes pas un défaut sauf si c'est « bien élevé » *politiquement*. Donc ne pas effrayer le jeune diplômé ou le bourgeois à conscience, un animal un peu craintif et vite envolé (« tant de radicalité, tant de violence »). Ici s'ouvre une bifurcation qui tient à la nature des différentes organisations et à leurs objectifs respectifs. La solution du « ménagement » ne devient réellement une stratégie que si elle ne perd pas de vue d'amener à terme toutes les recrues à franchir quelques paliers – sauf, pour le coup, à se condamner à l'inanité perpétuelle.

Dialectique du gentil et du méchant

On pourrait bien sûr se demander préalablement si ces « mouches »-là, pas très nombreuses en fait, constituent une cible vraiment pertinente, par-delà les affinités sociologiques spontanées des organisateurs de ces mouvements. Il faut prendre la disposition du colin froid et le regard léniniste pour ne pas céder au ressentiment au moment où la jolie classe s'ébroue parce que « sa planète » est en danger, quand elle n'avait pas levé un cil pendant des décennies de massacre de la classe ouvrière. Ici le léninisme commande l'opportunisme : ce groupe social, pénible entre tous, sort de l'inutilité politique, autant en faire quelque chose, de toute manière l'histoire bricole avec les moyens qu'elle trouve. Quels sont ceux que nous apportent les juste-réveillés ? Numériquement pas grand-chose, « socialement » davantage – « socialement » étant à entendre au sens du pouvoir symbolique dans la société, celui de cette fraction « à conscience » de la bourgeoisie étant hors de proportion d'avec ses effectifs : là où les Gilets jaunes étaient immédiatement renvoyés à leur monstruosité, eux on les écoute (un peu plus). Jamais *Le Monde* n'aurait eu à l'idée de rassembler la marée des massacres *sociaux* sous un seul chef pour en faire un titre en corps 60, comme il l'a fait pour le changement *climatique*. On est bien obligé de constater que la délégitimation du capitalisme, insensible à la maltraitance salariale, franchit d'un coup plusieurs crans avec l'alarme écologique… en tout cas dans la petite classe des faiseurs d'opinion, ou se croyant tels, et de leurs lecteurs. Encore « délégitimation » est-ce beaucoup dire, et ceci d'autant plus que les mêmes organes n'en finissent pas de vendre les solutions capitalistes – vertes, de transition, innovatrices – aux problèmes du capitalisme.

Toute la question cependant est de savoir combien de temps ce dernier barrage de la croyance résistera. C'est que, ces « faiseurs d'opinion » produisant à la fois la conscience du problème et les fausses solutions, la course est indécise, pourrait même finir par mal tourner : si, avec la conscience du problème, finissait par émerger la conscience additionnelle de la fausseté des solutions. À commencer du fait de leurs simples temporalités : pas de neutralité carbone avant 2060, dit la Chine, dont l'annonce passe déjà pour un exploit, mais « des décennies », est-ce que ça n'est pas beaucoup « trop tard » (police 60) ?

Les médias mainstream sont le dernier endroit où l'on cultive la conséquence, les discours qu'on y tient sont invertébrés, ou plutôt vertébrés de tous les lieux de l'hégémonie néolibérale, donc les moins propices à soutenir la moindre mise en question *sérieuse* du cours des choses. Voilà cependant qu'il en émane des messages contrariants, certes émis dans une parfaite incohérence de pensée. Mais les messages s'affranchissent parfois de leurs conditions d'émission et font leur chemin à eux dans l'opinion, celui de l'alerte rouge sur le climat en l'occurrence prend plutôt pas mal, avec, c'est une ironie à signaler, ce supplément de portage qu'offrent les affects de peur, ordinairement les meilleurs amis des pouvoirs en place. Pour le coup, c'est une peur dont le capitalisme va avoir du mal à faire son profit. Sans doute n'est-elle pas encore suffisamment dirigée pour le mettre en question directement, mais rien n'exclut que ça finisse par venir. D'autant plus qu'entre, d'un côté, l'inaction, les mesures dilatoires, la panoplie des cosmétiques et, de l'autre, l'accélération du processus climatique, on n'en a pas fini avec les rapports d'alarme et les appels d'urgence. Il n'est donc pas impossible que le pharisaïsme climatique des médias dominants ait, par inadvertance, fait lever quelques petits ouragans dans les têtes, et que ça ne s'arrête pas de souffler de sitôt. Il en résultera peut-être quelque chose – dans la mise au net de l'image, et le réglage du viseur.

Certes, c'est un entrelacs de forces antagonistes qui se disputent les opinions, et font pour l'heure une situation indécise. La jolie classe a encore un peu de mal avec le trop râpeux, pour l'instant elle préfère rester au tapioca vert. Cependant, les discours « radicaux » (anticapitalistes) tournent dans le paysage, et sont appelés à gagner en pouvoir d'attraction à mesure que la situation se dégrade et qu'à force de « transition » ou de « conventions citoyennes » le débat se purge progressivement des fausses solutions. Ainsi s'opère le travail de la conséquence : les gens entrent dans la critique par le bout qui leur est sociologiquement accessible, le bout bien élevé quand ils appartiennent à la classe bien élevée, et puis ils font leur chemin, parce que même si elle ne cesse de rencontrer des obstacles, il y a une logique à l'enchaînement des idées. Ça n'est donc pas forcément une mauvaise chose qu'il y ait une offre « critique » pour les gentils. L'essentiel est de les mettre dans le mouvement, avec l'espoir que la conjonction de la dégradation objective et d'une offre critique alternative plus méchante les accélérera. Dans *Comment saboter un pipeline*[30], Andreas Malm raconte sa propre trajectoire, et comment d'aller au bout de l'inanité gentille l'a rendu méchant. C'est la fin de non-recevoir, plus ou moins amène *mais systématique*, opposée à la critique gentille (plus amène : les écolos, une convention citoyenne ; moins : les Gilets jaunes, du LBD direct) qui la fait tourner méchante. Moyennant quoi Malm désormais dégonfle nuitamment des pneus de SUV, suggère de passer aux pipelines, et (comme il est universitaire) nous livre une impressionnante démolition historique des mythes politiques de la non-violence[31], retrouvant le commandement de la conséquence tel qu'il avait d'abord été formulé par Günther Anders : quand une poignée d'intérêts cinglés menace la survie même de l'espèce humaine, vient un moment où il n'y a plus guère d'autre solution que de leur venir dessus.

Insupportable Günther Anders

Anders, le cauchemar des amis de la pensée bien élevée. Époux d'Hannah Arendt, couvert de prix et de distinctions, il est au sommet de l'honorabilité, une sorte de sujet idéal pour les révérences intellectuelles dont le « journalisme de qualité » se fait un point de passage obligé. C'est ici que commence l'étonnement. Car, précisément, le journalisme de qualité et à prétention intellectuelle se reconnaît à sa passion de consacrer l'innocuité intellectuelle. En France, par exemple, la galerie des références du journal de référence est une sorte d'Ehpad de la vie des idées (et ceci de manière tout à fait indépendante de l'âge des pensionnaires, bien sûr), la pensée consacrée y a le pouvoir de percussion d'une pantoufle ou d'un déambulateur[32]. Sur le papier, Anders avait tout pour finir au milieu d'une partie de rami. Sauf que non. En 1987 – on n'est pas si loin des années RAF –, il écrit *La violence, oui ou non*[33]. Oui ou non, sans point d'interrogation, car l'exercice de la conséquence n'est pas interrogatif : il est sommatif. C'est une affaire de parti. Un groupe de fous puissants, les nucléocrates, a installé la possibilité (peut-être la certitude) de la destruction complète de l'humanité : c'est donc eux ou nous. Ils menacent de nous tuer ? Nous n'avons plus d'autre choix que de les tuer. On est prêt ou on n'est pas prêt à tuer ceux qui vont nous tuer : oui ou non, une affaire de parti. Voici ce que dit Anders, mari d'Hannah Arendt,

Deutscher Kritikerpreiz et prix Theodor Adorno, sur le papier éligible aux grands entretiens du *Monde*. Il faut admettre qu'on sort de la lecture de *La violence, oui ou non* passablement ébranlé. Comment *Le Monde*, comment les institutions de la vie intellectuelle bien élevée peuvent-elles s'en tirer avec un olibrius pareil ? Comment faire avec un prix Adorno (nécessité d'en parler) qui veut des contrats sur la tête des puissants en train de mettre en péril l'humanité (impossibilité d'en parler) ? On trouve toujours un moyen : le tri. Édouard Joly, par exemple, auteur d'une présentation de l'œuvre d'Anders[34], réussit l'exploit de ne pas dire un mot de *La violence, oui ou non*. Même en mots, entre oui ou non, ce sera non. Il est temps de mentionner le sous-titre du livre d'Anders : *Une discussion nécessaire*. Mais si la discussion doit porter « là-dessus », autant qu'elle n'ait pas lieu.

Reconnaissons qu'Anders est insupportable. Il l'est d'autant plus que l'époque ne cesse de lui donner davantage raison. En fait, il n'a jamais eu autant raison. À un détail près tout de même : des contrats sur la tête des nucléocrates d'alors, des fossilocrates et des déforesteurs d'aujourd'hui, c'était une solution de desperados typique de ces années où la perspective révolutionnaire avait complètement disparu des horizons politiques. Seul le nombre peut nous relever de pareilles extrémités. On peut alors reprendre et la visée et le titre d'Anders, mais en changeant un mot, et ça change tout : La révolution, oui ou non.

La critique depuis Les Myosotis

Même ainsi, cependant, c'est encore beaucoup trop, en tout cas pour la jolie classe, spécialement pour la fraction intellectuelle de la jolie classe, celle qui a ses entrées à l'Ehpad. Où le calme, la modération, le goût du débat et la recherche des consensus dialogiques font partie du règlement intérieur (extinction des feux après les actualités régionales). Entre les dominos et la crapette, on continue d'espérer : ça va aller, on va parler, écrire, convaincre, et ça va aller. En fait non, ça n'ira pas. En 2008, on avait été au bord du gouffre, on avait ouvert les yeux, compris des choses, fait des serments. Et puis finalement pourquoi ne pas repartir pareil ? Après tout ? En 2020, on a juré que le monde d'après. Et voilà qu'il est tout comme avant – en pire. Le problème de l'Ehpad, c'est qu'on y a l'apprentissage un peu lambin. Au moins les « citoyens » de la « convention pour le climat » ont-ils compris pour de bon et ne se feront-ils pas faire le coup deux fois. À la résidence Les Myosotis en revanche, ça prend son temps. C'est qu'on n'y est pas si mal finalement, la soupe est bonne, les jeux de société variés et, dans le fond, on ne serait pas mécontent que ça puisse durer encore un moment. Changer les interphones, passer le tapioca à deux fois par semaine (ça c'est une idée), pourquoi pas, mais tout mettre cul par-dessus tête, non. Par exemple, à France Culture, où les clubs sont très dynamiques, on se dit que ça ne serait pas mal si on pouvait se contenter de « Réparer la mondialisation[35] ». « Réparer » est devenu le mot fétiche du néolibéralisme à la graisse de *care* – prononcer avec beaucoup d'empathie dans la voix, et un sincère souci de l'autre. On répare de tout, les corps et les esprits d'abord, c'est beau. Mais la mondialisation aussi, après tout. Réparer, c'est un geste citoyen : ça permet de ne pas changer. De ne surtout rien changer. En 2008, il faut voir comme on avait bien réparé. Certes, c'est peu retombé en panne depuis. On réparera de nouveau, l'essentiel est que ça ne change pas.

D'ailleurs on va demander au club Lego de s'y remettre. C'est celui qui compte le plus d'adhérents – des bâtisseurs. Qui n'en finissent plus de nous bâtir du nouveau monde, mais pas trop nouveau tout de même, pour que nous ne soyons pas perturbés. Quand il ne lance pas de vastes appels réunissant toute la chaîne des maisons fleuries, le club écrit des Manifestes. Par exemple *Le manifeste Travail*[36]. Il est formidable, ce manifeste. On est d'accord avec tout. Il faut démocratiser le travail, il faut le démarchandiser, il faut le (?) dépolluer, annonce le titre. Il faut en finir avec l'écart de salaire homme-femme, il faut rendre de la dignité à ceux qui n'en ont pas. Il faut la garantie de l'emploi et le partage du pouvoir. Il faut un bicamérisme d'entreprise, il ne faut pas réduire les humains au travail à des « ressources », mais il faut faire vite car « il est urgent de changer de voie[37] ». Franchement, tout est vrai : il faut « une société plus démocratique, plus juste et plus verte[38] ». Et plus de tapioca.

Comme le fond de l'affaire, c'est le pouvoir, et que la symétrie entre ceux qui « investissent en capital » et ceux qui « investissent en [leur] travail »[39] est parfaite, la solution démocratique passe par un système de double chambre : le conseil d'administration classique, pour le capital, et un conseil *ad hoc* pour les salariés, avec double majorité requise pour toutes les décisions stratégiques. En résumant, les capitalistes sont priés de continuer d'apporter leurs fonds, mais devront accepter qu'une chambre salariée fasse véto, sans doute à celles de leurs idées qui viseraient à maximiser la rentabilité pour l'actionnaire. Dans son principe (sinon dans sa modalité), on reconnaît l'idée que Julia Cagé (sans surprise contributrice du *Manifeste*) a d'abord rodée sur les médias[40] : conformément à la logique profonde du capitalisme, les financeurs avaient l'habitude de récupérer du pouvoir en contrepartie de leurs apports, mais on va leur expliquer que ce ne sera plus le cas ou, disons, qu'en cette matière ils se contenteront de l'estime générale. Déjà pour les médias, il fallait y croire bien fort. Que les capitalistes investissant dans la presse lâchent la rentabilité financière, ça n'était pas très difficile à comprendre : le pouvoir d'influence vaut bien quelques fonds perdus. Mais précisément : de ce qu'il y aura des fonds perdus, il résulte que les propriétaires seront d'autant moins enclins à partager le pouvoir qu'il leur reste – le pouvoir de la ligne. Ou alors il faut aller très loin dans les hypothèses héroïques, et imaginer que « faire vivre la presse du monde libre » offre en soi une redorure symbolique autosuffisante, semblable à celle que d'autres tirent du mécénat d'art.

« *Démocratiser l'entreprise* capitaliste » ?

Déjà d'une tenue de route très incertaine dans le cas des médias, la proposition de Julia Cagé est en tout cas impropre à toute généralisation. Par exemple, investir dans la fabrication de grille-pain ou de carburateurs double corps ne conférant pas plus d'influence politique que de profits symboliques d'évergétisme, on se demande bien pourquoi un capitaliste « ira » si au surplus ça ne rend pas. *Le manifeste* répondra peut-être qu'il n'est pas demandé au capitaliste de renoncer à *tout*, juste de se faire à l'idée d'avoir un peu moins. Mais on ne voit toujours pas par quelle miraculeuse inclination. En trois décennies de transformation des structures à son instigation, le capital a conquis le « droit » de fermer des sites, non pas parce qu'ils sont déficitaires, même pas quand ils ne sont « que » à l'équilibre, mais quand ils les jugent insuffisamment rentables. Et, sans doute du seul fait de leur parler gentiment, on pense obtenir d'eux qu'ils trouvent les voies de la modération, du « bicamérisme économique » et du partage du pouvoir. Isabelle Ferreras parle de « démocratiser l'entreprise capitaliste », fournissant d'ailleurs elle-même au passage tous les éléments qui font de cette idée une parfaite contradiction dans les termes. Le capitalisme est la capacité acquise (et juridiquement consacrée) par la propriété privée des moyens de production d'amener la force de travail à un rapport de *subordination hiérarchique*. Si des apporteurs *privés* de fonds n'obtiennent ni le pouvoir d'extraire la rentabilité ni celui de subordonner – c'est-à-dire de régner selon leur désir –, pourquoi donc apporteront-ils ? Hors les hypothèses de la sainteté ou bien d'un désir pur d'« entreprendre » qui, comblé par « l'action », se passerait de toute autre rétribution, on cherche en vain. « Démocratiser l'entreprise capitaliste » est une perspective dont la consistance logique est assez semblable à celle qui, il y a quelques siècles, se serait proposé de « démocratiser la monarchie ». Inutile d'en appeler à la reine d'Angleterre : en un sens un tout petit peu exigeant des mots, la reine d'Angleterre n'est pas une mon*arque* : elle est un *bibelot*[41]. « Démocratiser la monarchie », aux bibelots près, c'est donc *abolir* la monarchie (comme système de *pouvoir*). De même, le salariat capitaliste étant un rapport de subordination, qui est lui-même le contraire de l'égalité démocratique, démocratiser l'entreprise capitaliste signifie *abolir le capitalisme*. Mais alors ne faudrait-il pas *le dire* ? Et puis, l'ayant dit, se préoccuper des processus qui peuvent conduire à un si formidable résultat ? Où l'on voit les effets pernicieux de se refuser, par crainte d'ailleurs intuitivement bien fondée, de nommer les choses. C'est que de cette seule nomination résultent des effets, des enchaînements d'idées auxquels *on ne peut plus se soustraire*. Ainsi par exemple, au lieu de rester dans l'irénisme à fleurs, qui rêve de grandes farandoles du capital et du travail, dire que démocratiser l'entreprise n'est rien d'autre qu'abolir le capitalisme *force* à parler de *communisme*, et de *révolution*. Mais ça grands dieux non ! D'abord ce sont des mots affreux, et puis surtout à se faire chasser de l'Ehpad. Est-ce bien cela qu'on veut ? Plus de tribunes, plus d'appels, plus de manifestes ? Ce qu'on veut en réalité, c'est pouvoir refaire la campagne de Benoît Hamon, ou de Raphaël Glucksmann, ou, tiens ce serait formidable, de Christiane Taubira. Ce qu'on veut, c'est pouvoir s'émerveiller de la si belle victoire de Biden qui « prend en compte les principes qui sont au cœur de notre manifeste[42] » – c'est une évidence, on s'en rendra vite compte.

Ce qu'on veut surtout, c'est ne pas voir l'horrible vérité de la politique : qu'elle est gravement conflictuelle. Il y a, c'est à peine croyable, des groupes d'intérêt dans les sociétés, certains puissants. Dans les nôtres, l'un s'appelle le capital. Il a refait les structures de la reproduction matérielle selon son idée. Toute la société est organisée d'après son désir. Et l'on voudrait qu'il abandonne cette position. Mais par quel mouvement de l'âme, par quelle miraculeuse Pentecôte ? Toute l'histoire du capitalisme est là pour témoigner de ce qu'il faudra engager pour lui faire lâcher le morceau : de quoi lui passer sur le corps. Pendant ce temps, la brigade champêtre prépare des pique-niques. On pouvait à la rigueur comprendre que, de l'intérieur du capital (ou de ses intellectuels organiques), éclosent à foison les aménités de l'« éthique », de la « responsabilité » (sociale et environnementale), des « parties prenantes » et de l'humanisme réunis. Parfois surmontés d'un nappage de foi catholique – on se souvient que, à la fin du *Metropolis* de Fritz Lang, le capital et le travail scellent leur réconciliation sous le porche de l'église : l'universalité de l'homme en face de Dieu, rien de tel pour oublier tous ces inutiles conflits. Soixante-dix ans plus tard, les mêmes. Michel Bon, par exemple, qui a mené France Télécom à la quasi-faillite d'une main très sûre, et préparé l'équarrissage : un patron mais chrétien, un humaniste en somme. On dit Michel Bon, mais c'est pour citer Sandra Lucbert qui lui refait le portrait : « Scout obséquieux et obéi (la Vertu l'affectionne pour porte-voix) – c'est son adolescence. Cuculisé par l'Innocence du campement de jeunes patriciens. (Dit Gombrowicz.) On leur met des chemisettes, on les peigne. On les dresse à gagner stratégiquement contre l'autre camp de cuculs[43]. » Plus tard, Michel Bon écrit un évangile de l'entreprise, accessible jusqu'aux simples d'esprit (dont on sait qu'ils ont déjà gagné leur paradis, *beati pauperes spiritu*) – « il est d'une cuculerie sensationnelle[44] », avertit Sandra Lucbert : « Une entreprise, c'est le gros buffet de la cuisine qui est devenu si lourd que plus personne ne peut le faire bouger ; alors la maîtresse de maison appelle ses trois fils ; elle coordonne la manœuvre, un, deux, trois (recul du corps de Michel vers l'arrière, inspiration, et avancée brusque – mains qui poussent) : et ça bouge[45]. » Et en effet, même un simple d'esprit saisit le message : pourquoi donc se chamailler sans vraie raison alors qu'on est si bien à pousser *tous ensemble*.

Il ne faut pas s'y tromper, « cucul », ça n'est pas juste pour rire : c'est un concept – mais attrapé chez Gombrowicz, retravaillé par Lucbert à des fins nouvelles, donc formé *dans la littérature*, laquelle atteste au passage sa capacité, si elle est *sui generis*, en cette matière. Le « cucul », c'est l'amour immodéré de la concorde, immodéré parce qu'il va au point de ne plus vouloir voir quand il y a de la discorde. Le signe indubitable de la « cuculerie » réside dans une passion si angoissée de l'harmonie sociale qu'elle ne peut pas supporter la moindre vision de conflit. D'où suit nécessairement l'évacuation de toute politique, ou plutôt sa dissolution caractéristique dans la morale

– d'une part dans le partage entre la qualité morale des « cuculs » et la défectuosité des autres (qu'on ne sait pas comment qualifier), d'autre part dans la conversion de l'action politique en entreprise de *redressement* (des défectueux) et d'appels aux élans (de tous). Et tout ceci très joyeusement bigarré, car il y a bien 50 nuances de « cucul ». Ainsi, donc, le « cucul » du patronat catholique humaniste, qui ne voit même plus ses stock-options à lui, ni le SMIC des autres, mais juste « des hommes de bonne volonté ». Car c'est ainsi qu'on règle les « problèmes » (pousse les buffets) : avec de la *bonne volonté*. Mais également le « cucul démocratique » qui, lui, voit bien que de temps en temps l'harmonie fait défaut, mais croit très fort en la magie résolutoire du débat : on va parler, on va se parler. C'est la version dialogique de la « bonne volonté » : au bout des Grands Débats et des Conventions Citoyennes, il y a la paix des consensus. Enfin, il y a la gauche « cucul » : après une longue rééducation orthophonique, elle a fini par réapprendre à dire « capitalisme » (les décennies 80 et 90 avaient été une interminable aphasie, elle n'arrivait qu'à prononcer « économie de marché »), donc elle sait que ça existe (le capitalisme), elle a compris qu'il y avait le capital et le travail, mais, le porche de l'église en moins (laïcité), elle aussi rêve secrètement de réconciliation, au moins de rapprocher les points de vue, en tout cas que le capital écoute le travail.

Par exemple, dans cette veine : l'actionnariat salarié – le rêve du CAC 40 depuis la fin des années 1990, devenu horizon de la gauche « cucul », étonnant alignement. Le CAC 40, lui, sait ce qu'il fait en mouillant les salariés dans l'actionnariat : il fait des économies de salaires en « payant » avec du papier de la boîte (on ne compte plus les cas où le patron déclare que, certes, il n'a pas augmenté les salaires, mais qu'il a « donné des actions »). Et puis (encore mieux) il espère briser l'unité politique du salariat : quand l'entreprise est suffisamment grosse, la fermeture d'un site, généralement saluée par la Bourse, fait faire quelques plus-values sur leurs actions aux collègues des sites d'à côté. On n'est pas sûr que ça marche aussi bien qu'on voudrait, mais peu importe : transformer les salariés en actionnaires, les faire entrer dans la logique du capital, c'est déjà œuvrer au rapprochement des points de vue. Que, dans le revenu des employés, la part proprement salariale et la part « actionnariale » entrent dans les proportions du pâté d'alouette, que l'épargne financière des salariés se trouve exclusivement investie dans un seul titre, celui de l'entreprise, au mépris des règles élémentaires de la diversification du risque, ce ne sont pas des arguments de nature à entamer le prospectus patronal. Plus étonnant : pas davantage celui de la gauche du « rapprochement », qui tient autant à « rapprocher » qu'un patron humaniste ou un gaulliste de la participation. Certes, avec le temps, on a fini par s'apercevoir que la « participation au pouvoir dans l'entreprise » médiatisée par la propriété financière – une action, une voix... – n'était pas un idéal démocratique. Mais le legs de l'histoire est là et on peut aller y puiser ce qu'il a de plus radicalement anticapitaliste : la cogestion à l'allemande – nous dit Piketty[46]. Donnons aux salariés, par geste politique souverain, 50 % des voix au conseil d'administration, ajoutons s'il le faut une poignée d'actionnariat salarié pour faire passer le seuil de majorité, et voilà le Travail au pouvoir ! Le capital pourra-t-il trouver à redire d'être ainsi destitué de sa souveraineté sur la production, c'est-à-dire de ce qui fait l'essence même du capitalisme ? Si tout est fait démocratiquement, on ne voit pas comment.

Par un accord des esprits qui n'est pas une complète surprise, Piketty pense que *Le manifeste Travail* est « une contribution fondamentale pour penser un autre monde[47] ». Et c'est vrai que le chapitre de tête envoie du rêve à tout casser : « Vers l'action : du politiquement impossible au politiquement inévitable[48] ». On entend, donc, qu'il va y avoir de « l'action ». De l'espoir aussi : l'impossible converti en inévitable, c'est exaltant. Alors on cherche : la cartographie du théâtre des opérations, l'analyse de l'état des forces, les alliances possibles, la stratégie, une anticipation du déroulement des événements, etc. Évidemment rien. On imagine d'ici l'effet que ferait ce lexique « épouvantablement guerrier » aux humanistes du *Manifeste*, qui ne réclament finalement pas grand-chose : juste « démocratiser l'entreprise capitaliste ». Pas de quoi se mettre en guerre. [Comme en général il se trouve régulièrement ici un imbécile pharisien pour prendre des poses sur le « virilisme » des références à la guerre, on lui demandera par anticipation si, l'analyse des processus historiques mise à part bien sûr, il ne serait pas lui-même un peu sexiste à exonérer les femmes de toute détermination, et surtout de toute capacité à faire la guerre. On lui demandera par exemple s'il trouve Rosa Luxemburg ou Lucie Aubrac « virilistes », et on lui conseillera de lire le *Penthésilée* de Kleist ou *Les guerrillières* de Monique Wittig – les guerrillières, n'est-ce pas, pas les couturières, ou les crémières]. En tout cas, la guerre, c'est mal, alors on fait des manifestes pour avertir le capital que c'est très important d'être plus démocratique. Et pas seulement : plus juste et plus vert aussi. Comment le capital pourrait-il ne pas être ébranlé, ce sont tout de même des impératifs incontestables, lui-même s'il y réfléchit bien (on l'y invite) ne peut qu'en être d'accord. C'est sans doute pourquoi ce chapitre de tête du *Manifeste* (et tout le livre derrière lui) peut se contenter d'exposer ses idéaux, puis de s'en remettre avec confiance aux voies naturelles de la conviction. On traverse le chapitre comme dans un rêve, sans avoir croisé un mot qui nous dirait, conformément à son titre, comment l'on va passer « du politiquement impossible au politiquement inévitable », pour tomber sur la phrase de conclusion qui rachète de tout : « Un jour, espérons-le, nous saurons quand le politiquement impossible sera devenu inévitable[49]. » Voilà. On n'a pas fait le voyage pour rien : l'« espoir » du « nous saurons », c'est la promesse de la Bonne Nouvelle. Ici tous les étages de l'édifice « cucul » s'effondrent les uns sur les autres : l'évangélisme, la bonne volonté, le dialogue, le débat, la démocratie, le rapprochement, si tous les gars du monde.

Misère du scoutisme

On n'en veut pas spécialement aux auteures du *Manifeste Travail*, ça n'est même pas que leurs idées en elles-mêmes soient mauvaises, au contraire, elles sont toutes bonnes – en principe. On ne peut pas ne pas passer à un moment par le plan des principes, mais c'est de n'en jamais sortir, de ne jamais se demander comment ils pourraient entrer dans la réalité qui finit par être embêtant. Ça n'est donc pas par méchanceté qu'on voudrait leur faire dire « anticapitalisme », mais, de nouveau, parce qu'il y a des mots qui *obligent*. Il y a des mots dotés d'un pouvoir de conséquence auquel on n'échappe pas. Quand on a dit explicitement que le « problème » c'est le capitalisme, qu'il faut en sortir, donc tenir une ligne anticapitaliste, on ne peut plus ni faire la campagne de Christiane Taubira ni dire des choses comme : « L'envie est là, les solutions sont là, si on travaille tous ensemble on y arrivera[50]. » Terrible « tous ensemble », qui sonne immanquablement comme celui de Michel Bon, ex-Carrefour, ex-France Télécom. S'il est une chose dont on peut être certain, c'est que l'histoire n'a jamais avancé « tous ensemble » – car l'histoire n'est pas un buffet. Croit-on vraiment qu'on va arrêter le capitalisme « tous ensemble » ? Mais sous quelle circonscription du « tous » ? Capitalistes inclus ? Bourgeoisie avec ? Si pas inclus, avec qui, et par quelles voies ? Anticipe-t-on que les capitalistes ne seront pas trop partants ? A-t-on un début d'idée de ce qu'ils feront au moment où ils se déclareront « pas trop partants » ? Et de ce que nous ferons – de ce que nous devrons faire – alors, « nous », le « tous » capitalistes-pas-inclus ? C'est cet engluement dans le scoutisme qui est infernal. À la rigueur, on pouvait le comprendre de la part de ceux qui ont un intérêt direct à nous faire oublier à toute force la lutte des classes – et à nous faire prendre des vessies pour des lanternes. Mais comment les bases de l'éducation intellectuelle matérialiste ont-elles pu à ce point disparaître de la sphère intellectuelle « de gauche » ? Ici, la dialectique « du gentil et du méchant » atteint clairement ses limites – rappelons tout de même que « méchant » ne désigne jamais que l'aperception du conflit, et son assomption, c'est-à-dire la disposition à en penser les conséquences. Apparemment il y a des gentils indécrottables pour qui le franchissement de cette étape est impossible. Reste alors le scoutisme, dont on finit tôt ou tard par payer les pots cassés, ses partis intellectuels les plus généraux s'avérant profondément solidaires de ses choix politiques « institutionnels » – on sait lesquels. « Tous ensemble » dans la pensée de l'histoire a nécessairement pour terminus le retour à l'écurie dans les élections.

On a bien compris que si l'on habille les scouts en uniforme – « on leur met des chemisettes, on les peigne » –, c'est pour de rire, on ne va quand même pas se battre. Le problème du scoutisme en politique, c'est l'histoire. Laquelle, avait dit l'une de ses figures, n'est pas un dîner de gala (version champêtre : un pique-nique) quand elle est révolutionnaire. Mais le scoutisme, lui, est rivé au stade « pique-nique ». À l'extrême rigueur on fera une bataille de feuilles mortes, mais surtout pas plus. Les scouts pourtant ont bien dû voir ce qui s'était passé avec les Gilets jaunes, constater que la police ne leur envoyait pas que des serpentins – et les Gilets jaunes étaient loin de demander d'en finir avec le capitalisme. Les scouts en tirent-ils quelques conclusions ? Ou bien considèrent-ils que, les demandes étant formulées par des universitaires incontestables, elles recevront une réponse plus urbaine ? Il est certain qu'il n'y a pas de quoi se réjouir de ce que la perspective de processus révolutionnaires nous laisse entrevoir, le non-dîner de gala, ça n'est vraiment pas drôle, et sans doute tout le monde, dans l'absolu, aurait-il une préférence pour se l'éviter. Malheureusement, d'en faire l'économie dépend aussi un peu de ce qu'il y a « en face » – les processus historiques ne sont pas connus pour relever des « jeux coopératifs ». À force de ne promettre que des parties de campagne, on se demande, dans ces conditions, si le scoutisme n'est pas le dernier allié du capitalisme. Peut-être même, sous une forme invertie, son achèvement le plus subtil. Le scoutisme, stade suprême du capitalisme. Depuis Lénine, on a quand même un peu perdu.

3. L'internationalisme de l'évitement (ou les infortunes de l'« internationalisme climatique »)

Suprême, le scoutisme l'est jusque dans ses arts de paraître. Par exemple dans celui de transfigurer ses préférences pour l'évitement en ambitions grandioses – viser très haut, en effet, peut être un moyen subtil de se donner le temps de ne parvenir à rien. À cet égard, la stratégie « internationaliste » qui envisage quelque règlement mondial comme prérequis à la résolution de tout problème est idéalement faite pour dissiper du temps en pure perte tout en semblant au comble de l'engagement – une formule déjà bien testée à l'échelle régionale avec l'« Europe démocratique et sociale », présentée comme l'horizon qui nous délivrera des politiques néolibérales, un très grand succès comme on sait, après à peine trente ans de poursuite enthousiaste. La machine à atermoyer (échouer) est là, rodée, disponible, tout invite à s'en servir de nouveau, à plus forte raison au service d'ambitions encore plus hautes, donc avec la certitude d'échouer encore mieux (plus longtemps).

Au reste, l'argument pour un internationalisme climatique n'est-il pas constitué, imparable ? Le changement climatique est un problème d'externalités mondiales, par conséquent il ne saurait être réglé qu'au niveau mondial. Pourquoi les nations sont-elles à dépasser, et d'ailleurs de fait déjà dépassées ? Parce que le monde est mondialisé. Le capitalisme a mondialisé le monde. Regrettons-le si on a le goût des regrets, mais c'est ainsi et il faudra faire avec. Prenons-en la meilleure part : l'internationalisme possédait déjà sa rationalité suffisante, il lui en échoit une supplémentaire qui rend sa cause non seulement irrésistible mais au surplus urgentissime. Être internationaliste n'a plus seulement à voir avec l'extirpation des nationalismes identitaires ou belliqueux, mais avec la simple restauration des conditions d'habitabilité de la planète. L'internationalisme est désormais porteur d'une rationalité de préservation de l'humanité même. Internationalisme ou fin du monde.

Les choses se présentent parfaitement : voilà la possibilité d'un très long détour, tout le long duquel on pourra maintenir qu'il n'est aucun besoin de toucher au capitalisme pour se tirer d'affaire : de l'« internationalisme climatique » suffira – de l'internationalisme de l'évitement.

Biens communs mondiaux et souverainetés nationales

Le propre des arguments spécieux, c'est de n'avoir pas rien pour eux, et même de sembler d'abord très bien fondés. On regarde Bolsonaro, et on comprend que le prospectus de l'« internationalisme climatique » prenne si bien. Une nation, le Brésil, se trouve dépositaire d'un bien commun mondial, la forêt amazonienne, qu'elle met au saccage – parfaite alliance de la cupidité et de la bêtise à front de bœuf. On appelle « externalité » le fait que les décisions qu'un agent prend pour son propre compte ait des effets sur des tiers. Les plus puissantes des externalités peuvent conférer une portée globale à des événements ou à des décisions locales. C'est le cas typiquement du risque systémique dans les marchés de capitaux : la banque Lehman Brothers tombe – événement local –, mais par le jeu des interconnexions entraîne tout le système financier avec elle – effondrement global. C'est le cas, mais par construction, quand un bien commun global se trouve localisé. Et que le souverain de son ressort peut en faire ce qui lui chante. La forêt amazonienne est indispensable à la régulation climatique planétaire ? Mais ça m'est tout à fait indifférent, car *elle est chez moi*, par conséquent j'en fais *ce que je veux*. Voilà ce que c'est aussi, la souveraineté nationale : la possibilité de ce désastre. Si l'on écarte la solution de résignation – « c'est ainsi et on n'y peut rien » (variante : s'en remettre à l'aléa des processus politiques brésiliens en espérant que l'arbitraire de la souveraineté y trouvera une nouvelle orientation) –, que reste-t-il possible d'envisager ?

Admettons d'emblée que la première solution est de celles à abandonner le plus vite : si un fou prend en otage un bien commun mondial vital, le reste du monde s'estime fondé à lui tomber dessus – guerre, putsch fomenté du dehors, comme on veut. Forme atténuée : les sanctions (qui ne marchent pas). Passons rapidement, il ne s'agissait que de sacrifier à l'exhaustivité méthodique : après « ne rien faire », il y avait « ça ». Le commencement de rationalité arrive avec les procédés usuels de règlement des problèmes d'externalité, à savoir la création d'institutions. Dans la perspective de la théorie de la Régulation, par exemple, une institution est un dispositif d'accommodation (de « régulation ») d'une contradiction, en l'occurrence une contradiction local-global. Malheureusement, ici « global » désigne l'échelle internationale – internationale sera donc également l'échelle à laquelle devra se constituer l'institution régulatrice. On pourrait évoquer d'abord le fait que les institutions internationales ne sortent pas du sol du jour au lendemain. Mais l'essentiel n'est pas là. Même sorties du sol, les institutions n'ont jamais que la puissance de la communauté politique constituée qui se tient derrière elles. Et s'il n'y a aucune telle communauté politique, alors il n'y a aucune puissance institutionnelle. C'est qu'il faut bien qu'une puissance soit à l'œuvre pour rendre exécutoires les décisions d'une institution, et cette puissance, l'institution l'emprunte entièrement à une communauté humaine *constituée comme corps politique*[51], auquel bien sûr doivent appartenir les agents à réguler – autrement, rien. L'état d'impuissance chronique de l'ONU est notoire, et pour cette raison même qu'il n'existe pas de communauté politique mondiale. L'Union européenne offre un cas intermédiaire : communauté politique à moitié commencée, à moitié inachevée, son droit propre n'a pour se rendre exécutoire que la délégation de puissance apportée par la bonne volonté des États membres, sans aucune autre ressource d'*enforcement*, mis à part les pressions politiques internes du « club », ce qui n'est pas rien, mais ne se compare pas avec les instruments de coercition de dernier ressort dont dispose une communauté stato-nationale – en gros, si un État membre décide d'ignorer une décision de la CJUE, la Commission n'a aucune police à lui envoyer, et il n'en résulte « que » l'ouverture d'une crise politique. L'ONU n'a même pas ce genre de possibilité. Alors elle parle dans le vide – on le lui reproche assez, quoique de manière très hypocrite : on ne peut pas lui demander des démonstrations de puissance que, *constitutivement*, elle est incapable de faire.

L'introuvable communauté mondiale

En l'absence d'une *authentique* communauté politique mondiale – c'est-à-dire d'autre chose que des fantasmes verbaux qui permettent à certains de prendre les postures avantageuses (et peu coûteuses) de « citoyen du monde » –, l'institution internationale (supranationale) chargée d'accommoder les contradictions du local et du global en matière d'externalités climatiques n'aura rien derrière elle – par conséquent, n'accommodera rien devant elle. Si, faute de quelque communauté politique mondiale, il n'y a pas de solution institutionnelle au problème des externalités climatiques, c'est-à-dire au problème d'un bien commun mondial capté par une souveraineté nationale, peut-être faut-il faire légèrement pivoter le regard et commencer plutôt à s'intéresser à ce qui, en première instance, a fait surgir un tel problème. Qu'est-ce qui a déchaîné des forces génératrices d'externalités climatiques mondiales ? Qu'est-ce qui a rendu solidaires par le pire (le commerce et l'argent déchaînés), et pour le pire (le saccage environnemental et le changement climatique) tous les lieux de la planète ? Qu'est-ce qui a, par conséquent, créé ce problème intordable entre souverainetés locales et introuvables régulations institutionnelles globales, *sinon le capitalisme* ? On pourrait alors peut-être songer à inverser la position de problème : plutôt que de chercher, à capitalisme donné et *posé comme invariant*, une solution à la contradiction local-global, contradiction de biens communs mondiaux abandonnés à des souverainetés nationales folles, s'en prendre à la force même qui installe les externalités du désastre : le capitalisme. Qu'il reste par-ci, par-là des souverainetés nationales folles, ce sera déplorable. Mais au moins leur folie demeurera-t-elle circonscrite, sans effet sur le reste de la planète, faute des canaux de transmission du capitalisme mondialisateur. En l'absence d'une communauté politique mondiale capable d'adosser des régulations institutionnelles douées d'*enforcement*, c'est-à-dire capables de réduire la contradiction local-global en faisant plier la souveraineté nationale concernée, c'est *le capitalisme lui-même* qui doit maintenant être envisagé comme le terme de l'ajustement.

Deux voies s'offrent donc : soit poursuivre la construction d'institutions internationales dotées de suffisamment de puissance pour aller arraisonner le Brésil d'un Bolsonaro ou les États-Unis d'un Trump (marche aussi avec n'importe quel pays qui se couvre de centrales à charbon, etc.) ; soit s'en prendre à la cause première de la contradiction local-global portée à l'échelle planétaire. Car le capitalisme portera le privilège historique d'avoir installé pour la première fois dans l'histoire de l'humanité un réseau d'interdépendances capable de propager le pire depuis n'importe quel point du monde jusqu'à potentiellement tous les autres. Au réflexe internationaliste qui retourne aussitôt à ses bases – « voilà, en plus de toutes ses autres tares, ce qu'est aussi la souveraineté nationale : la possibilité de ce désastre-là » –, il est donc possible d'opposer une autre formulation du problème : la possibilité du désastre n'est-elle pas plutôt dans la structure d'interdépendances qui met le monde entier à la merci d'un cinglé quand un bien commun mondial se trouve localisé chez lui ?

Mais c'est précisément ce que l'internationalisme de l'évitement ne veut pas voir : les interdépendances sont là, il faut donc faire avec ; elles se trouvent être capitalistes, c'est à peine un détail. Et puis que les externalités capitalistes soient le fait du capitalisme, c'est entendu, mais en définitive elles n'ajoutent qu'une raison supplémentaire à *toutes les autres* d'être internationaliste, c'est-à-dire *surtout* d'en finir avec l'État-nation – avec le capitalisme, on verra plus tard. Inutile de le dire, cette sorte-là d'internationalisme est par excellence le point de ralliement du grand parti de l'inconséquence, qui coule dans la fantasmagorie ses stratégies de l'innocuité :

poursuivons une lubie, au moins nous sommes certains de n'arriver à rien. Sans surprise, l'« Europe sociale et démocratique » lui a longtemps servi de banc d'essai. C'était finalement de bonne méthode : voyons déjà comment le problème se présente à l'échelle européenne, et puis on extrapolera – ce qu'il y a à extrapoler.

« Au-delà de l'État-nation »... encore l'État-nation

Voyons donc. Soit l'Europe comme cas – et comme épreuve minimale d'une perspective internationaliste : cas de formation d'une communauté politique, puisque tel est donc le prérequis de toute solution institutionnelle au problème des externalités climatiques. Hélas, même au plus près de ses ambitions réduites, l'internationalisme de l'évitement ne passe pas sa propre barre. Dépasser le capitalisme, on a compris que ça n'était pas son affaire, mais l'État-nation ? Même pas, et encore moins dans un sens démocratique – conforme à son concept, l'internationalisme de l'évitement, décidément, évite tout : et le dépassement démocratique de l'État-nation, et son dépassement tout court, et donc l'arraisonnement climatique du capitalisme (comme s'il était possible), et enfin (comme il ne l'est pas) son renversement – dans le tableau général des « urgences », il y a aussi celle de déblayer les faux espoirs et les solutions trompeuses.

En commençant, si elle est abstraite, par la question préalable de la constitution d'une communauté politique comme production d'un homogène (relatif) à partir de l'hétérogène (l'hétérogène *a priori* des parties constituantes). La réticence spontanée de la métaphysique libertaire à envisager qu'il y ait de l'homogène, immédiatement compris comme totalitarisme, en tout cas atteinte aux singularités individuelles, oblige à la lapalissade, en l'occurrence à rappeler que s'il y a une communauté, c'est qu'il y a des choses communes – de l'homogène –, notamment des règles, qui font l'objet d'un accord, et d'une observance commune – sinon, c'est qu'avec « communauté » on s'est payé de mots. Si l'on entend le mot « nation » en un sens suffisamment général pour ne pas être collé à l'image historique que nous en avons (la nôtre), on se souviendra de l'avertissement de Spinoza en cette matière : « La nature ne crée pas de nations[52]. » Et, de fait, l'histoire n'a cessé de montrer qu'elle était, *elle*, l'agent de cette production, de la formation de peuples, et de peuples de peuples. Rien ne s'oppose donc *en principe* à l'hypothèse d'un peuple européen. Encore faut-il en examiner les conditions de possibilité plutôt que de laisser son avènement aux sermons humanistes de l'internationalisme européen. Or la production de l'homogène à partir de l'hétérogène n'est pas toujours une partie de plaisir. La France est bien placée pour en témoigner, dont la fabrication de l'unité nationale est passée par des procédés de la dernière brutalité – arasement autoritaire de toutes les particularités régionales : linguistiques, juridiques, monétaires, coutumières, métrologiques, etc. La question qui se pose aux *would-be* ingénieurs d'un peuple européen est donc la suivante : entendez-vous procéder pareillement ? Si oui, merci de nous en avertir. Sinon, de nous dire comment.

À défaut d'avoir la réponse, pour l'heure toujours manquante, nous savons au moins à quels critères nous pourrons reconnaître un peuple de peuples, un peuple européen formé : à ce que ses redistributions internes ne sont plus un *problème* – dans la tête de tous ses ex-peuples constituants. Les Parisiens ne se posent pas la question de savoir (ni l'occasion de se scandaliser) que leurs impôts contribuent à financer les routes ou les écoles dans la Creuse. Tels sont les effets d'oubli caractéristiques d'une unification réussie. À l'inverse, quand les Lombards commencent à trouver qu'ils en ont assez de « payer pour » les Pouilles ou la Calabre, c'est que le peuple de peuples issu de l'unification italienne ne se porte pas très bien. Où en est le peuple européen à cette aune ? On n'est jamais si bien renseigné sur la consistance d'une communauté politique que par ses comportements en situation de crise – équivalent des *stress-tests* qu'on applique à d'autres sortes de constructions. Par exemple, quand les gouvernements européens au mois de mars 2020 se volent les uns aux autres les masques sanitaires dans des coins obscurs de tarmacs, ou lors des sommets à Bruxelles ne cessent de se demander qui va « payer pour les autres », quand ils ne posent pas d'emblée que « nous ne payerons pas pour les autres », nous sommes renseignés. Tant que l'internationalisme pharisien n'aura rien d'autre à opposer que ses propos de *chaisières*, ses postures d'élévation humaniste, faites pour revendiquer le haut du pavé moral mais inaptes à produire quelque autre effet, le « peuple européen » de ses rêves ne risque pas de faire le moindre progrès. On continuera de se voler les respirateurs et de laisser les autres à leur détresse financière, un ensemble de faits gênants dont la résolution n'est pas à la portée des curés : « Peuples européens, aimez-vous les uns et les autres – et faites enfin le peuple européen ! », ça ne va pas suffire. L'européisme abstrait est la forme d'époque du moralisme sans suite, en fait du moralisme tout court, si l'on définit le moralisme comme exercice purement verbal, comme *pure* déclaration de principes. On appellera en effet « moraliste » toute déclaration de principes pure, c'est-à-dire coupée de toute analyse de ses conditions de réalisation concrète. Un philosophe qui passerait par là songerait à Kant, lequel nomme « transcendantal[53] » le questionnement de toute activité de la raison *par ses conditions de possibilité* (quelles sont les conditions de possibilité de l'exercice de la raison pure, de la raison pratique, du jugement esthétique ?). Le moralisme, c'est l'oubli du transcendantal, le refus de penser les conditions de possibilité, avec la vague intuition, d'ailleurs pas fausse, qu'il s'y trouverait de quoi altérer la beauté de son geste. Ne pensons donc pas et contentons-nous de dire, pour jouir de ce que le moralisme autorise de plus typique : les postures de supériorité morale.

Penser, ici, on le veut tellement peu, qu'on n'est même plus en état d'apercevoir l'évidence que le « dépassement européen des États-nations », mâchonné depuis des lustres par Habermas, n'en est pas moins une contradiction dans les termes : puisque l'Europe ne se propose que de redéployer le principe de l'État-nation mais à une échelle territoriale étendue. Les européistes ne se réjouiraient-ils pas de la disparition des passeports « nationaux » et d'avoir en poche... un passeport européen ? C'est-à-dire le document le plus typique de l'appartenance à un État-nation – nommé « Europe ». La structure fédérale de l'État européen ne change rien à l'affaire : les États-Unis ont une structure fédérale, l'Allemagne aussi, et jusqu'à la Russie, la Suisse encore mieux : confédérale. On n'a pas trop le sentiment que ces entités se soient extraites de la forme État-nation.

En réalité, le point de vue qui soutient l'européisme ne peut pas s'arrêter en si bon chemin sauf à se contredire lui-même. Car, si l'Europe unie n'est de nouveau qu'un État-nation, mais en plus gros, il reproduit à ses nouvelles frontières la même insatisfaction que celle qui avait motivé sa propre construction – la preuve par Frontex. Il faudra donc se porter à l'échelle du monde ou rien. Comme on sait, c'est là le cœur de doctrine du jacquattalisme, résumable en un syllogisme pour habitué des aéroports : le capitalisme étant mondial, il a besoin d'être régulé/institutionnalisé au niveau mondial ; or les territoires d'institutionnalisation sont les États-nations ; *ergo* il nous faut un État mondial adéquat au capitalisme mondialisé – hélas, il existe aussi des versions communistes de ce raisonnement. Du reste, c'était bien l'esprit de la solution internationaliste au problème « Bolsonaro-Trump (*et alii*) », qui disait déjà en soi l'insuffisance d'une unification « simplement » européenne, et l'impératif de l'étendre au monde entier. L'État mondial pour rattraper le climat, donc. La belle idée.

Despotisme du grand corps politique

Puisqu'on a parlé de Kant, restons-y. Dans *L'idée d'une histoire universelle au point de vue cosmopolitique*, Kant, dans la progression rationnelle qui l'emmène du droit civil au droit des gens, enfin au droit cosmopolitique, en vient logiquement à se poser la question de l'État mondial, appelé semble-t-il par son mouvement même. Mais pour l'écarter au dernier moment, d'un argument assez lapidaire au demeurant : un État mondial, par sa taille, serait nécessairement un État despotique. L'argument est peut-être lapidaire, mais il est d'une redoutable profondeur.

Deux siècles après Kant : les Black Panthers. Comme une vérification expérimentale. On sait par quels moyens l'État étasunien, État policier, raciste, a écrasé le mouvement des Black Panthers : infiltration, écoutes, intimidations, arrestations arbitraires, fabrications de dossiers, procès parodiques, emprisonnements indéfinis, assassinats. C'est que le mouvement des Black Panthers, comme d'ailleurs les mouvements d'auto-organisation des communautés indiennes natives, était en train de faire la démonstration que, abandonnés du gouvernement, ils pouvaient alors se gouverner eux-mêmes, reconstituer eux-mêmes les services publics fondamentaux dont leurs communautés étaient méthodiquement exclues, éducation, approvisionnement, santé. Que les gouvernés s'autogouvernent, c'est évidemment la chose insupportable par excellence aux gouvernants. Mais dans des têtes déréglées comme celles d'un Hoover ou d'un Nixon, ce verdict d'inutilité qui leur est de fait renvoyé par les communautés autogouvernées résonne essentiellement comme un signe précurseur de sécession. « Pourquoi resteraient-ils sous notre joug s'ils n'ont plus besoin de nous ? » En effet, c'est une bonne question. Or une tête d'État est habitée par l'idée de l'unité et de l'intégrité – pas l'intégrité valeur morale : le vouloir demeurer-complet, la hantise de perdre un bout. Quand dans la France des années 1970, puis dans celle des années 2010, l'État français écrase Lip ou la ZAD, c'est le même réflexe qui est à l'œuvre : « Ces gens-là sont en train de nous échapper ». « Alors nous les réduirons. »

Voici où l'argument kantien prend toute sa force : plus le territoire est vaste, plus l'État qui le coiffe ne se voit d'autre solution que de le tenir *d'une main de fer*. Plus l'espace est grand, plus la probabilité de la divergence est forte, partant celle de la sécession et de la désintégrité, plus donc la tenue doit être implacable. Sans doute le despotisme parvient-il à faire son affaire des petites tailles – voyons Orban, Duda, Salvini s'il était resté, Macron comme il tourne. Mais c'est un fait contingent. Despotique, le grand État l'est nécessairement. La Russie, la Chine l'illustrent jusqu'à la caricature – le tsar, l'empereur, le secrétaire général : mains de fer. Les États-Unis, par l'indice de leur taille, et par la confirmation de leurs pratiques, ne sont pas loin de relever eux aussi de cette catégorie du grand État despotique, si c'est à un degré moindre. C'est qu'« élections libres » et « presse libre » ne sont pas tout à fait suffisants pour se pâmer à « la plus grande démocratie du monde ». Proposition d'abord arithmétiquement fausse : l'Inde. Et politiquement plus fausse encore : si ce qui a été fait au BPP, aux Noirs en général, aux Indiens, à Snowden, et serait fait à Assange, si l'omniprésence de l'État de renseignement et de police sont de la démocratie, c'est que les mots n'ont plus le moindre sens.

Mais l'État européen, lui, serait gentil. Il a l'Hymne à la joie, plein d'étoiles d'or et un très beau fond bleu. Il a une CEDH, le recours quand on est allé au bout de toutes les vilenies juridiques nationales, ne juge que les méchants, n'enferme personne. Forcément : ça n'est pas un État. Les européistes post-nationaux, qui peinent déjà à comprendre que la communauté politique européenne de leurs rêves serait de nouveau un État-nation, auront sans doute plus de mal encore à imaginer quelle en serait la physionomie si elle voyait le jour pour de bon. Ou plutôt les physionomies. Car cette Europe aurait le choix entre deux morphologies politiques possibles – et les deux régimes de puissance et de cohésion qui leur correspondent. Soit le choix de la plus grande subsidiarité – mais c'est, par analogie, le type Saint Empire romain germanique : une tête finalement faible et presque inconsistante qui tient comme elle peut ses princes électeurs, mais dans un ensemble instable, voué à se défaire quand le principe cohésif chrétien cède devant l'émergence des souverainetés politiques nationales (et l'incompatibilité de leurs intérêts propres). Et sinon, le choix de la main de fer. Dans les deux cas, la taille du territoire – grande – est le paramètre décisif, qui s'exprime dans des effets diamétralement opposés : dans le type « Saint Empire », un « vrai » fédéralisme, mais accompagné d'une forte probabilité (proportionnelle au territoire, toutes choses égales par ailleurs) de résurgences des divergences régionales, et donc de la possibilité de voir la totalité se défaire par morceaux (façon Brexit) ; dans le type « main de fer »... la main de fer – précisément pour éviter la survenue de l'événement auquel l'autre type est trop exposé.

L'UE est gentille parce qu'elle n'est pas un État. Réalisant le type qui tient dans le temps, elle cesserait aussitôt de l'être (gentille). Elle aurait sa police, ses services, elle traquerait les séparatismes, ferait la chasse aux expériences non capitalistes, ne supporterait pas plus que les États-Unis, la Russie ou la Chine qu'on s'y autogouverne ou vive autrement que selon sa manière. Pour l'heure larvaire, elle n'en a pas moins déjà les premiers réflexes de la puissance étatique souveraine : « constituer un bloc pour peser contre les États-Unis et la Chine », chiot qui a déjà envie d'aboyer. La meilleure chose à souhaiter à l'européisme de gauche pourrait donc être que son Europe rêvée ne voie jamais le jour : elle demeurera comme un fantasme virginal, capable de se maintenir comme éternel objet de désir par différence d'avec les États-nations qui, eux, réalisent à grand spectacle toutes les tares de... l'État-nation. Et surtout, l'absence de passage à l'existence permettrait à cet européisme de ne pas avoir à choisir entre deux idées qui lui tiennent également à cœur : la démocratie augmentée et l'État européen, et de faire l'économie de la tristesse qui suit de découvrir incompatibles deux désirs également chers.

Le problème de l'internationalisme à l'époque du changement climatique

Cependant, l'« internationalisme climatique » n'est-il pas grevé d'une autre tare, plus profonde encore, propre à le rendre autocontradictoire ? Et pas seulement lui : également toute forme d'internationalisme, y compris communiste. En effet, que peut être un internationalisme *concret* à l'époque du désastre écologique ? Si l'urgence climatique est aussi impérieuse qu'on le dit – et elle l'est indubitablement –, l'une des toutes premières modifications de nos habitudes de vie ne devrait-elle pas consister, à l'évidence, à rompre avec la frénésie des déplacements internationaux ? – on dit « nos », mais c'est un « nous » déjà assez sélectif : le peu d'engouement pour la pétition contre la privatisation d'Aéroport de Paris est venu rappeler qu'une large part de la population ne voit les avions qu'à la télé. En tout cas, on est bien forcé d'admettre que l'internationalisme, sitôt qu'il se donne des contenus concrets, procède d'abord… par le contact international : les voyages. À gros bilan CO_2.

En passant, il y a là au moins l'occasion d'y regarder à deux fois avec *l'*internationalisme au singulier. Car il y a autant d'internationalismes que de domaines d'activité internationalisables – l'une des raisons pour lesquelles la célébration générique de *l'*internationalisme n'a rien d'évident : il y a l'internationale de la police, celle du renseignement, celle des coalitions militaires et des opérations de police mondiale, celle du capital bien sûr. On n'est pas certain que ces internationalismes-là, quoique internationalismes, vaillent beaucoup d'être défendus. Mais faisons comme si, par « internationalismes », nous ne parlions que des internationalismes que « nous aimons » : l'internationalisme des sciences, celui de la culture, l'internationalisme des militants et de la politique bien sûr. Tout ça fait quand même un internationalisme de *happy few* : intellectuels, artistes, élites « alter », habitués polyglottes des aéroports. Le populo lui n'a accès à l'internationalisme que sous la forme *all inclusive*, c'est dire qu'il ne vient à l'idée de personne de verser ses transhumances sous le chapitre de l'internationalisme – on doit pouvoir trouver que c'est un problème, en tout cas qu'il y a lieu d'y réfléchir.

Il faut toutefois considérer les volumes additionnés de tous ces internationalismes car, à l'évidence, il va falloir gérer la réduction – du trafic à CO_2. Ici bon nombre d'intellectuels/artistes/militants internationalistes sont peut-être spontanément tentés de se dire que la priorité devrait aller à la circulation des *idées* (savantes/créatrices/politiques) – dont ils se trouvent, justement, être les porteurs. Bon nombre, mais pas tous. Des chercheurs commencent à s'interdire très consciemment les tournées de colloques et de conférences à l'étranger[54]. Même les milieux de l'art se posent des questions, jusqu'à mettre en cause la pertinence des biennales et de leurs transhumances à elles[55]. Et ce sont certainement de très bonnes questions. Il reste que, si l'on y répond de manière conséquente, une autre question vient se substituer à toutes les précédentes : que reste-t-il de l'internationalisme *concret* si, en accord avec les nécessités de l'urgence climatique, on abandonne de se déplacer à l'étranger – et de faire venir à nous des étrangers ? La recherche est certainement une variante de l'internationalisme très désirable, mais qu'en reste-t-il quand les chercheurs renoncent à voyager, c'est-à-dire à se rencontrer, à se parler, à perdre du temps de conversation flottante, mais face à face, dont sortira peut-être une idée brillante ou une collaboration fructueuse ? Et de même si les artistes ne peuvent plus se retrouver ?

La gauche internationaliste aime l'internationalisme – à ce niveau de généralité, elle a raison –, mais elle aime aussi l'idée qu'on se soucie du climat – là encore, elle n'a pas tort. Que faire quand la circulation des hommes, porteurs de leurs idées, devient *objectivement* une atteinte au climat ? Inutile de se raconter qu'on va s'en tirer en faisant tout « par Internet ». D'abord parce qu'après quelques confinements Covid au moins l'illusion du « tout-Internet » a-t-elle fait naufrage : la preuve par Zoom (la mort). Ensuite, parce que le renvoi des individus à leurs écrans et leur réduction à l'état de monades numériques sont comme le rêve politique du capitalisme néolibéral le plus « avancé ». Enfin, et surtout, parce que l'Internet lui-même, avec ses monstrueux *data centers* (mais aussi ses terminaux, donc ses extractions, ses déchets), est en voie de devenir un fléau écologique généralisé, légère anicroche s'il est supposé constituer la solution de substitution au problème climatique de l'internationalisme des voyages – oui, le supposé « virtuel » a quelques effets dans le réel, si ce ne sont pas exactement ceux qu'on nous a promis[56]. L'essentiel cependant est ailleurs : on veut bien tout ce qu'on veut, mais à un moment les échanges supposent de *se rencontrer*. Si l'on parle de l'internationalisme proprement politique et militant, il doit être assez évident que, pour lui, la « solution Internet » est une fadaise. La politique est une affaire de coprésence de corps parlants, et la politique internationaliste n'adviendra pas par Skype ou FaceTime interposés.

Or quand de réels rassemblements de contestation internationalistes se forment, comme à Seattle, Gênes, ou Hambourg, c'est que les gens ont pris l'avion ou le train, soit du kérosène, de la bonne électricité nucléaire ou même à charbon. Ici, c'est peut-être le raisonnement du type « tout ou rien » qui égare. D'accord, des bataillons de militants qui bougent d'un pays à l'autre pour quelque événement, ça chiffre en CO_2. Mais ils ne bougent pas ainsi tous les quatre matins, et, en les occurrences, ça en vaut la peine – par conséquent tant pis pour le CO_2, celui-là est bien dépensé. Mais après tout, l'argument vaudrait aussi bien pour les usages d'Internet. Car si on l'exclut à son tour, il est certain qu'il ne restera pas grand-chose pour faire vivre un internationalisme politique concret. À défaut des corps parlants, ce truc fait quand même circuler des idées, des textes, des images. Mais alors ne va-t-il pas falloir se faire finalement à l'idée d'un internationalisme à voilure très réduite ?

Les normes capitalistes de la mobilité en nous

L'internationalisme suppose des contacts internationaux, c'est-à-dire des déplacements mais coûteux pour la planète – en un temps où elle n'a plus les moyens de grand-chose en cette matière. Il va falloir faire avec cette contradiction principale. Et avec les contradictions secondaires qu'elle induit. Par exemple, on pourra trouver que les déplacements internationaux des chercheurs, des artistes, des militants ou des étudiants sont très nécessaires, on n'en aura pas moins du mal éviter que leur réserver ces déplacements, pour en exclure les « hordes de touristes en bermuda », ne suinte le racisme social. Encore cette contradiction-là n'est-elle pas forcément insoluble : de même que le problème de la capture souveraine locale d'un bien commun mondial devait plutôt conduire à mettre en cause la structure génératrice des externalités – c'est-à-dire le capitalisme –, de même ici peut-on sortir de la problématique différenciation des « bons » et des « mauvais » voyageurs en mettant en cause ce qui doit l'être : non pas la « qualité » des voyageurs mais le *système capitaliste du voyage* – celui-là même qui produit de la « horde », d'ailleurs à partir d'à peu près n'importe quelle sorte d'individus. Le rétablissement de l'égalité dans le rationnement kilométrique (ou plutôt en CO_2) – puisqu'on voit mal par quel autre procédé produire un effet concret en cette matière – s'obtient en extrayant le voyage de sa forme capitaliste, qui le défigure en *tourisme*. Et en prenant l'habitude d'une révision drastique de nos normes de mobilité internationale, c'est-à-dire en rompant avec celles que le capitalisme nous a mises dans la tête, et qui nous font trouver ordinaire d'avoir le changement de continent à une demi-journée de transport. Sauf dernier degré de l'inconséquence, il faut admettre que ces normes étaient folles, que nous partirons moins, séjournerons moins, mais avec quelque chance que ces séjours, plus rares mais alors possiblement plus longs, s'apparentent davantage à quelque chose comme des *voyages*.

Dans la grande réduction, même l'internationalisme communiste devra en rabattre. C'est finalement en épousant sans s'en rendre compte les normes de la mobilité capitaliste qu'il a pu croire un moment trouver les voies de sa pleine réalisation, et notamment de quoi dépasser ce verdict de l'histoire somme toute décevant qu'on n'a jamais pu compter un seul soulèvement révolutionnaire authentiquement internationaliste, au sens où la composante internationaliste de la lutte aurait été davantage que marginale et symbolique – à part peut-être l'Espagne de 1936. Bien sûr Anacharsis Cloots, bien sûr Dombrowski, Elisabeth Dmitrieff, Léo Frankel et les autres combattants étrangers de la Commune, ou ceux d'aujourd'hui qui ont rejoint les rangs du YPG au Rojava, participations marquantes mais numériquement minoritaires. L'internationalisme *n'est pas une forme politique* et, si l'on suit Kant, il est même préférable qu'il n'en soit pas ainsi, en tout cas dans la visée d'un État mondial. L'internationalisme est deux autres choses : il est d'abord une *prescription* quant à la forme des groupements politiques nationaux (et non quant à leur dissolution *de principe*), prescription d'entretenir la plus grande ouverture possible aux échanges humains (et non comme aujourd'hui, où tout est sur la tête, aux seuls échanges matériels) : les échanges de la culture, de la recherche, de l'éducation, du voyage ou de la visite. Il est ensuite un *mouvement* : mouvement de préoccupation mutuelle des peuples qui se reconnaissent intéressés au sort les uns des autres, qui développent entre eux des effets d'émulation, et ceci d'ailleurs sans préjudice de ce que toutes ces formations « peuples » peuvent connaître de remaniements, que ce soit par droit à l'autodétermination de certaines de leurs fractions ou bien, inversement, par désir de fusionner pour constituer des entités politiques plus grandes.

Même sous cette forme réduite, l'internationalisme, par exemple comme prescription d'ouverture maximale aux circulations humaines, se prend le mur climatique de plein fouet puisque, précisément, les circulations humaines deviennent intolérables à la planète – en tout cas celles, majoritaires, qui empruntent les véhicules capitalistes du transport. Redisons combien, sans s'en rendre compte, l'internationalisme communiste a été le jumeau de l'essor capitaliste, pas seulement comme antagoniste politique sécrété par ce dernier, cela est assez évident, mais comme *horizon géopolitique*, lui-même rendu possible par la projection géographique liée à l'extension démesurée des moyens, puis des normes, capitalistes du déplacement. On pourrait objecter que des internationalismes, il y en eut avant le capitalisme, et ce ne serait pas faux – celui de l'internationale catholique par exemple. Dans ce cas, il faudra en revenir à des versions lentes de l'internationalisme – pédestres ? hippiques, cyclistes ? Pas exactement celles auxquelles nous pensions spontanément quand il était question de communisme. Et cependant ni nulles ni non avenues, loin d'être inintéressantes mêmes. Simplement mieux adaptées à l'état abîmé du monde, attachées à ne pas y ajouter, ce qui, pour un internationalisme communiste et conséquent, est tout de même bien la moindre des choses.

Deuxième partie

Le communisme comme garantie économique générale

4. « En sortir » – mais de quoi et par où ?

À un moment, il faut bien se décider à prendre le taureau par les cornes : c'est le capitalisme qui détruit la planète, ça n'est qu'en détruisant le capitalisme qu'on sauvera la planète. Si l'« internationalisme climatique » n'est qu'un internationalisme dilatoire, il faudra envisager de prendre une autre route. De longue date, nous savions également que le capitalisme détruisait – directement – beaucoup de monde : par le salariat. L'accumulation des raisons suffisantes commence tout de même à être assez sérieuse. Auxquelles la crise de la Covid se trouve donner une illustration synthétique d'une vivacité sans pareille, normalement faite pour frapper les esprits. En tout cas pour leur faire comprendre qu'on ne se tirera pas *véritablement* de la situation présente par des rustines de politique monétaire, des reports de taxes ou quelque autre des procédés ordinaires.

L'origine de ce virus, son lien de plus en plus clair avec l'écocide capitaliste, l'espèce de némésis virale déchaînée qui nous attend si nous continuons dans le mépris de toute chose qui n'est pas l'argent, suggèrent de poser enfin quelques questions sérieuses sur la manière, non dont nous produisons à domicile des respirateurs, mais dont nous vivons. Demander, par exemple, s'il n'est pas temps de « sortir de l'économie », ou de choisir entre « l'économie ou la vie[57] », c'est poser à nouveau des questions sérieuses. Sérieuses mais peu claires.

Quelle économie?

Qu'est-ce que l'« économie » dont il faudrait sortir? Si l'on définit très généralement l'« économie » par l'ensemble des données sous lesquelles s'organise la reproduction matérielle collective, évidemment « en sortir » n'a aucun sens. « Pour vivre, il faut avant tout boire, manger, se loger, s'habiller et quelques autres choses encore », écrivent Marx et Engels dans *L'idéologie allemande*. Au sens le plus général du terme, « l'économie » désigne la réponse collective qu'une formation sociale apporte à ce « il faut », jusqu'à la fourniture de ces « quelques autres choses encore ». Dans une lettre à Kugelmann, Marx enfonce le clou: « N'importe quel enfant sait que toute nation crèverait qui cesserait le travail, je ne veux pas dire pour un an, mais ne fût-ce que quelques semaines[58]. » « Sortir de l'économie », ça ne peut donc pas être s'affranchir de ça.

Le texte « L'économie ou la vie[59] » semble, lui, viser autre chose: l'« économie » comme formation culturelle de longue période, une séquence anthropologique historique, fabricatrice d'un certain *type d'homme*, essentiellement replié sur la poursuite apeurée de ses intérêts de conservation. Et l'ethos qui vient avec: en toutes choses, calculer égoïstement. Pères fondateurs: Hobbes, Smith. Cependant Giorgio Agamben, qui n'est probablement pas en désaccord avec cette définition de l'économie, ouvre un de ses textes récents par une citation frappante: « La peste marqua, pour le début de la ville, le début de la corruption. Personne n'était plus disposé à persévérer dans la voie de ce qu'il jugeait auparavant être le bien, parce qu'il croyait qu'il pouvait peut-être mourir avant de l'atteindre[60] ». Raisonnement digne d'un économiste possédé par la théorie du choix rationnel. On croirait lire du Gary Becker, le fou Nobel qui a décidé que la théorie économique du comportement rationnel pouvait s'appliquer à tous les segments de la vie : divorcer ou rester marié ? passer à l'acte criminel ou se retenir ? arrêter de fumer ou continuer ? se garer sur une place interdite ou chercher encore ? rester vertueux ou passer corrompu ? Autant de cas particuliers de l'universelle condition humaine – envisagée depuis le cabanon néoclassique – qui n'est qu'arbitrage rationnel entre solutions alternatives. La vie : une succession de choix, c'est-à-dire un calcul permanent des bénéfices et des coûts, et la recherche en tout de l'optimisation.

Pourtant ça n'est pas Becker qui écrit ainsi les détours du choix rationnel entre maintien de la vertu et déboutonnage de la corruption en horizon fini sous contrainte de mortalité épidémique. C'est Thucydide. Si l'« économie », entendue comme le règne du type humain calculateur rationnel, est déjà repérable dans la pensée de Thucydide, serait-ce qu'elle est davantage qu'une formation culturelle de longue période : une formation culturelle de *très très* longue période[61] ? Évidemment, c'est là un propos à nuancer quelque peu : la Grèce de Thucydide ne nous montre que des traces de cette « économie », et non son *règne* à proprement parler. Elle n'a pas colonisé la totalité de la vie, ni empoisonné tous les rapports sociaux. Cependant, elle est pour ainsi dire « déjà là » – comme une disposition. La question est alors la suivante : fait-on une perspective politique raisonnable pour notre époque avec l'idée de fermer *complètement* une « parenthèse » qui s'est ouverte il y a si longtemps ? Question subsidiaire : quelqu'un possède-t-il l'ingénierie politique des transformations anthropologiques ? Par quels moyens purge-t-on les individus de leurs adhérences d'égoïsme calculateur – qu'on puisse faire mieux, c'est tout à fait certain (ça n'est, même, pas difficile), mais le peut-on *tout à fait* ?

Pourtant, « L'économie ou la vie » est une formule qui touche particulièrement juste dans la période actuelle. C'est même trop peu dire encore : elle en livre une vérité essentielle, révélée au moment où les masques tombent. Car, si la pandémie a une vertu, c'est bien celle de faire sortir les cinglés du bois. Voici, pour les archives, ce qu'on a pu lire lors du premier confinement de 2020 : « Le risque existe que la France devienne le pays dont l'économie reste le plus longtemps arrêtée du monde. Il existe à cause de la préférence française pour le non-travail[62] » (Éric Le Boucher, chroniqueur aux *Échos*) ; « C'est dingue quand on y songe : plonger le monde dans la plus grande récession depuis la seconde guerre mondiale pour une pandémie qui a tué pour l'instant moins de 100 000 personnes (sans parler de leur âge avancé)[63] » (Jean Quatremer, journaliste à *Libération*). Du même : « Quand je vois cette trouille de la mort, je me dis qu'il n'y aurait guère de volontaires pour débarquer en Normandie en 44[64] » (qui pourrait douter en effet que GI Joe Quatremer se serait porté en tête de péniche ?). Nous sommes tous américains. D'ailleurs le gouverneur en second du Texas, trumpiste halluciné, est bien d'accord avec le journaliste de *Libération* : il faut « prendre le risque de retourner au travail » car « il y a des choses plus importantes que la vie »[65]. L'os à découvert.

Les très grandes crises ont au moins un avantage, elles donnent à voir les fonds de marmite : un point de PIB vaut bien quelques milliers de vies humaines (des autres). Ici on pense nécessairement à des précédents historiques, à ces régimes pour lesquels la vie humaine comptait si peu. Dans la version néolibérale, cependant, on n'a pas la grossièreté de *détruire directement*, on se contente de rendre *expendable*: les humains comme des consommables. Voilà la belle tête de l'humanisme libéral. On pensait que le libéralisme, ses déclarations de droits fondamentaux, étaient l'honneur des « démocraties » dressées contre les totalitarismes qui bafouent « l'homme » et tiennent la vie pour rien. Tout ça pour se finir comme dans ce jeu télévisé où, faute d'une meilleure réponse, on concédait: « — Pas mieux ».

L'économie comme tyrannie de la valeur

Pour le coup, il y a bien un règne dont tous ces cinglés ne sont que les fonctionnaires symboliques et les ventriloques inconscients: le règne de l'économie précisément. Mais alors définissable comment? Comme la tyrannie de la valeur d'échange autonomisée et fétichisée. C'est dire si Marx n'est pas près de sortir de notre horizon intellectuel. L'économie, au sens contemporain du terme, c'est la production de valeurs d'usage monstrueusement colonisée par la valeur d'échange devenue folle, à savoir: la production finalement indifférente à ce qu'elle produit, gouvernée exclusivement par la perspective de la mise sur le marché en vue de la conversion monétaire et de l'accumulation indéfinie. Le capital financier porte à son dernier degré de pureté la logique de la valeur d'échange – et ça n'est pas un hasard que le néolibéralisme l'ait placé en position de dominer la totalité de la vie économique. L'indifférence aux contenus substantiels y est poussée à l'extrême: peu importe d'investir dans les yaourts, les armes, ou les téléphones, l'essentiel est le *retour*.

À l'image du capital financier, la valeur d'échange ignore la qualité. Elle exprime tout entière sa logique dans la quantité – d'argent. De là qu'elle se présente comme primat du *nombre*, qu'elle soumette toute la société à l'empire du nombre – et fasse le parc à thème des économistes, et puis celui des managers Excel. Vivre d'une vie qui n'est pas seulement biologique étant par excellence une affaire de qualité, il est normal qu'elle soit traitée comme une donnée dénuée de toute pertinence par la logique de la quantité. Elle peut alors entrer dans un traitement nombré – un *calcul* – dont les autres termes se compteront eux en points de PIB, ou en pourcentage de dette. Pour tant de points, tant de malades, donc tant de morts, on a des abaques, ça s'étudie. En plus de sa proximité avec le *lieutenant-governor* trumpiste du Texas, l'humanisme européen de Quatremer voit-il sa communion de pensée avec le général Nivelle : pour prendre la côte machin, 10 000 morts, pour conquérir le bois truc 150 mètres plus loin, 5 000 morts, ce sera une belle journée.

S'il faut sortir de quelque chose, en effet c'est de ça. Non pas donc en accomplissant – et par quels moyens ? – une soudaine révolution anthropologique : mettre la transformation sociale sous le prérequis de l'avènement de « l'homme admirable » ne nous emmènera pas très loin. Pas davantage en pensant pouvoir sauter magiquement par-dessus les nécessités de la reproduction matérielle collective, soit la définition la plus élémentaire de ce qu'il y a à entendre par « économie ». Mais, précisément, en (re)prenant ces nécessités à bras-le-corps pour que l'économie au sens général de la reproduction matérielle ne tombe pas entièrement sous l'emprise de l'économie au sens particulier de la valeur d'échange : pour que la reproduction matérielle collective s'organise sous *d'autres* rapports sociaux que ceux de la valeur capitaliste.

Communalisme et division du travail

Mais alors lesquels ? La question de leur nature n'est pas dissociable de celle de leur périmètre – c'est-à-dire de la question des échelles. Or l'idée de « sortir de l'économie » est souvent associée à des schémas de réorganisation sur des bases « communalistes », locales et autonomes : pour faire simple, ZAD et potagers. On comprend que ces propositions gagnent un pouvoir d'attraction considérable dans la perspective de dislocations terminales. Du reste, elles n'ont aucun besoin de cet horizon d'effondrement pour se justifier : la restauration des autonomies locales est *en soi* hautement désirable. Et cependant il faut ajouter qu'elle n'en est pas moins parfaitement insuffisante. On ne refait pas une « économie » – puisqu'il ne s'agit pas d'en sortir mais de la refaire – par une juxtaposition de communes. Le mouvement communaliste échouera s'il ne pense pas *la division du travail*[66].

Il est vrai que la division du travail pose un problème particulier, et particulièrement épineux, à toutes les perspectives qu'on pourra dire « localistes » : car elle est un fait fondamentalement *macrosocial*. Or on ne recompose pas le macrosocial, spécialement celui de la division du travail, par une simple addition-juxtaposition de formations locales « autonomes ». Il suffit de s'aventurer à reconstituer le processus de production même du bien en apparence le plus modeste, un stylo ou un tournevis, à le décomposer par la pensée en ses constituants et ses opérations élémentaires, puis de voir ce que chacun de ces composants et chacune de ces opérations, ou de leurs moyens, supposent à leur tour de composants et d'opérations, et de moyens, qui eux-mêmes à leur tour, etc., pour voir surgir l'entièreté de la division du travail qui s'y trouve repliée. Par exemple : le stylo. La plume du stylo, son façonnage, le métal de la plume, qui déjà appelle toute l'industrie extractive puis la sidérurgie, le façonnage appelant lui les machines-outils, mais que ne faut-il pas de moyens pour produire ces moyens eux-mêmes, et n'oublions pas l'encre et les plastiques, la chimie qui les permet, l'énergie indispensable à tous ces processus, etc. Voilà ce que c'est que la division du travail : le macrosocial d'un mode de production entier présent dans chacun de ses produits. Aucune communauté restreinte, si autonome se veuille-t-elle, ne peut internaliser cette entièreté, même quand elle pousse très loin l'effort de réduire le nombre des biens avec lesquels elle entend vivre : ça n'est à la portée que de l'ensemble social de grande échelle – ou alors, si la communauté veut demeurer de petite taille, elle aura à se brancher, par quelque forme d'échange, sur d'autres ensembles, autrement organisés… et eux, de grande taille : autant de moins pour l'« autonomie ».

Sauf à tomber dans les antinomies les plus figées, on n'en conclut pas que les autonomies locales ne sont pas nécessaires – elles le sont : juste qu'elles ne sont pas suffisantes. Par conséquent, s'il est question d'« économie » (celle dont on ne sort pas), qu'il y a quelque chose à penser *politiquement* pour les grandes échelles – les échelles de la division du travail. Penser politiquement la division du travail, c'est la penser à la fois sous le rapport de ses fins et sous celui de ses formes. Les fins : produire en vue de quelle place de la production dans la vie collective, déterminée par quel type d'exigence ? Les formes : produire dans quelles sortes d'agencement collectif, sous quels types de rapports sociaux ?

Les fins d'abord, car c'est l'état du désir d'objets qui détermine l'extension et la profondeur de la division du travail. Le capitalisme tient que cet état du désir est illimité. Il en déduit que la division du travail, qui doit sans cesse faire apparaître de nouvelles choses, est vouée à s'étendre et à s'approfondir *indéfiniment* – et du même indéfini que celui de la valeur d'échange. Sortir de *cette* économie, l'économie capitaliste de la valeur d'échange, nous voyons maintenant de plus en plus clairement que ça n'est pas seulement une nécessité politique « en général », mais une nécessité vitale collective. Il s'ensuit que nous aurons à *redéfinir* – pour contrer l'indéfiniment. Mais alors jusqu'où ?

Les expériences communalistes ont répondu à la question dans la pratique – et ceux qui s'y sont livrés y ont engagé leur personne. À la question : « jusqu'où ? », la réponse a été : « loin, très loin ». Si ces expériences avaient dû couper pour de bon toute dépendance résiduelle à la division du travail extérieure – capitaliste –, la réponse aurait eu à être : « beaucoup plus loin encore » (en fait on ne saurait même plus dire jusqu'où). C'est une première difficulté. La seconde tient au fait que, sous ce rapport, ces expériences, si admirables soient-elles, ne peuvent faire paradigme : elles ne sont pas *généralisables*. L'hypothèse que le gros de la population pourrait consentir à des niveaux de renoncement matériel pareils est intenable. Que le développement de la formation sociale postcapitaliste voie la floraison de zones communalistes ou d'îlots d'autonomie (aux finalités les plus variées, depuis les jardins collectifs jusqu'aux garages ou aux dispensaires autogérés) est une chose ; que la formation sociale se réduise à leur multiplication-juxtaposition en est une autre. Il y aura quelque chose *en plus*. Quelque chose appelé par les nécessités de la division macrosociale du travail.

Que la division du travail capitaliste ait atteint des niveaux de démence et qu'il faille en revenir, c'est certain. Qu'on puisse, en cette matière, *rembobiner* complètement, c'est une lubie. C'est qu'il faut avoir conscience de ce qu'appellent des choses devenues pour nous aussi élémentaires, et impossibles à abandonner, que l'eau courante, froide et chaude, l'énergie, le tout-à-l'égout, le chauffage urbain, mais aussi les moyens de télécommunication, quelques-uns de transport également peut-être, pas mal d'autres choses en fait, et se refaire à leur propos le raisonnement du stylo, de la plume et de l'encre.

Alors on voit réapparaître la division du travail comme fait macrosocial. C'est-à-dire comme nécessité et comme problème. Pas seulement, donc, le problème d'en déterminer *politiquement* l'extension et la profondeur : celui, également, d'en organiser les rapports à l'échelle correspondante – l'échelle de la formation sociale entière. Non plus les rapports capitalistes – ceux du salariat et de l'orientation du processus général par la seule valeur (d'échange). D'autres rapports. Alors lesquels ?

5. Transition(s)

La transition n'est pas une question « écologique » (pour « écologistes »). Il ne s'agit pas de transiter vers un « capitalisme-respectueux-de-l'environnement » – on appelle « quadrature du cercle » les projets de transition vers les cercles carrés, et ça n'a jamais très bien fonctionné. Il ne s'agit pas de sortir du capitalisme « pas encore vert ». Il s'agit de sortir du capitalisme tout court. Une transition de cette nature se réfléchit alors autour de trois grandes questions, toutes liées à la division du travail : 1) ce qu'on en garde, et ce qu'on en jette – le plus possible : nous avons sur les bras une planète qui tourne tantôt à l'incendie, tantôt à la boîte de Pétri géante. 2) Le fait que la division du travail, spécialement sous la contrainte du « à garder », nécessite d'interroger la solution des autonomies locales. 3) Les nouveaux rapports sociaux dans lesquels la couler – pour qu'elle ne soit plus une division du travail *capitaliste* – et, d'abord, les fausses solutions qui rôdent en cette matière.

La division du travail : en garder et en jeter

Deux choses doivent être claires : 1) ce dont nous sommes mis en demeure, c'est d'en finir avec le capitalisme ; 2) sortir du capitalisme, c'est perdre le « niveau de vie » du capitalisme. À un moment, il faut se rendre à un principe de conséquence. On ne pourra pas vouloir la fin du système qui nous promet le double désastre viral et environnemental, *et* la continuation de ses « bienfaits » matériels. C'est un lot : avec l'i-Phone 15, la voiture Google et la 7G viendront inséparablement la caniculisation du monde et les pestes. Il faudra le dire, le répéter, jusqu'à ce que ces choses soient parfaitement présentes à la conscience commune.

Toute la question du communisme a donc pour préalable celle des renoncements matériels rationnellement consentis, et de leur ampleur. Ceci est un sujet éminemment politique. Dans le capitalisme, le périmètre des satisfactions matérielles est abandonné à la croissance spontanée, anarchique, de la division du travail sous la conduite aveugle et folle de la valeur d'échange. Dans le communisme, ce périmètre redevient une question de délibération collective. Avec quels objets voulons-nous vivre, desquels pouvons-nous nous passer, desquels non ? C'est à nous de décider – et ce sera, en effet, de la politique : car tout le monde ne sera pas d'accord. Comme toute décision politique, celle-ci sera imparfaite, majoritaire seulement (la politique ne connaît pas l'unanimité).

Encore pour l'être – majoritaire – requerra-t-elle un principe de *prudence*, c'est-à-dire de discernement. Partant de la situation présente, du degré d'aliénation marchande auquel le capitalisme nous a réduits, avec un très grand succès d'ailleurs, on ne peut pas prendre pour hypothèse le surgissement instantané de l'homme nouveau, ni envisager de lui faire faire tout de suite des bonds de géant en matière de renoncements matériels. Des déplacements oui, des bonds non. La vie à la ZAD : un bond de géant – à la portée de quelques-uns seulement. Dans cette mesure même admirable… et impropre à soutenir une hypothèse majoritaire, en tout cas pour l'heure.

Bien sûr, on ne saurait présenter une transition révolutionnaire comme un simple renoncement, là où en fait il s'agit plutôt d'une grande substitution : abandonner une chose mais pour en gagner une autre. À la place de la vie comme quantité (le parfaitement nommé « niveau de vie »), la vie comme qualité ; à la place des futurs colifichets perdus par anticipation (i-Phone 15, etc.), la tranquillité matérielle pour tous, de vastes services collectifs gratuits, une nature restaurée et, peut-être par-dessus tout, *du temps*. Cependant la grande substitution restera un fantasme sans suite si elle est trop exigeante, si le rapport des contreparties est trop défavorable relativement à ce que l'homme-pas-nouveau peut tolérer.

Par exemple, parmi les ennemis mortels de tout processus révolutionnaire, il y a les étals vides, et son corrélat : le marché noir inflationniste. Une transition révolutionnaire qui se retrouve face à ça est cuite. C'est dire qu'il y a intérêt à l'avoir pensé *avant*. La collectivité doit s'organiser pour déterminer l'ensemble des biens sur lesquels une tranquillité absolue doit régner pour tous : alimentation de qualité, logement de qualité – évidemment encore à conquérir, mais qu'au moins il n'y ait aucun recul –, énergie, eau, moyens de communication, médecine et pharmacie, et « quelques autres choses encore » (Marx et Engels). Le renoncement et la substitution ne commencent *qu'à partir de ce socle*.

Héritant du niveau de développement des forces productives du capitalisme, nous avons des chances raisonnables d'y parvenir – c'est tant mieux. Les révolutions antérieures n'avaient pas eu cet avantage, et elles l'ont cruellement payé. On connaît le paradoxe de la révolution russe, survenue dans le pays où Marx la jugeait la moins probable du fait, précisément, de son arriération matérielle. Le paradoxe ne cessa pas d'être mordant puisque, la prise révolutionnaire du pouvoir accomplie, l'effort de développement eut à s'effectuer dans les pires conditions, toutes les ressources devant être dirigées vers le rattrapage des forces productives à marche forcée, le primat de l'industrialisation et, par-dessus tout, des biens d'équipement – les moyens de produire *tout le reste*, notamment les biens de consommation, mais qui viennent logiquement avant ces derniers. Et de même la Chine de Mao et son Grand Bond en avant, dont on sait dans quel état il a laissé la population chinoise. Drames du décollage économique forcé dans des rythmes infernaux, drames d'ailleurs pas seulement économiques : drames humanitaires, puisque ces transitions se sont payées de terribles famines, et drames politiques car seule la poigne de fer des régimes a « tenu » les populations à la grande transition dans des conditions aussi difficiles.

Sauf à être soutenues par un désir commun très puissant, les trajectoires de sacrifice se payent au prix politique fort. Les frustrations matérielles vécues finissent toujours par s'exprimer comme tensions politiques, parfois très violentes, dont la réduction ne fait pas dans la dentelle – et l'expérience révolutionnaire chargée d'espérance de verser dans l'autoritarisme le plus désespérant. Ces trajectoires ne sont plus envisageables. Heureusement, nous avons désormais les moyens de nous les épargner. Dans le bilan historique du capitalisme, il restera donc qu'il était sur le point de détruire l'humanité en l'homme, de lui rendre la planète inhabitable, mais aussi qu'il nous laisse l'état de très haut développement de ses forces productives et, partant, nous permet d'envisager de l'abandonner dans des conditions matérielles plus favorables que jamais – merci, au revoir.

Il va cependant sans dire que, si c'est pour faire tourner les machines capitalistes comme les capitalistes mais sans eux, ça n'est pas exactement la peine de se lancer dans des chambardements pareils. C'est donc la délibération politique qui détermine ce qu'il y a à garder de la division du travail capitaliste et ce qu'il y a à jeter. Qu'il faille en jeter un maximum, la chose est certaine. Mais qu'il faille en garder – évidemment pour la couler dans de tout autres rapports sociaux – ne l'est pas moins. Alors il faut reprendre la question du local et du global, mais cette fois sous l'angle des « autonomies » – et pour y faire des distinctions.

Des « autonomies »

Ici il faut redire *et* la valeur essentielle *et* l'insuffisance matérielle des pratiques « locales » de l'autonomie, pour les raisons mêmes qui viennent d'être indiquées : elles ne peuvent à elles seules fournir le « socle matériel » à partir duquel seulement le gros de la population peut entrer dans la logique du renoncement et de la substitution – les paris « anthropologiques » aventureux, à grande échelle, sur les « conversions frugales » finissent mal en général (soit en cruelles désillusions, soit en autoritarismes politiques). Mais il y a plusieurs manières d'envisager l'autonomie : l'autonomie purement « localiste », ou bien réinscrite dans un ordre social global. Purement « localiste », soit elle demeure partielle – autonomie centrée sur une pratique particulière (jardin, garage, dispensaire, etc.), et par là reste branchée sur l'extérieur du système tel qu'il est ; soit elle va aussi loin que possible dans la reconstitution d'une forme de vie complète mais alors ne concerne que des participants « d'élite ». Chacune à sa façon, les deux courent le même risque (le même *risque*, pas la même fatalité) : celui de se détourner de fait de la transformation du système d'ensemble. Souvent d'ailleurs, les pratiques de l'autonomie naissent au cœur d'une crise, comme des réponses réactionnelles à des situations de détresse matérielle. Ainsi sans doute, par exemple, du mouvement très contemporain vers les jardins potagers dont la visée d'autosuffisance est manifeste… et suffit à dire son ambivalence : tourné vers la subsistance du petit collectif concerné, et de fait désintéressé du changement d'ensemble, soit l'autonomie-expérimentation tournant en autonomie-fuite, sans égard pour ce qui reste derrière.

C'est peu dire que le capitalisme s'en accommode fort bien. Il s'en accommode doublement même. D'abord parce que certaines de ces autonomies de nécessité sont réversibles : les participants retournent au système institutionnel standard dès que celui-ci refonctionne à peu près correctement – l'activité des clubs de troc et de monnaies parallèles en Argentine, par exemple, était très corrélée à la conjoncture globale, leurs membres revenant dès qu'ils le pouvaient au salariat comme solution privilégiée d'accès à l'argent. Ensuite parce que, même quand ces expérimentations résistent au reflux et persévèrent, elles demeurent des isolats, et le système d'ensemble n'en est pas affecté : au travers de la crise des années 2010, le capitalisme grec, au passage ravi que « ces gens aillent faire leurs affaires ailleurs, désencombrent les guichets de l'État-providence et nous épargnent des charges », n'en a pas moins continué son cours après qu'avant la floraison des lieux collectifs auto-organisés. Bien sûr, ce que le capitalisme grec ne voit pas, c'est que si ces expérimentations ne l'affectent pas dans le court terme, elles sont cependant des matrices à déplacements individuels, qui finissent par faire des déplacements collectifs, et lui préparent des situations difficiles quand ils viendront à maturité – c'est là l'éminente valeur de toute cette vie sous les radars des institutions officielles. Mais pour l'heure, c'est vrai, il a la paix.

Les pratiques de l'« autonomie » forment donc un ensemble tout sauf homogène : « autonomies de détresse » réversibles ; « autonomies de persévérance » locales et autocentrées ; « autonomies locales mais de combat » branchées, elles, sur une perspective politique de propagation, selon un modèle de défection généralisée. À quoi il faudra ajouter une dernière sorte : « autonomies réinscrites dans une division du travail *d'ensemble* ». C'est à ces dernières qu'on verra ce que la transition ne doit pas être : de la « décroissance ».

Impasse de la décroissance

Car l'esprit humain va au bout du déni et des procédés dilatoires pour ne pas regarder en face ce qu'il lui est trop pénible d'envisager. Alors il continue de tirer jusqu'au bout du bout sur l'élastique pour faire durer encore un peu ce qui ne peut plus durer – en se racontant quand même qu'il est en train de « tout changer ». Typiquement : la décroissance. La décroissance est le projet insensé de n'avoir pas à renverser le capitalisme tout en espérant le convaincre de contredire son essence – qui est de croître, et indéfiniment. Au vrai, on peut très bien « décroître » en capitalisme. Mais ça s'appelle la récession, et ça n'est pas beau à voir.

De deux choses l'une donc : soit il est précisé que « décroissance » est un autre nom pour « sortie du capitalisme ». Mais alors pourquoi ne pas dire simplement… « sortie du capitalisme » ? Et surtout pourquoi maintenir cette problématique de la croissance (dont la décroissance n'est qu'une modalité) qui, en réalité, n'a de sens que dans le capitalisme? Il y a des questions qui appartiennent tellement à un cadre (ordre social) particulier qu'elles s'évaporent comme absurdités sitôt qu'on en sort. Par exemple, dans le cadre théologico-superstitieux, la survenue d'une pandémie peut donner lieu à des problèmes caractéristiques comme: « Qu'avons-nous fait qui ait pu offenser Dieu? » Alors le débat fait rage: « Ceci l'a offensé, non c'est cela… » Dans le cadre rationnel-scientifique, évidemment, ces questions-là n'ont pas trop lieu d'être – ont perdu tout sens. Les problèmes sont posés d'une façon tout à fait autre: la façon de la virologie, de l'épidémiologie, de l'économie politique, de la science des milieux naturels, etc. De même pour croissance et décroissance. Elles ne sont des obsessions cardinales *que* du monde capitaliste. Dans un monde communiste, on en est tellement libéré que ça ne traverse plus la tête de personne. Certes, le contrôle politique collectif de la division du travail ne cesse d'avoir à l'esprit (comme jamais d'ailleurs) les problèmes de l'inscription humaine dans la nature, et des dégâts qu'elle peut y commettre. Mais ces problèmes-là ne sont plus du tout codés dans les catégories de la « (dé-)croissance », qui n'ont de sens qu'attachées à l'ordre capitaliste. Si les mots ont une importance, pourquoi ceux qui entendent bien la « décroissance » comme sortie du capitalisme continuent-ils donc de couler leur discours dans les catégories du capitalisme?

Soit, donc, la décroissance comme autre nom de la sortie du capitalisme, soit la décroissance comme autre chose *dans le capitalisme* – la version hélas la plus répandue. Qui se figure gentiment qu'un mode de production dont l'essence est la croissance pourrait se mettre à la décroissance-demain-j'arrête. Et surtout qui a tout organisé selon la logique de la croissance: notamment l'emploi. Cas extrême, mais significatif : entre 2008 et 2014, la Grèce perd 33 % de PIB – une très belle performance de décroissance –, moyennant quoi son taux de chômage atteint 27 %. Oui, c'est l'ennui : dans le capitalisme, le rapport entre croissance et emploi est bien serré.

Hors de situations aussi critiques, ne pourrait-on cependant le dénouer *un peu* ? Par exemple envisager de maintenir l'emploi à taux de croissance moindre, voire négatif, en faisant porter l'ajustement sur la productivité – dont la baisse devrait être concomitante à celle de la croissance. Mais la baisse de la productivité, c'est celle du profit. Interrogeons les capitalistes : — « Êtes-vous prêts à maintenir une masse salariale invariante en face d'un chiffre d'affaires diminué ? » — « Mais certainement Madame Teresa, on commence demain. » Un patron un peu roué aurait même la ressource de l'hypocrisie bien fondée, et de répondre que lui voudrait bien, mais ses actionnaires... Et de fait : s'il ne leur donne pas satisfaction, il sautera.

Pour rendre compatibles maintien de l'emploi et décroissance capitaliste(s), il faudrait donc en finir avec le pouvoir actionnarial. Donc avec ses structures – celles de la déréglementation des marchés de capitaux. Tout ça commence à devenir très compliqué – en tout cas dans la logique qui voudrait bricoler une solution « à l'économie ». Et surtout très contradictoire. Car, dans l'alternative radicalisée désormais posée par l'état présent du capitalisme (et du capital), décidé à ne plus céder sur *rien*, soit l'épreuve de force tournera court, soit elle prendra l'ampleur d'un affrontement total où s'amorcera *de fait* un processus de rupture, pas seulement avec la « financiarisation », mais avec le capitalisme *dans son ensemble*. Mais alors, dans ces conditions, pourquoi ne pas y aller carrément ?

On aurait tort de se gêner car, en définitive, le petit

problème « d'emploi » de la décroissance en capitalisme vient indiquer qu'il est en réalité celui *du capitalisme*. C'est le capitalisme qui a fait de l'emploi un problème – plus exactement notre problème, le problème des non-capitalistes –, tout de même que les curés avaient fait du courroux divin le problème des croyants sur lesquels ils régnaient. Et, comme ceux-ci étaient pris en otages par le salut éternel, ceux-là sont pris en otages (d'une manière un peu plus rudement objective) par l'emploi. Et la société entière, sous l'ultimatum, se voit enrôlée dans les indifférences de la valeur d'échange, donc possiblement à faire tout et n'importe quoi : des pneus, du nucléaire, du gaz de schiste. Tout, dans le capitalisme, trouve sa justification par *l'emploi*. L'emploi est la solution imposée aux individus par le capital pour simplement survivre. Quand on a coulé les données de la survie des individus dans la forme de la valeur d'échange et de l'emploi, tout le reste s'ensuit sans coup férir. Un journaliste de France Info en décembre 2019 interviewe (pour le contredire) un opposant à la réouverture, après l'explosion, de l'usine chimique de Lubrizol : « mais quand même, c'est bon pour l'emploi ». Le pire étant qu'il n'y a objectivement pas grand-chose à opposer à ça – sinon bien sûr qu'il faut urgemment se débarrasser du système qui fait régner ce genre de logique.

Car, comme toujours, le partage du « possible » et de l'« impossible » est conditionnel à l'acceptation implicite, et le plus souvent impensée, d'un certain cadre. Pour que du possible réadvienne, il faut briser le cadre qui condamnait – objectivement – à l'impossible. *Dans leur cadre*, les capitalistes et les néolibéraux ont *objectivement* raison. Mais dans leur cadre seulement. De sorte qu'ils n'ont pas *absolument* raison. Ce que révèle, même, la pandémie, c'est que leur cadre est inclus dans un cadre plus grand

– où se déterminent des enjeux, ceux de la planète et de la situation des hommes sur la planète, qui leur donnent *absolument tort.*

Nous commençons alors à mieux voir ce que nous avons à faire, et selon quelles lignes nous orienter : nous libérer simultanément des tyrannies de la valeur capitaliste et de l'emploi. Donc en détruire les institutions caractéristiques : le droit de propriété privé des moyens de production, le marché du travail, la finance.

6. Ouvertures

Il n'y a pas de plan tout armé. Il n'y a que des exercices de méthode, et *de conséquence*. D'abord poser ce que nous tenons pour nos orientations fondamentales ou nos urgences catégoriques. Ensuite enchaîner logiquement nos idées à partir de là, c'est-à-dire en tentant autant que possible de les tenir à la hauteur de ce que nous avons posé.

Or nous disposons d'un point de départ très assuré : le capitalisme détruit les hommes et il détruit la planète (et par là détruit les hommes une seconde fois, mais d'une autre manière). Nous en tirons immédiatement les impératifs directeurs d'une autre organisation sociale : 1) dans le processus nécessairement collectif de la reproduction matérielle, les individus sont convoqués en égaux, ils n'ont pas à être soumis à des rapports de subordination hiérarchique qui les maltraitent ; 2) une organisation sociale digne de ce nom se donne pour devoir de relever chacun de l'inquiétude de subsistance et de lui *garantir*, dans des conditions collectivement déterminées, la plus grande tranquillité matérielle sur toute la vie ; 3) la production globale, si elle est nécessaire, est décrétée *a priori* ennemie de la nature, donc subordonnée, dans cette mesure, à de rigoureux compromis, ce qu'on exprimera autrement en disant que l'activité économique doit tendre à sa propre *minimisation* relative – et, partant, ne pas être coulée dans des rapports sociaux qui en organisent le déchaînement *de principe*.

La position de ces lignes rencontre alors, d'une part la contrainte de l'état présent des choses, notamment des forces sociales en présence, d'autre part celle qui pèse sur les déplacements « anthropologiques » possibles, à mettre en face des déplacements requis, pour soutenir un régime économique tout autre, qui puisse être considéré comme collectivement désirable, donc politiquement viable.

La question des – de toutes les – échelles

L'intersection entre l'ensemble des principes et celui des contraintes est loin d'être vide. On y trouve (au moins) la proposition de Bernard Friot[67]. Qui a pour elle d'être à la hauteur du problème, d'offrir deux coups de génie… et aussi de présenter quelques inconvénients. Donc de faire une très bonne base de départ. « À la hauteur », c'est d'abord une question d'échelle sociale. La proposition de Friot est macroscopique, ce qui signifie que ce à la hauteur de quoi elle se porte, c'est la division du travail – la question délaissée des solutions localistes. On pourrait dire aussi : la question du *mode de production*, mais en prenant la catégorie au sérieux, c'est-à-dire en un sens marxien – il y a mode de production quand une organisation collective est capable, non seulement de produire (trivialement…), mais de produire ses moyens de production. Or la production des moyens de production est autrement plus exigeante que la production elle-même (celle des biens finaux). Et d'une exigence qui est celle même d'une division du travail vaste et profonde. L'impasse sur la question de la division du travail vaut condamnation à l'existence interstitielle et dépendante, branchée sur un extérieur productif… qui sera ce qu'il sera – pour l'heure capitaliste. Mais si la question de la division du travail est macrosociale, alors toute proposition d'alternative au capitalisme doit se porter à l'échelle macrosociale, ou bien se résigner à n'occuper que les marges – et laisser le gros milieu en l'état.

Cependant, que l'alternative au capitalisme – on l'appellera désormais génériquement « communisme » – doive *impérativement* se situer à l'échelle macrosociale ne signifie en rien qu'elle doive n'être préoccupée *que d'elle*. L'*exclusivité* du macrosocial débouche nécessairement sur celle de l'État, lieu institutionnel unique où le macrosocial s'exprime et se totalise. Or nous savons ce que ça donne : l'asservissement des multiplicités du social sous la férule du pouvoir-planificateur unique – précisément le genre de chose que personne ne veut revoir. Dans l'épouvantail que constitue le seul mot de « communisme », on trouve pêle-mêle le goulag, le KGB, l'abolition de « la propriété » (qui nous oblige à vivre en appartements collectifs, peut-être même à partager nos vêtements) et, donc, le Gosplan dont les aberrations, et les incuries, n'ont eu de bon que de nourrir l'humour soviétique[68]. Il est certain qu'une perspective communiste ne suscitera pas de nouveau l'intérêt sans avoir au préalable refait la scène imaginaire, en en évacuant ces formations (dont certaines furent bien réelles, faut-il le dire), pour mettre à leur place de nouvelles images, de nouvelles figurations. En particulier, donc, celles de la restructuration du feuilletage de l'organisation sociale, de la réarticulation de ses multiples échelles, sous un « principe du maximum » : le plus possible au plus local possible. En matière d'institutions et d'organisations collectives, plus c'est proche, plus c'est contrôlable ; plus c'est contrôlable, moins ça échappe ; moins ça échappe et moins ça se sépare, moins ça vit sa vie propre, moins ça oublie pour quoi c'était fait à l'origine – à la fin, moins ça opprime. Et tout ceci, cependant, sans préjudice d'un principe « antagoniste » de recomposition et de cohérence macrosociale, le niveau où vit une communauté politique suffisamment vaste pour soutenir un *mode de production* – et (donc) sa division du travail.

Or il y a ça dans la proposition de Friot. Ou disons qu'elle ne l'exclut pas formellement, et même, on le verra, qu'elle le prévoit explicitement à certains égards. Mais il y a surtout les deux coups de génie : la cotisation générale et le conventionnement.

Salaire à vie et conventionnement

La cotisation générale, c'est le point de départ et le cœur même de la construction. L'*intégralité* de la valeur ajoutée des entreprises est apportée en ressource cotisée à un système de caisses qui va en effectuer la redistribution. En premier lieu sous la forme du salaire, attaché à la personne même, donc détaché de l'*emploi*. L'emploi est une catégorie capitaliste. Qui suspend la rémunération, donc la vie matérielle, des individus à un lieu fantastique, nommé « marché du travail », transfiguration impersonnelle d'un lieu réel : l'arbitraire patronal.

Plus exactement, la vie matérielle des personnes est suspendue à un double arbitraire : l'arbitraire du marché (des biens et services), réfracté par l'arbitraire du patron. Le marché fluctue, et le patron décide souverainement de ce qu'il va faire des salariés dans cette fluctuation. On travaillait dans un secteur, et un jour surgit un concurrent inattendu avec un coût de production moitié moindre, ou bien une innovation qui déclasse fatalement les anciennes productions (disques vinyle, CD, mp3), ou bien une pandémie imprévisible qui met à terre le secteur entier (transport aérien, restauration, spectacle) :

fluctuation. Parfaitement hors de la responsabilité des salariés, mais dont les salariés porteront néanmoins tous les effets. Et puis la responsabilité de « se battre » pour atténuer les effets : travailler plus, gagner moins, renoncer aux avantages acquis, augmenter la productivité, voilà qui est « en leur pouvoir », s'entendent-ils dire – si bien qu'à la fin, s'il reste des effets à porter, ce sera de leur faute. Le tout sous la férule du patron qui met le « marché » (c'est le cas de le dire) en main : les « efforts » ou le chômage (et souvent le chômage *après* les « efforts », car l'engagement, le pacte, la parole donnée n'ont aucun sens pour un souverain, et, souverain, le patron l'est, ce sont les rapports sociaux du capitalisme qui l'installent en cette position). À la merci : c'est donc ainsi que vivent les individus non patrons quand leur situation est accrochée à « l'emploi ». Ceci n'est plus tolérable.

Ce que Friot nomme « salaire à vie » est une proposition cohérente au sens suivant : à la hauteur de cette intolérance posée en *principe*. Le principe veut d'abord que la situation matérielle des individus ne soit plus à la merci de choses qui ne dépendent pas d'eux, ensuite que, plus généralement, la stabilité en cette matière, c'est-à-dire la tranquillité, la soustraction à la précarité qui épuise, vaille *en soi*, et de manière irréfragable. La rémunération n'est alors plus attachée à une *place* de la division du travail susceptible des pires remaniements, voire d'évaporation complète sous l'effet des incessantes restructurations impulsées par la concurrence capitaliste : elle est attachée à la *personne*, comme porteuse d'un droit fondamental à la rémunération stable et suffisante. Le principe du « salaire à vie » est opéré par la cotisation collectée et redistribuée par les caisses, en particulier la « caisse de salaire » qui, comme son nom l'indique, reverse aux personnes leur rémunération sans égard pour aucune autre donnée que leur niveau de qualification (établie selon un système d'épreuves codifiées et déterminant une hiérarchie résiduelle des revenus) – un « sans égard » qui ne sera d'ailleurs pas sans poser quelques problèmes s'il signifie une parfaite inconditionnalité.

Mais Friot ne s'est pas arrêté au « salaire à vie ». Plus l'idée originelle se développe, plus elle étend sa cohérence d'ensemble dans de nouvelles directions. Le second coup de génie, c'est le conventionnement. Une partie du salaire est versée en monnaie sur un compte ordinaire, une autre sur une carte – une carte Vitale étendue ! – qui ne peut être utilisée qu'auprès d'un certain nombre de producteurs agréés (alimentation, transports, énergie, etc.), dûment conventionnés par décision citoyenne (dans des assemblées à divers niveaux territoriaux) pour leur respect d'un certain nombre de normes (environnementales, ancrage local et respect des circuits courts, pratiques productives, etc.). Si bien que les individus ont accès à trois sortes de consommation : la consommation privée libre ; la consommation privée « encadrée », celle qui est permise par la carte Vitale étendue et « dirige » la demande vers des offres conventionnées, c'est-à-dire conformes à une norme politique de non-nuisance, donc soustraite aux dégâts d'indifférence des productions capitalistes ; enfin la consommation socialisée gratuite (santé, éducation) dont le champ pourrait être étendu (transports, logement).

Le coup de génie du conventionnement est double qui tient à la fois à la création d'un dispositif d'incitations permettant de peser significativement sur les orientations de la production, et à la forme politique de son processus de normalisation : non pas tombé du haut de quelque comité d'État, mais élaboré par la décision collective aux niveaux territoriaux qui *correspondent* aux producteurs à conventionner – un agriculteur local ne relève pas du même niveau de décision qu'une entreprise de construction régionale par exemple. Bref, le dispositif d'ensemble du conventionnement se tient au « principe du maximum »: décentralisé autant qu'il peut l'être, étagé à tous les niveaux pertinents de la division du travail, du très local au global.

Cependant, la manière même dont Friot présente la trouvaille du conventionnement révèle en creux une faiblesse de sa proposition d'ensemble. Car, nous dit-il, le conventionnement aurait surtout pour vertu de détourner la demande (celle de la consommation privée « encadrée ») des offreurs capitalistes pour l'orienter préférentiellement vers des entreprises passées à la propriété d'usage et à l'autogestion, retirées des marchés de capitaux pour leur financement et des circuits les plus néfastes de la mondialisation pour leur sous-traitance. À quoi l'on comprend, logiquement, que Friot veut planter son innovation *dans* le capitalisme pour l'y faire prospérer. En pariant que son dynamisme évolutionnaire sera soutenu par ses bonnes propriétés politiques. Et finira par gagner tout le terrain. Soit, formellement, le même argument – et la même erreur stratégique – que le dernier municipalisme de Bookchin: « notre système n'est pas seulement bon, il est le meilleur – entendre par là: politiquement le plus convaincant –, par conséquent il remportera la “compétition des systèmes” ».

Malheureusement, ça n'est pas ainsi que les choses se passeront. Leur désirer cette issue, c'est supposer accomplir cette prise de pouvoir *dans les institutions politiques du capitalisme*, *a.k.a* « la démocratie » et, plus encore, supposer que ces institutions joueront selon leur principe affiché: organiser une équitable confrontation « des idées », et saluer celle qui l'emporte pour la laisser se convertir en politique publique. Mais c'est un rêve merveilleux. Qui suppose que, *fair play*, les forces capitalistes s'inclineraient dans un débat de visions à la loyale, reconnaîtraient que la proposition alternative a su être meilleure, s'est montré plus convaincante et a, normalement, triomphé. Or voilà : le capitalisme n'est pas « sport ». Que sa proposition soit merdique pour la majorité de la population, le cas échéant pour la planète ou l'univers entier, il s'en contretape : c'est la *sienne*, et ça lui semble une raison tout à fait suffisante pour la maintenir. Envers et contre tout s'il le faut. En conséquence, il regroupera ses forces pour écrabouiller tout ce qui montrera quelque chance de s'y opposer – et qui ne serait pas prêt à se défendre avec les moyens adéquats. Inutile de dire que toute proposition communiste, quelle que soit sa variante, fera l'objet de la plus grande attention, et d'un traitement spécial, quand bien même elle rallierait une vaste majorité électorale.

Le déjà-là et le pas-plus-loin

Voilà donc la seule hypothèse raisonnable dont il faut partir : le capitalisme ne cohabitera pas avec ce qui peut le nier victorieusement, ni ne contemplera passivement sa progressive sortie de la scène de l'histoire. Nous nous trouvons donc à devoir distinguer deux formes de la transition : la « petite » et la « grande ». La « petite » est une transition *depuis* le capitalisme, la « grande » hors et contre. La « petite » transition croit pouvoir commencer *au-dedans*, s'y installer comme un germe qui va croître par son dynamisme spontané, pour finir par emporter le morceau. C'est typiquement ce qu'envisage Bookchin quand il imagine d'abord des îlots municipalistes isolés, puis qui vont pousser des synapses et former une série d'archipels, lesquels par croissance continue finiront par percoler à l'échelle de l'ensemble – et ce sera gagné ! C'est, formellement parlant, la même dynamique que Bernard Friot a en tête, réglée dans son cas par l'unique paramètre du taux de cotisation sociale que, par victoires successives, on va graduellement pousser – et à 100 %, ce sera fait.

Là contre, l'hypothèse raisonnable dit ceci : rien de tout ça n'arrivera. De transition, il n'y aura que la « grande », ou pas de transition du tout. Bien sûr, il est de la prime importance de nous activer déjà de l'intérieur pour faire notre pelote : vertu *préparatrice* des vacuoles de possible qui, dès maintenant, se donnent vie localement. Mais en sachant qu'à un moment, c'est en passant par le dehors qu'il faudra renverser tout le dedans – à l'intérieur duquel, en fait, il y a trop peu de possible. Le grand possible, c'est le dehors : c'est ça l'idée en matière de transition.

Ici Friot objecterait peut-être qu'on a bien réussi à le faire monter, ce taux de cotisation sociale, entre 1945 et 1975, donc que historiquement parlant la possibilité de le faire monter encore a été établie en principe (pratique). Mais ces trente années sont une illusion si on ne les regarde pas comme ce qu'elles sont : une parenthèse en fait non reproductible, une aberration exceptionnelle dans l'histoire du capitalisme. D'ailleurs permise par un dégagement initial phénoménal d'énergie politique : une guerre mondiale, ni plus ni moins. Pour imposer au capitalisme des constructions institutionnelles qui le contredisent sérieusement – tout en le laissant persévérer quand même –, il a fallu une énergie de l'ordre de grandeur « guerre mondiale ». Avec liquidation des élites anciennes, poids symbolique, politique et militaire du vainqueur soviétique, constat d'échec accablant de la première mondialisation libérale, et table rase partielle. Les trente années qui ont suivi n'ont tenu que sur l'élan de cette formidable impulsion – trente années, à l'échelle de l'histoire, ça n'est pas si long. Puis elles se sont épuisées. Depuis 1938 et le colloque Lippmann, les idéologues néolibéraux attendaient dans l'ombre leur heure – elle n'aura pas mis si longtemps à venir.

Le « déjà-là » de Bernard Friot (la cotisation sociale et le salaire à la qualification sont déjà là, depuis 1946, il ne tient qu'à nous d'en percevoir toute la portée historique et de la faire croître) est un argument à la fois très fort et limité. Il est très fort car il nous fait connaître que le communisme n'est pas une utopie tombée de la lune puisque, même si nous ne le percevons pas, nous vivons dans une société où ses principes sont déjà réalisés d'une certaine manière, qui plus est à une échelle significative. Mais cet argument s'abuse lui-même s'il considère que son histoire a été regrettablement arrêtée et qu'on va simplement lui faire reprendre son cours. Le « déjà-là » en effet a crû pendant trente années (1945-1975) exceptionnelles, peu extrapolables, d'ailleurs depuis lors (quarante-cinq ans...) il est devenu (dans le meilleur des cas) un « pas-plus-loin ». Il faudra un événement politique considérable pour lui faire retrouver le sens de la marche. Un événement de type « transition ». « Petite » dans le scénario le plus économe, mais en ayant à l'esprit qu'elle risque fort de mal tourner et, sauf à échouer, de devoir muter spontanément en « grande ».

Mais alors, si la « grande » doit *in fine* être activée, pourquoi ne pas commencer directement avec elle ? Bien sûr, telle quelle, la question est un peu oiseuse : ce sont les conditions politiques qui décident. Donc pour l'heure tout ceci semble vaine spéculation. Disons seulement : spéculation. Car, après tout, pendant quarante ans les néolibéraux ont pensé leur affaire dans leurs catacombes. Et puis leur moment est venu, et leur affaire n'a plus été ni vaine ni spéculative.

Procédons de même : pensons notre affaire à nous. Préparons-la, par exemple à partir de la proposition de Friot. Notre heure finira par venir.

7. Transition dans la transition

Reprenons : en capitalisme, l'effondrement du PIB, toutes choses égales par ailleurs (notamment les *backstops* de l'État social, quand il en reste), vaut effondrement de l'emploi. Survenant sur une société déjà rongée de précarité et d'angoisse matérielle, la macroéconomie de la Covid promet d'être sanglante. Même les imbéciles d'en haut le savent : ça va très mal se passer. Le spectacle de la précarité va se donner à voir avec des intensités et une extension inouïes. Le spectacle de la précarité : le spectacle du capitalisme.

C'est que tout dans la crise Covid incrimine le capitalisme dans ses tendances les plus fondamentales. Et dessine en creux un paysage souhaitable, dont le principe directeur serait : relever les personnes de la précarité, en finir avec les angoisses de l'aléa économique, avec le tourment de l'incertitude, avec l'oppression de la question : « qu'est-ce qu'on va devenir ? » Il n'y a pas de réponse possible, il n'y a pas de repos possible, dans le capitalisme, qui fait dépendre les existences matérielles de deux entités souveraines, mais tyranniques, et surtout portées au dernier degré de l'instabilité dans le régime néolibéral : le *marché* et l'*emploi*. Que la vie matérielle des gens soit accrochée à ces deux maîtres fous, c'est ce avec quoi il faut en finir. À la place de l'incertitude instituée, il faut mettre la *garantie économique générale*.

La garantie économique générale est un autre nom possible pour le « salaire à vie » de Bernard Friot – l'idée est à peu près aussi puissante que sa dénomination est malheureuse : sans être défavorablement prévenu, dans « salaire à vie » on entend surtout « salaire »… c'est-à-dire « capitalisme »[69]. Alors que l'intention de Friot est radicalement anticapitaliste puisqu'elle vise à libérer de la servitude capitaliste sous l'*emploi* : c'est-à-dire sous l'obligation d'aller « vendre sa force de travail », autrement dit d'aller se rouler par terre aux pieds d'un *employeur* (patron), qui lui-même se roule par terre aux pieds du « marché ». Aussi, quand « le marché » plonge tête première, les refus s'ensuivent en cascade. Ne plus dépendre de l'emploi, de l'employeur, et du marché pour *vivre* : voilà le cœur de la garantie économique générale opérée dans les dispositifs du « salaire à vie » de Friot. Il s'agit donc d'en explorer méthodiquement les propriétés, de cerner d'assez près ce qu'il est permis d'en espérer – et prudent de n'en pas. C'est-à-dire finalement d'en *figurer le paysage* : le monde de la garantie économique générale, à quoi ça ressemble ?

Nous savons déjà à quoi ça ne ressemble plus : l'emploi capitaliste, la propriété lucrative des moyens de production, le despotisme patronal et la réduction des producteurs à l'obéissance. Ça fait tout de même un début de liste consistant – et la contrepartie d'autant de conquêtes. Assez souvent, dans l'élan, on veut enchaîner : le marché, l'argent. Or non.

La division du travail, le marché, l'argent

Pourquoi est-ce qu'ici ça résiste ? Le fantasme de « l'abolition de l'argent » repose sur deux idées fausses. La première prend la forme d'un syllogisme : l'argent, c'est la violence ; or il y a l'argent ;

par conséquent, en supprimant l'argent, nous serons débarrassés de la violence. Mais « l'argent » n'est pas *par soi* la violence. La violence, en dernière analyse, c'est nous. La violence c'est celle de notre désir acquisitif, et l'argent n'en est que la forme sociale cristallisée et extériorisée. Supprimons l'argent... et la violence continuera de planer (comme l'esprit sur les eaux) en se cherchant de nouvelles formes, de nouveaux investissements – on peut être certain qu'elle s'en trouvera. On dira que le désir acquisitif, en tout cas le désir d'objets, n'a pas toujours été déchaîné au point où le capitalisme, et l'argent, l'ont porté. C'est exact. Au reste, il entre dans le projet communiste même de lui en faire rabattre, non par simple décret, mais d'abord par nécessité (la planète ne tiendra plus le choc très longtemps), ensuite par conséquence (on ne peut pas vouloir sortir du capitalisme et maintenir la consommation capitaliste), enfin par un travail général de la société sur elle-même s'engageant dans un autre imaginaire, c'est-à-dire explorant, et construisant, un autre régime de désir : de nouvelles manières de désirer, portées sur de nouveaux « objets ».

La seconde erreur est d'un tout autre genre : elle tient à la division du travail – de nouveau. Passé un certain niveau, depuis longtemps derrière nous, la division du travail impose l'échange monétaire pour effectuer ses complémentarités – au moins pour une part. Chaque producteur, ou disons plus généralement chaque apporteur de son activité, contribue au travail global divisé, en même temps qu'il va en bénéficier : en acquérant dans la masse de ce travail global les biens matériels qu'il ne saurait produire lui-même. Tel est le principe de la division du travail. Mais pourquoi, objecte-t-on parfois, cette transaction ne pourrait-elle pas se faire par des voies autres que monétaires et marchandes ? Rien ne l'interdit en effet *a priori*. Se *rendre des services*, par exemple (je te répare ta fuite, tu me débugues mon ordi), est une voie parfaitement praticable – et la complémentarité s'effectue sous le rapport social de l'amitié : c'est quand même mieux que sous celui de l'échange marchand monétarisé. On peut même envisager de l'étendre à l'échelle d'une communauté de réciprocité. Et c'est assurément un bien : il ne s'agit plus, à cette échelle, de rapports d'amitié à proprement parler (quoique), mais toujours d'échapper au rapport monétaire-marchand.

Tout ça est très bien. Mais très limité également. Et parfaitement incapable de recouvrir l'intégralité de la division du travail telle que nous continuons à l'envisager. Une entreprise qui fabrique des voitures, par exemple (si on veut vivre en se passant *complètement* de voiture, il va falloir l'annoncer, et ce sera un moment un peu délicat), ou des frigos (*idem*), bref des biens complexes, composés de choses elles-mêmes complexes, elles-mêmes composées, etc., ne couvrira pas ses besoins par les voies de la réciprocité (même multilatéralisée), voire du troc (dont d'ailleurs on ne peut pas dire *stricto sensu* qu'il réalise une forme non monétaire de l'échange[70]). Comme l'ont remarqué (pour une fois à raison) les économistes depuis longtemps, la monnaie a pour prodigieux avantage de dispenser les agents qui échangent de réaliser « la double coïncidence des besoins », à savoir que moi, A, pour trouver ce dont j'ai besoin, non seulement je dois tomber sur un B qui l'ait mais qui, lui, se trouve au surplus avoir exactement besoin de ce que moi je peux lui céder. Il est bien évident qu'une contrainte si rigoureuse, et si improbablement satisfaite, ne peut soutenir que des échanges de biens/services à très courte portée, très loin de ce que nécessite une division du travail tant soit peu profonde – et la nôtre l'est passablement (infiniment) plus que « tant soit peu ».

Par conséquent, si l'on est au clair quant aux reculs effectifs qu'on peut faire connaître à l'état présent de la division du travail, et plutôt quant à ceux au-delà desquels on ne pourra pas aller, l'échange marchand et la monnaie s'ensuivent comme des choses avec lesquelles nous aurons encore à faire. Il est à craindre que ceux qui demandent bruyamment « l'abolition de l'argent » n'aient pas la moindre idée de ce que requiert la production de leur chaîne de vélo. Mais une butée n'est pas une impossibilité complète. Infliger des reculs significatifs à la division du travail, c'est-à-dire à l'éventail des biens produits, entre dans l'idée même d'une formation sociale communiste. Il reste que, même réduit, cet éventail n'en continuera pas moins à faire appel à des profondeurs de spécialisation qui requièrent le maintien de transactions monétarisées. Donc du « marché ».

Mais que faut-il entendre exactement par « le marché » ? C'est que, comme « la finance », « le marché » est, tel quel, un terme très conceptuel, abstrait, susceptible de prendre une multiplicité de formes historiques particulières. Le concept du « marché » n'est nullement épuisé par la forme néolibérale que nous lui connaissons : concurrence déchaînée, pilotage exclusif par la logique de la valeur d'échange, elle-même intensifiée par l'empire des actionnaires, etc. Dans son concept, le marché vient comme le complément d'une division du travail étendue, c'est-à-dire comme instance d'actualisation de ses complémentarités, puis également comme lieu où des propositions privées autonomes viennent s'offrir à la validation sociale sous la forme monétaire. Bien sûr, des validations sociales peuvent prendre des formes tout autres que monétaire – et se compter, par exemple, en « like » ou en « RT » (pour qui présente sa proposition privée sur les réseaux sociaux), en nombre de spectateurs, ou de lecteurs, en « notoriété », etc. Mais la forme monétaire est propre au marché comme instance de validation sociale d'un certain type de propositions privées – matérielles.

Propositions privées et planification

Encore faut-il ne pas se tromper sur ce que recouvrira désormais le mot « marché ». Et surtout sur ce qu'il ne recouvrira plus. Car il n'est plus question que « le marché » reste ce qu'il est dans le capitalisme, à savoir l'instance de la validation sociale *en tant qu'elle conditionne la survie matérielle* des agents. Le salaire à vie, alias la garantie économique générale, est inconditionnellement fourni à chacun, au nom d'une redéfinition complète, radicale, anticapitaliste de la valeur, de sorte que plus personne n'a, en vue de sa survie matérielle, à se soumettre à ce que Marx appelait « le saut périlleux de la marchandise ». En d'autres termes, nul n'a plus à faire reconnaître (valider) sa production privée sur quelque marché pour trouver les moyens monétaires de sa reproduction matérielle : ces moyens lui sont fournis par le salaire à vie, financé par la cotisation générale. Sur ce qui reste du marché, on apporte donc sa production privée, non plus pour *survivre* soi-même – puisqu'on en a désormais les moyens *par ailleurs* –, mais pour *participer* à la production collective. Ce marché n'est plus un tribunal de la survie matérielle des individus : il n'est plus que l'opérateur de la division du travail collective.

Que ce marché ne soit plus qu'une sorte de plateforme de mise en rapport des producteurs autonomes, et soit défait pour eux de tout enjeu de survie matérielle, n'implique pas pour autant qu'il garde tout pouvoir sur la division du travail. Stathis Kouvelakis fait remarquer que la possibilité de la proposition privée ne doit pas pour autant valoir licence de faire tout, n'importe quoi, et n'importe comment. Et rappelle que la planification est en cette matière un outil de première importance[71]. Ici, ce sont les travaux de Cédric Durand et Razmig Keucheyan qui servent de référence[72]. L'échec de la planification soviétique ne condamne pas l'idée en principe, nous montrent-ils. Sans doute la manière dont le Gosplan a été conçu et pratiqué ne manquait-elle pas de tares rédhibitoires. Mais il lui a aussi manqué la capacité brute de collecte et de traitement des données. À l'évidence, sur ce front-là, on sait mieux faire aujourd'hui. Ça n'est donc pas pour rien que, succulente ironie, la planification est intensivement pratiquée comme outil de coordination interne par des entreprises aussi soviétoïdes que WalMart[73] ou Amazon. Cependant, l'instrument ne commande pas univoquement ses usages : au lieu d'être employé à optimiser les livraisons en juste-à-temps et la servitude des esclaves d'entrepôts, il pourrait servir à la préparation et à l'exécution des décisions politiques, notamment celles qui tiennent aux orientations à donner à la division du travail, par exemple : évaluer les besoins déterminés par tel choix d'orientation, en organiser la formulation entre les divers étages du système des caisses économiques, opérer des mises en rapport directes (sans passer par le marché) de donneurs d'ordres et de fournisseurs, éventuellement à des prix fixes et préétablis, etc. Il va cependant sans dire que le domaine d'activités couvert par la planification n'épuisera nullement le champ de la proposition privée, et que des collectifs continueront de proposer à la validation sociale des projets issus de leur seul désir, hors les cadres prescriptifs de la planification, sous réserve évidemment que cette production se fasse sans contredire les orientations politiquement établies par le système des caisses économiques, et conformément aux dispositions du droit telles qu'elles codifient les nouveaux rapports de production (propriété collective d'usage, souveraineté collective des producteurs).

Le communisme, donc, n'est pas un monde qui abolit la proposition privée ou, pour le dire comme une demi-provocation, l'« initiative privée ». Que des gens, dans le cadre de la division du travail, aient envie de faire des choses, c'est en soi une excellente idée. Ce qui était odieux, dans le régime capitaliste de l'initiative privée, c'était d'abord qu'elle faisait n'importe quoi n'importe comment – n'importe quoi, c'est-à-dire des saletés inutiles dont le seul critère était qu'elles se vendent ; n'importe comment, c'est-à-dire dans des quantités invraisemblables (les « marchés mondiaux »), sans le moindre égard pour leur trace écologique, ni du côté des matières premières, ni du côté des déchets, ni du côté de l'étirement dément des chaînes logistiques. Mais aussi, et peut-être surtout, dans les conditions de l'enrôlement salarial, alias l'*emploi*, avec tout ce qu'il autorise de coercition et de violences.

Transition dans la Transition

Cependant l'abolition de la logique de l'emploi, c'est-à-dire de la soumission des individus pour leur subsistance aux tenanciers de la propriété lucrative, et la garantie économique générale qu'offre en lieu et place la logique communiste du « salaire à vie », ne vont pas sans poser quelques redoutables problèmes dès lors que nous reconnaissons la nécessité de maintenir des pans significatifs de l'actuelle division du travail. C'est qu'en effet, si le salaire à vie délivre de toute obligation d'aller s'insérer dans la division du travail sous l'impératif reproductif de l'emploi, et là où l'emploi le permettait (le *dictait* – donc sans aucun égard pour les préférences ou les désirs d'activité des individus), on ne peut pas faire l'hypothèse que toutes les places de la division du travail à pourvoir trouveront preneurs par une sorte d'harmonie spontanée, ajustant automatiquement les segments à occuper et les désirs d'activité des individus. La question se pose notamment de savoir comment pourvoir les places dont personne ne voudra, mais qui n'en doivent pas moins être tenues. Et dont on peut parier qu'elles seront abandonnées par ceux qui y sont actuellement rivés par la seule coercition de l'emploi, du moment où ils en seront libérés par la garantie économique générale.

Ici, il faut le dire, il devra y avoir une transition dans la « Transition ». Voilà pourquoi il fallait insister sur la désorganisation matérielle, l'inflation par effondrement de l'offre, les étals vides et la prolifération du marché noir comme les pires ennemis de la révolution. Au terme d'un travail sur elle-même, la société, face aux enjeux vitaux de sa situation terrestre, peut se rendre à l'idée qu'elle doit impérativement modifier ses normes matérielles, accepter de les réduire considérablement, mais elle ne peut pas accepter la dislocation complète, ni de descendre en dessous d'un certain niveau de prestations matérielles, qui continuent d'appeler une structure complexe de la division du travail. Dont les segments « indispensables » devront être pourvus.

Sans aucun mécanisme garantissant qu'ils le soient par le jeu spontané des désirs d'activité des individus, il faudra envisager une période transitoire (la petite transition dans la grande) qui « gèlera » temporairement les assignations présentes à ces segments « indispensables » de la division du travail. C'est notamment le cas quand ces segments appellent des compétences spécialisées, qu'on ne remplacera pas facilement si leurs occupants prennent le large – comme la garantie économique générale le leur permettrait formellement. Or la collectivité aura besoin qu'ils restent, au moins le temps qu'elle se réorganise et rende à chacun le plein exercice de sa liberté d'activité.

D'ailleurs, plutôt que le *plein* exercice, disons l'exercice *maximal*. Une forme de vie collective, par construction, et quelle que soit son échelle, impose à ses membres des sujétions. Ce sera donc le cas ici aussi. D'abord sur les postes spécialisés de la division du travail, que les détenteurs actuels devront continuer d'occuper un certain temps, fixation résiduelle qui aura au moins pour contrepartie immédiate la garantie économique générale (le salaire à vie tel qu'il relève absolument de l'aléa matériel et de ses inquiétudes) et la transformation profonde des rapports sociaux de production instaurée par la souveraineté des producteurs.

La transformation des méthodes de production également. Car le maintien à un assez haut niveau de la division sociale du travail n'est pas incompatible avec un mouvement de dé-division technique du travail dans les unités de production. Et ceci d'autant plus que le crible de la rentabilité financière a été aboli et qu'on peut se permettre d'expérimenter, quitte à y perdre en productivité si l'on y gagne en qualité de la vie au travail. On pense ici par exemple à l'expérience pilote qu'avait menée Volvo dans son usine de Kalmar dans les années 1980, en remodelant profondément les processus de production afin de briser la logique émiettée de la chaîne, en confiant à de petites équipes, bénéficiant de postes ergonomiques, le montage de A à Z d'une voiture : autonomie des équipes, polyvalence de leurs membres, fin de l'anomie du travail parcellisé et satisfaction de la « maîtrise complète » du produit. Évidemment l'expérience avait ses limites, à commencer par celle de son environnement capitaliste, qui rendit fatal qu'elle ne parvînt pas à convertir intégralement ses nouvelles méthodes en surplus de productivité – le juge de paix exclusif en capitalisme. Mais, ce juge déposé, tout un espace se rouvre pour explorer des organisations du travail alternatives qui rendent la contribution à la production collective moins pénible que l'enrôlement dans la valeur capitaliste.

Au total, il reste tout de même qu'il y a pour ces assignés de la (petite) transition une sujétion spéciale, imposée à certains, donc, au nom des nécessités de la division du travail, c'est-à-dire des intérêts de tous : il doit alors y avoir une contrepartie spéciale. Là où la collectivité impose des contraintes particulières, la collectivité doit compenser particulièrement. Dans son schéma initial, Friot envisage une hiérarchie du salaire à vie à quatre échelons (indexés sur un niveau de « qualification »). Il semble assez évident que toutes les personnes soumises à l'assignation transitoire devraient en retirer pour contrepartie l'obtention automatique du plus haut niveau de qualification, déterminant le plus haut niveau de salaire.

Mais la division du travail compte d'autres positions qui doivent être tenues nécessairement elles aussi, quoique sans requérir des compétences rendant leurs actuels détenteurs insubstituables. Ces postes non spécialisés qui, par définition, peuvent être tenus par tous (moyennant une formation minimale et courte) *devraient* par conséquent être tenus par tous : selon un tour de rôle. Car, pour le coup, il ne saurait être question de river aux « corvées » ceux à qui elles échoient présentement par le jeu de la relégation sociale. Ces tâches, auxquelles d'ailleurs il faudrait sans doute retirer l'appellation de « corvée » tant elles sont cruciales à la vie commune – l'épisode du confinement l'a assez montré –, reviennent à tous… précisément du fait qu'elles sont cruciales. On ne voit pas pourquoi un universitaire ou un médecin ne serait pas astreint un jour par semaine à ramasser les poubelles, tenir une caisse dans un magasin d'alimentation ou nettoyer les rues. Les antennes locales de la « caisse des salaires » pourraient être typiquement le lieu où se décide l'organisation de ce tour de rôle.

La garantie économique générale, qui affranchit l'individu de la double tyrannie de la valeur d'échange et de l'emploi capitaliste, qui ne fait plus dépendre sa reproduction matérielle de la validation sociale de ses propositions privées (la validation par le marché quand il est un producteur direct, ou la validation par le patron fournisseur d'emploi quand il est un salarié), cette garantie économique générale n'est donc pas pour autant le règne de « la liberté » sans limite. À vrai dire « la liberté sans limite » n'existe pas, à part dans les fictions de la pensée libérale, où la main invisible assure la mise en compatibilité de tous les plans privés autonomes d'offre et de demande, de production et de consommation, etc. – évidemment au prix de masquer la double coercition de fer, celle de la valeur et celle de l'emploi, que cette belle histoire d'harmonie vient recouvrir. Si le discours de la transformation sociale doit se tenir à une vertu, c'est bien celle de dire les contraintes, les nécessités, ou bien les conditions pour faire varier le périmètre des nécessités (par exemple les conditions qui pèsent sur la modification de notre régime de désir si l'on veut faire varier les nécessités de la division du travail), bref une vertu de lucidité minimale, qui débusque l'illusion de l'harmonie sociale spontanée, sous la forme de la « main invisible » *ou sous une autre*, qu'elle ne manquera pas de se trouver tant sont puissantes les forces du déni et l'attracteur imaginaire de l'irénisme.

8. Fermer la finance

Dire les sujétions d'une formation sociale communiste, puisque toute formation sociale a les siennes, est une chose ; ne pas perdre de vue tout ce que nous y gagnons au passage en est une autre. En l'occurrence, donc : 1) Soustraire les hommes à la précarité, et la planète à la destruction ; 2) Instaurer la souveraineté des producteurs en abolissant la propriété lucrative, remplacée par la propriété d'usage ; 3) Formuler une proposition macrosociale, donc à la hauteur des enjeux de la division du travail, mais pensée pour être diffractée à toutes les échelles et faire leur plein droit aux auto-organisations locales. Ajoutons-y maintenant ceci, dont l'importance « infrastructurelle » est du même ordre, mais qui vient avec un petit supplément de satisfaction pour l'esprit : la fermeture complète de la finance.

C'est que le schéma de Friot n'oublie pas d'être radical en cette matière qui propose de confier la totalité du financement de l'investissement à la cotisation, via une caisse dédiée, la « caisse économique », et d'en finir purement et simplement avec *la dette*. Il y a de très sérieuses raisons à l'appui de cette radicalité. Pour autant, l'idée d'une « économie » dans laquelle il n'y aurait plus ni marchés financiers ni même simples banques de crédit fait partie de ces choses que le poids de l'histoire du capitalisme et surtout le matraquage idéologique des « évidences » nous ont rendues impensables, et infigurables. Ici, la vertu du « déjà-là » est d'un grand secours, puisque le précédent de l'investissement hospitalier intégralement financé par la seule cotisation (jusqu'à ce que le néolibéralisme décide de détruire l'hôpital par la dette obligataire, précisément) *atteste* une possibilité. Mais cette attestation a été brouillée avec le temps dans la conscience commune, et le règne de la finance s'est imposé comme une nécessité quasi naturelle – si l'on tient Alain Minc, il est vrai au milieu de beaucoup d'autres candidats sérieux, pour l'idiot canonique du néolibéralisme, il suffira de l'entendre répétitivement évoquer « la loi de la chute des corps » pour comprendre ce que « naturalisation des faits sociaux » veut dire.

C'est pourquoi il n'est pas inutile, pour armer les résolutions, de commencer par redire un peu précisément le poison qu'est la finance néolibérale, afin d'établir comme un impératif catégorique l'idée d'en euthanasier les institutions. Et d'ancrer l'idée suivante qu'il n'y a aucun progrès social possible hors leur complète destruction. Codicille au passage : le tiers du quart de ce qui suit vaut expulsion de l'euro, ça va sans dire. C'est tant mieux : aucune perspective progressiste, *a fortiori* anticapitaliste, ne peut avoir l'idée aberrante d'y rester.

Les fléaux de la finance néolibérale

On ne mesure pas toujours en effet le caractère absolument névralgique de la finance dans la configuration institutionnelle d'ensemble du néolibéralisme, et ses propriétés d'intensification de tous les mécanismes de la coercition capitaliste. Elle est presque à elle seule – il y a la concurrence aussi – la source du double fléau néolibéral, celui qui détruit les salariés du privé sous la contrainte de la rentabilité, celui qui détruit les services publics sous la contrainte de l'austérité. Le premier est lié au pouvoir des actionnaires formé dans le marché des droits de propriété, le second au pouvoir des créanciers formé dans les marchés obligataires.

Contrairement à ce qu'on croit spontanément, le pouvoir des actionnaires n'est pas un pouvoir de bailleurs. À l'envers de ce qui est répété par tous les appareils de l'idéologie néolibérale, les actionnaires apportent finalement si peu d'argent aux entreprises que celles-ci ne dépendent que marginalement d'eux pour leur financement[74]. Mais alors par où chemine la coercition actionnariale ? Par les voies souterraines des transactions sur le marché des actions où se joue le contrôle de la propriété. Donc par les voies de la soumission aux décrets de l'opinion financière.

Comme on le verra plus encore avec la disciplinarisation des politiques économiques par les marchés obligataires, les marchés de capitaux, en plus d'être les lieux de l'enrichissement spéculatif, sont de très puissantes instances de *normalisation*. Armés d'une idée de ce que doivent être les « bons » comportements économiques – une idée, faut-il le dire, formée au voisinage immédiat de leurs intérêts –, ils disposent des moyens de l'imposer aux agents, privés comme publics : de l'imposer, c'est-à-dire de sanctionner les écarts. En ce qui concerne les marchés d'actions, la sanction en cas de dissentiment passe par la vente des titres de l'entreprise considérée, d'où suit l'effondrement de son cours qui la rend vulnérable à une OPA hostile. À laquelle l'équipe dirigeante en place sait parfaitement qu'elle ne survivrait pas. Or elle veut survivre. Donc elle fera ce que l'opinion actionnariale lui demande – pour maintenir son cours le plus haut possible, et ainsi décourager les assaillants. L'opinion actionnariale demande-t-elle une rentabilité des capitaux propres de 15 % ? On la lui donnera. Demande-t-elle, en conséquence, qu'on ferme les sites économiquement viables, profitables même, mais qui ne sortent que du 5 % ? On les lui fermera. On a compris, dans cette affaire, que la coercition actionnariale qui, en première instance, pèse sur les équipes dirigeantes est aussitôt passée aux salariés, qui porteront seuls le poids de tous les ajustements. Et ceci d'autant plus que les dirigeants ont été « convertis » au point de vue actionnarial à coups de stock-options – rien de tel pour leur faire voir le monde comme un actionnaire que de transformer les dirigeants en actionnaires. De là le gavage des oies.

Si le pouvoir des actionnaires s'exerce par les médiations subtiles du contrôle capitalistique, celui des créanciers, lui, procède par les voies usuellement brutales de l'apporteur de fonds : le prêteur. Et par un autre compartiment de la finance : le marché obligataire. Compartiment différent mais coercition semblable *par la normalisation* : une fois que les investisseurs se sont fait *leur* idée de ce que doit être une bonne politique économique, les gouvernements qui ne s'y plient pas connaîtront des taux d'intérêt en folie – et la certitude de l'échec (la Grèce dans les années 2010). James Carville, directeur de la campagne de Bill Clinton en 1992 puis conseiller à la Maison-Blanche, qui, donc, en connaissait un rayon en matière de « pouvoir », et à qui l'on demandait sous quelle forme il voudrait revenir par réincarnation, répondait aussitôt : « en marché obligataire ». C'est cette chose-là que le socialisme de Mitterrand-Delors-Bérégovoy a installée en France au milieu des années 1980[75], précipitant la société entière dans une nouvelle période de son histoire, dont la destruction continue du service public, jusqu'à l'hôpital d'aujourd'hui, a été l'inexorable effet. Tout ce que la société présente compte de malheur, malheur des salariés maltraités, malheur des fonctionnaires

« néomanagés », malheur des services publics détruits, remonte pour l'essentiel à ces deux formes du pouvoir de la finance. En première instance, donc, « la finance », c'est ça. Et « ça » doit être fermé.

La finance capitaliste comme logique de l'avance

Cependant « la finance » est une catégorie trompeuse, faussement simple, et qui donne trop vite le sentiment de « voir ce qu'on veut dire ». Dans son concept, la finance ne s'identifie pas au barnum de la finance *néolibérale*, la finance des marchés de capitaux déréglementés. Conceptuellement parlant, par finance il faut entendre l'ensemble des institutions et des procédés qui permettent temporairement à certains agents économiques de dépenser plus qu'ils ne gagnent. Et c'est tout.

En ce sens le plus fondamental, la finance est consubstantielle au capitalisme lui-même, indépendamment de ses formes historiques : car l'impulsion du cycle capitaliste de la production suppose *l'avance*. Impossible, en effet, de produire avant d'avoir réuni les moyens de produire : équipements, consommations intermédiaires, salaires à verser. Il faudra attendre d'avoir produit, et puis surtout vendu, pour toucher le premier sou. Mais alors comment produire, c'est-à-dire avoir *payé* les moyens de produire, sans ce « premier sou » ? C'est à cette question que répond toute la logique de l'avance – qui est la logique de la finance.

Dès ce moment-là, le ver est dans le fruit. Car, dans le capitalisme comme univers d'agents privés, il s'en trouvera sans doute certains capables, ou désireux, de dépenser *moins* qu'ils ne gagnent (on les appellera des épargnants, plus tard des « investisseurs ») pour accepter de financer les autres qui ont besoin de dépenser *plus* qu'ils ne gagnent. Bien sûr, ce « plus » ne peut être que temporaire : à un moment il faudra *rendre*. C'est que les apporteurs de l'avance ne se contenteront pas du sourire de l'entrepreneur. Ils apportent leur argent, c'est entendu, mais précisément : c'est *leur argent*. Alors ils veulent leur retour – davantage même : leur retour *augmenté*. Ce sera l'intérêt ou le dividende, selon la forme de l'avance : dette (obligations) ou fonds propres (actions). La tenaille de l'avance, tenaille des « apporteurs », est formée, on n'en sortira plus. Servitude débitrice ou servitude actionnariale, les « avancés » seront bien avancés : ils connaîtront la servitude.

La dette comme servitude et comme « cliquet à croissance »

La servitude des « avancés » est le symétrique du règne des « avanceurs » – du règne de la finance. En général. Car la dureté de ce règne varie en fonction de ses configurations historiques. Il devient tyrannie sans limite quand la configuration des institutions de la finance est centrée sur les marchés – dont on a vu par quels mécanismes ils œuvrent. Le despotisme est plus modéré (relativement parlant…) quand il est coulé dans des formes exclusivement bancaires, où l'avance prend la forme unique (ou dominante) du *crédit*. Moindre mal si l'on veut, mais mal quand même – les consommateurs endettés ou les petites entreprises sont bien placées pour le savoir. Pour avoir été dispensé de toute la folie des marchés de capitaux dérégulés, le fordisme n'en a donc pas moins connu « la finance ».

Pour les entreprises, la servitude de la dette devient un esclavage de la croissance. Car, de la dette, il n'y a de sortie que par le « haut » – à supposer que la métaphore verticale soit la bonne : on peut penser aussi à la cage du hamster. En effet, passé le moment de son lancement, c'est-à-dire de l'avance en quelque sorte « originelle », une entreprise ne contracte de la dette (hors motifs de trésorerie et de survie) que pour investir. C'est-à-dire aller à la rencontre d'une extension anticipée de ses marchés. Donc croître. Mais cette croissance est un aller sans retour. Car dans ce mouvement d'extension, l'entreprise se charge de nouveaux coûts fixes, nouvelles capacités de production, nouveaux recrutements, mais aussi service de la dette, dont l'amortissement nécessite que ses marchés ne rétrécissent pas – et même, si possible, s'étendent de nouveau. Quitte d'ailleurs à ce que, au nom de ce second tour d'extension, on contracte un second tour de dette. Etc. La dette est le cliquet caché de la croissance, l'aiguillon de la fuite en avant permanente. Or la dette est l'instrument *capitaliste* du financement des producteurs. Et cela même qui les enchaîne à l'obligation de croître. Les amis de la « décroissance » qui ne sont pas capables d'articuler « sortie du capitalisme » sont décidément des *rigolos*.

Contre la finance : la subvention

Le système de la cotisation générale, lui, ne rompt pas seulement avec la finance *néolibérale*, dominée par les marchés de capitaux, bras armé des investisseurs et du pouvoir actionnarial. Il rompt avec la finance *tout court*, comme système de *l'avance en attente de retour*. Donc avec l'infernal cliquet à croissance. On pouvait déjà démontrer, mais depuis l'intérieur de la logique capitaliste et du point de vue des entreprises même, la possibilité de fermer la Bourse[76] (*stricto sensu* la Bourse désigne les seuls marchés *d'actions*), donc d'en finir avec le pouvoir des actionnaires. Au point où nous en sommes, la satisfaction intellectuelle des arguments *a fortiori* n'est plus tout à fait indispensable. Il faut fermer la Bourse, point. Et pas qu'elle : les marchés financiers de toutes les autres sortes. Et puis le système de l'avance repayable dans sa totalité.

Autant l'expérience de pensée de « Fermer la Bourse » que l'expérience réelle du subventionnement par la cotisation de l'investissement hospitalier après guerre disent cette possibilité. Dans le système de la cotisation générale qui, rappelons-le, prélève non pas une fraction des salaires mais la totalité de la valeur ajoutée, la ressource est redistribuée par un système de caisses : caisse des salaires, caisse des services publics, caisse économique enfin. Cette dernière, on l'a compris, devient l'institution en charge du *subventionnement* des projets. Du subventionnement et non du financement. Tant qu'on demeure dans un système où la division du travail reste en partie complétée par l'échange monétaire marchand, la nécessité de l'avance perdure : par définition, la validation sociale vient *après* la production privée. Il faut donc avoir eu *préalablement* les moyens de lancer le cycle de la production – une avance. Mais toute la différence entre l'avance-financement et l'avance-subventionnement vient de ce que l'une est remboursable, et à intérêt (ou à dividende), l'autre non. Une subvention est de l'argent alloué *non recouvrable*.

En l'occurrence alloué par la caisse économique. Qu'on ferait d'ailleurs mieux de mettre au pluriel : *les* caisses économiques. Ou le système de caisses économiques. Car il est bien sûr hors de question qu'une Gos-caisse (pour ne pas dire une Grosse caisse) trône à Paris et décide de tout : sur le même modèle que le conventionnement, le réseau des caisses doit être déployé à toutes les échelles territoriales pertinentes – quoique, non moins évidemment, sous un schéma global d'allocation sectorielle et géographique déterminé au niveau le plus haut de la communauté politique. Pourvu, en effet, que la structure institutionnelle de ce système de caisses soit pleinement fédérale, les niveaux régionaux consistant en une représentation-délégation des niveaux locaux, et de même au fur et à mesure qu'on monte dans les « étages » jusqu'à l'instance nationale, les grands choix d'orientation seront autant que possible des décisions de l'entièreté du système des caisses, et non d'un sommet technocratique séparé renvoyant vers le bas ses instructions pour pure exécution.

En tout cas, voilà : le financement sous logique de rentabilité capitaliste est aboli et remplacé par le subventionnement sous principe de délibération politique. Quoi produire – et quoi ne surtout plus produire – c'est la première des questions à se poser, c'est une question politique, et c'est elle qui encadrera la dynamique des propositions privées. L'architecture institutionnelle multiscalaire du système de caisses économiques, qui alloue les subventions (les avances), est par excellence l'outil du guidage de l'investissement, donc des orientations à faire prendre à la division du travail – ceux de ses secteurs à fermer, ceux à promouvoir, les innovations à accueillir, celles à rejeter (si, par exemple, enthousiasmé par la beauté du problème de mathématique et d'algorithmique, un collectif venait soumettre à la caisse économique un projet de type « reconnaissance faciale » ou autre cochonnerie biométrique, on l'enverrait poliment se faire voir). Logiquement, c'est l'étage supérieur du système de caisses économiques qui, au niveau national, déciderait des orientations les plus structurantes, les échelons régionaux puis locaux donnant à ces orientations leurs expressions opérationnelles et, pour le reste, effectuant à leurs propres niveaux leurs sélections autonomes des initiatives à soutenir.

Abattre les institutions de la finance

Finalement, le problème, ou le reste à penser, n'est pas tant l'état final que la transition pour y parvenir depuis là où nous sommes. Problème moins simple que celui de l'institution immédiate des nouvelles formes de la propriété productive : car, par construction, la finance capitaliste nous laisse sur les bras ses stocks. À savoir les dettes des uns et les épargnes des autres. Or les stocks demandent du temps pour être résorbés.

Encore faut-il faire quelques distinctions : les stocks de qui ? D'abord il y a les banques, et plus généralement les institutions de l'industrie financière : fonds variés, investisseurs institutionnels. Tous ces agents sont interconnectés sur les marchés par des liens de contreparties et de dettes-créances croisées d'une épouvantable complexité. Défaire ce nexus pour finir par annuler les dettes sans tout mettre par terre est une effroyable gageure. Ça n'a aucune importance. On se souvient comment le nœud gordien a été « résolu » : tranché par un coup de sabre. Ici, pareil. C'est que toutes ces institutions, à la fin des fins, il s'agit de les faire crever. Mais alors si tel est l'état terminal désiré, autant y procéder dès le début du début.

Il ne faut pas cacher le léger désordre que le coup du nœud gordien propagera partout où les structures financières néolibérales, et leur ordre de la dette, sont maintenus, c'est-à-dire à l'extérieur – en première approximation on n'y prêtera pas grande attention parce que pour l'instant on s'occupe de ce qu'on peut faire là où on peut le faire et, par hypothèse, c'est ici. Sans doute aussi, il y aura du trader et du banquier d'affaires sur le carreau – mais on peut songer aux armées de chômeurs, de précaires et de suicidés qu'ils auront contribué à former pendant les décennies de leur toxique industrie, et retenir ses larmes. D'ailleurs la société communiste, bonne fille, leur accordera, comme à tout le monde, les droits du salaire à vie (sans doute pas au plus haut niveau de qualification...) – enfin à ceux qui n'auront pas fui à l'étranger, que nous ne regretterons pas, à qui même nous aurons tenu la porte.

Les épargnes et les dettes

Et puis il y a les agents non financiers – qu'on trouve des deux côtés du rapport dette/créance. Inutile de dire que, du côté des débiteurs, les ménages viennent en premier sur la liste des annulations de dettes, sans que nous ayons à nous soucier des conséquences fâcheuses pour ces pauvres banquiers qui sont leurs créanciers, du moment que le projet avéré est bien de mettre à bas les institutions de la finance.

Mais dans l'état des stocks que nous léguera le capitalisme, il y a aussi tous les emprunts hors crédit bancaire : les dettes obligataires. Rappelons que, dans cette catégorie, outre l'État, on trouve essentiellement des entreprises. C'est-à-dire ces entités destinées à devenir des collectifs de production, hors propriété lucrative et sous la conduite des producteurs associés souverains. Il n'est pas exactement question de continuer de les soumettre à la dette héritée de leur passé capitaliste. Par conséquent on annulera leur dette – comme on a annulé celle de crédit bancaire des ménages. Et de même, à plus forte raison, pour la dette publique – sur laquelle on déclarera le défaut complet.

Inutile de dire, là encore, le chambard en cinémascope qui s'ensuivra sur les marchés internationaux de capitaux. Mais de nouveau : ça n'est plus notre affaire. Que le monde (resté) capitaliste se débrouille avec ses problèmes (capitalistes). Cependant, ces annulations massives de dette ne sont pas non plus sans effet sur notre situation intérieure. Car, pour une part (la part résidente), de l'autre côté de la dette non bancaire de l'État et des entreprises (comme de toutes les formes d'avance, y compris actionnariales) il y a des épargnants. Or l'euthanasie des rentiers (selon Keynes) est une chose (rappelons cependant qu'elle procédait principalement par les voies insensibles de l'inflation), mais un décret de ruine soudaine de *tous* les épargnants en est une autre. C'est que, dans « les épargnants », il n'y a pas que des Niel ou des Arnault, il y a aussi toute la population des petits livrets (et pas mal de cas intermédiaires). Une révolution qui part d'emblée en ruinant les petits épargnants se sera rendue si vite odieuse qu'elle n'ira pas très loin.

C'est qu'il y a des ressorts très profonds qui lient l'épargnant à son épargne, même quand il n'est pas fortuné. On épargne d'abord par précaution – un motif qui nécessitera un peu de temps pour tomber, mais qui tombera quand les gens se seront installés dans la sécurité du salaire à vie et d'un haut niveau de service public. On épargne ensuite pour transmettre. Si c'est pour transmettre de la « sécurité », retour à l'argument précédent. Si c'est pour transmettre au-delà, il faudra avoir une doctrine de l'héritage. On épargne enfin pour acquérir des biens durables que le seul revenu courant ne permet pas d'acheter (électroménager, voiture, logement). On voit mal que ce dernier motif puisse disparaître, même si ceci n'entraîne pas de lui faire droit en tout : par exemple, dans une société entièrement déprécarisée, le mobile propriétaire en matière de logement tombe pour une part – ce qui ne veut pas dire totalement : il y a aussi des investissements affectifs, familiaux, d'appropriation psychique, dans l'habitation, et il est impossible de ne pas les considérer, sans doute même, dans une large mesure, de ne pas y faire droit.

Le règlement de la question de l'épargne commencera donc sans doute avec la fixation de plafonds. En dessous desquels les épargnes resteront à leurs épargnants. Et au-dessus desquels, quoi ? Confisquées ou annulées ? La cohérence plaiderait pour l'annulation : le seul motif de la confiscation (par la puissance publique) serait un motif de « réserve » comme capacité de financement, mais il est contradictoire avec l'idée de s'affranchir radicalement de la logique de l'avance *avec retour*. De la réserve pour quoi si tous les investissements sont, non plus financés, mais subventionnés par les caisses ? Et s'il était besoin d'un supplément d'allocation, au-delà des ressources de la caisse économique, une pure création monétaire scripturale ferait l'affaire, parfaitement équivalente puisqu'il s'agirait dans les deux cas d'injections de pouvoir d'achat hors circuit de la cotisation et surtout (dans un cas comme dans l'autre) hors toute contrainte de remboursement. [Ici on va un peu vite en besogne : parler de création monétaire, même d'appoint, dans une économie refaite de cette manière, recalée à des niveaux de production très abaissés (délibérément), expose à de réels risques inflationnistes et pose tout de même de sérieux problèmes de régulation.]

Les épargnes du passé (du moins celles d'entre elles qui n'auront pas été annulées) n'entreront plus dans aucun circuit de financement, elles seront simplement restituées et *conservées*, telles quelles, par quelque institution *ad hoc* de pur dépôt (*custodian*), pour ne répondre qu'au motif d'acquisition future de biens durables par les personnes privées. Et de même les épargnes qui continueront d'être formées à partir du revenu du salaire à vie. Aucune de ces épargnes ne saurait en effet, en attendant le moment de leur dépense effective, être transférée (i. e. *prêtée*) à d'autres agents, sauf à recréer les catégories de la créance et de la dette, donc les figures du débiteur et du créancier : car celui à qui l'épargne aurait été transférée aurait bien à *rembourser* celui qui la lui aurait transférée, au moment où ce dernier voudrait en recouvrer l'usage, bref l'un serait (re)devenu débiteur, et l'autre créancier. Et c'est précisément ce dont il ne saurait plus être question.

En tout cas, là où il y avait des *banques* en face des ménages endettés (et l'on prenait le parti de les laisser choir), cette fois la situation se joue à front renversé : en face des entreprises endettées il y a (entre autres) des ménages épargnants. Qu'il s'agit de ne pas spolier : leurs comptes *custodian* seront donc recrédités pour le montant de leur créance à sa valeur d'acquisition, évidemment sous le plafond général, éventuellement corrigée de l'inflation survenue entre-temps, et de toute façon en renoncement des intérêts futurs qui auraient couru jusqu'à la maturité dans les conditions capitalistes normales. À peu de chose près, on procéderait de même avec les actions, qui seraient annulées et restituées sous forme monétaire aux épargnants à leur valeur historique (corrigée dans les mêmes conditions que les créances obligataires).

Mais on voit aussitôt ce que ces annulations de dettes-actions *sans spoliation des épargnants* (hors la clause du plafonnement, mais qui ne concernera que les très riches) ont de potentiellement inflationniste, puisque la masse monétaire se trouve augmentée à proportion des volumes annulés. Pour donner une idée des ordres de grandeur, les encours du seul Livret A dépassent les 300 milliards d'euros début 2020, ceux de l'assurance sont proches de 1 800 milliards d'euros. Les débiteurs contreparties de ces créances voient leur pouvoir de dépense intertemporel augmenter des mêmes volumes pendant que les créanciers voient, eux, leurs épargnes redevenir immédiatement disponibles. Il est impensable de laisser des masses aussi colossales débouler comme ça dans l'économie, à plus forte raison dans une économie dont les niveaux de production de biens finaux seront considérablement (et *délibérément*) abaissés.

En conséquence, si les anciennes épargnes financiarisées, quelles que soient leurs formes, sont restituées sous forme monétaire, on n'évitera sans doute pas d'en passer par une formule de contingentement à l'accès dont la définition promet de n'avoir rien d'évident : formule de tirage limité sur une certaine période ? – mais c'est une toise brutale qui ignore les besoins particuliers contingents (devoir racheter de l'électroménager ou une voiture...). Vérification de la nécessité de ces achats ? – mais par qui, et comment éviter que ces vérifications ne tournent aux « comités inquisiteurs » ? Les *corralitos* (c'est ainsi qu'on a appelé en Argentine les mesures de restriction de l'accès des ménages à leurs fonds) ne sont pas très populaires – même si ces restrictions ne s'appliqueraient en rien aux comptes *courants*, et ne concerneraient que les comptes *ad hoc* (*custodian*) créés à part, précisément, pour accueillir la restitution des épargnes converties en argent... et pour rendre possible une forme ou une autre de régulation de leurs usages pendant une certaine phase de transition.

De la conséquence (encore)

Il se pourrait toutefois que ce problème de régulation trouve une partie de sa solution dans les propriétés plus générales du nouvel agencement social d'ensemble. Car on peut aussi imaginer que la restriction de la dépense des épargnes restituées viendra pour partie du côté de l'offre de biens : devenue délibérément limitée, en tout cas défaite des ressorts pulsionnels que le capitalisme a si bien su placer dans la marchandise, bref propre à calmer la frénésie acheteuse. Fini l'arrivée continuelle sur « le marché » de voitures clinquantes farcies d'options ineptes, fini les téléphones portables à performances aussi mirifiques qu'inutiles, ou les frigos connectés.

À ceux qui vont s'évanouir de voir revenir « l'austérité du socialisme », il faut rappeler les termes du deal – qui est un *lot* : d'un côté, en effet, le renoncement aux attractions de la marchandise capitaliste (dès lors que l'essentiel est *garanti*), l'abandon du dernier cri, l'effort de trouver avec quoi d'autre remplir les existences ; de l'autre, en finir avec la hantise de l'existence matérielle précarisée par l'emploi capitaliste, avec la dépossession de toute capacité politique (dans la vie collective *et* dans la production), avec la servitude pour dette, avec la démolition des services publics, avec l'insolente obscénité des grandes fortunes, avec la soumission entière de l'existence à la tyrannie du chiffre, avec le saccage des lieux où nous vivons, avec les pandémies que la dévastation de la planète nous promet déjà.

On rappellera donc que ces perspectives ont été mises sous condition d'un « exercice de méthode *et de conséquence* ». Et puis on tordra le cou à « l'austérité » et à la « grisaille » auxquelles nous nous condamnerions en sortant du capitalisme : l'un des arguments-menaces préférés du capitalisme. Aussi mensonger que le reste.

9. Pour un communisme luxueux

La proposition communiste n'aurait pas grande chance de succès si elle n'était qu'un discours de nécessités et de réductions. Il s'agirait quand même de se souvenir de la fin de la politique, qui est de *vivre bien*. Assurément, la garantie économique générale (alias le « salaire à vie ») – qui triomphe de l'aléa et de l'angoisse matérielles –, la souveraineté des producteurs associés – qui abolit les rapports de pure subordination –, le droit au temps – inscrit dans le désarmement de l'impératif productif – sont autant de conquêtes qui feront vivre incomparablement mieux que sous le capitalisme. Et il faudra le dire. Mais peut-être faudra-t-il dire davantage pour défaire l'imaginaire entièrement négatif dont l'idée de sortir du capitalisme, pour ne rien dire du mot « communisme » lui-même, a été surchargée – en gros : appartements collectifs, alimentation patates et saucisson, voitures grises, moulins à café gris, vêtements gris, murs gris, villes grises.

Le capitalisme, ou l'usurpation de « la vie »

Imaginairement, le capitalisme a fait main basse sur la couleur, la lumière et jusqu'à la vie même. Il faut les lui retirer, lui qui dans la réalité détruit absolument tout : la planète, les lieux d'habitation sauf pour les riches, la santé physique sauf celle des riches, la santé mentale, il est vrai celle des riches y compris, mais différemment. Pour être imaginairement, puis politiquement viable, le communisme doit tout se réapproprier. Il doit même revendiquer le *luxe* – puisque *lux* c'est la lumière. Or c'est bien de cela qu'il s'agit : de lumière dans l'existence.

Dans les multiples, grotesques, et honteuses usurpations dont ils se sont rendus coupables, les publicitaires, après le « concept » et la « créativité » (misère des « créatifs »), ont jeté leur dévolu sur « la ville », ses « lumières » et ses « couleurs ». La publicité « embellit la ville », voilà le genre de saleté que ces crétins barbus en tongues et lunettes épaisses n'hésitent pas à soutenir. Ôtez la publicité, et vous retournez à Berlin-Est d'avant la chute du Mur, ou à Tirana. La vérité est plutôt : mettez à bas les panneaux JC Decaux, rendez la ville aux grapheurs, aux artistes de rue, en fait à tout le monde, et vous verrez l'explosion de formes, de couleurs, d'idées, de slogans. Qu'on ouvre des concours pour les gigantesques bâches des immeubles en travaux – pour sûr on y verra autre chose que des montres, des parfums ou des téléphones portables en 20 mètres par 10. Mais on ne sait pas si l'on doit en vouloir aux publicitaires : eux-mêmes morts-vivants, comment pourraient-ils faire la différence entre la vie vivante et la vie morte, perdue dans le faux des images marchandes ? On sait en tout cas qu'on les empêchera de nuire : évidemment, la publicité viendra très haut dans la liste des choses à abolir. Fermeture du secteur de la publicité : en voilà un exemple typique de réorientation de la division du travail.

L'erreur publicitaire, concentré pur de l'erreur capitaliste, c'est d'avoir pris le désir de marchandise pour le désir tout court. Puis d'avoir conclu que, sans la marchandise, le désir désertait le monde – et la couleur et la lumière avec. Avec un peu de recul, on n'en revient pas d'une escroquerie de cette magnitude. Tout dans la conjoncture présente, notamment dans les prises de rue, contredit ce mensonge énorme, et dit la poussée du désir – de faire, de peindre, de grapher, d'écrire, de construire, de créer, mais cette fois pour de vrai, c'est-à-dire hors de la valeur d'échange, hors des commandements du capital. On pourrait dire, d'ailleurs, que telle est la prémisse quasi anthropologique, et bien fondée, de la proposition de Friot : les individus humains désirent l'effectuation de leurs puissances. C'est peut-être un peu bête à dire mais ça n'en est pas moins profond, et vrai : les individus humains veulent *faire des choses*.

C'est la configuration particulière des structures sociales, à une époque donnée, qui contraint ce vouloir à se couler dans des formes préétablies, et les puissances humaines à s'exercer de telle manière et pas de telle autre – le plus souvent de la manière qui correspond aux visées du groupe hégémonique, et au service de ses intérêts. Mais qu'on libère les puissances individuelles de ces captures, elles ne s'en exerceront que davantage. Telle est la justification dernière du salaire à vie de Friot : les gens feront des choses. Et ces choses seront autant de contributions à la vie sociale.

Bien sûr, ce « faire des choses », de lui-même, ne compose pas spontanément une division du travail entièrement adéquate à l'ensemble des nécessités de la vie matérielle collective. Aussi une part continuera-t-elle d'être contrainte. Quelle part d'ailleurs ? Beaucoup des salariés actuels savent, et aiment, faire des choses qui s'insèrent parfaitement dans la division du travail, à ceci près qu'ils sont contraints de les faire dans des conditions terriblement dégradées par les données du capitalisme : les données concurrentielles et actionnariales. Mais, précisément, le système du salaire à vie, de la propriété d'usage et de la souveraineté des producteurs affranchit de ces dégradations : restent la pleine fonctionnalité à la division du travail et la possibilité désormais de faire les choses *bien.*

Le luxe capitaliste, ou la beauté prisonnière de l'argent

Quand il n'est pas contraint par des enrôlements violents, le désir de faire des choses est par soi un désir de les faire bien, et même du mieux qu'on peut car, les faisant pour soi, on y met tout de soi. Pour certaines choses, les faire bien, c'est *ipso facto* les faire belles. Voilà le commencement du luxe.

On aperçoit peut-être déjà ce dont il va s'agir ici avec « luxe », et surtout ce dont il ne s'agira pas. Ni les bidets en or massif des enrichis du néolibéralisme ni, de toute façon, l'amoncellement des objets, pour des raisons qu'on a assez dites : la pure logique de la *quantité*, qui est celle de la valeur capitaliste, en plus d'exploiter les hommes, dévaste la planète. Il est extrêmement étrange, en fait même absurde, qu'on trouve le mot « communisme » embarqué dans le *Fully Automated Luxury Communism* de Aaron Bastani[77], sorte de prophétie technologiste à base d'imprimantes 3D, de photovoltaïque partout et de conquête spatiale, promettant la résolution des crises climatique, énergétique, et « l'abondance » pour tous – soit à peu de chose près le prospectus de l'imaginaire capitaliste à peine rectifié. Or non. Le nombre des objets dont nous vivrons entourés, leurs taux de renouvellement, baisseront – ils le doivent. L'idée d'un communisme luxueux consiste alors en la réfutation de ce que cette réduction quantitative signifierait un *enlaidissement* de notre vie matérielle – car nous en aurons encore une. Et plus précisément : c'est la visée du maximum d'embellissement du minimum d'objets que nous conserverons.

L'esthétique des objets hors de la quantité et de la frénésie : voilà la première différence du luxe communiste et du luxe capitaliste. La manière d'y accéder est la seconde. Contrairement à sa version capitaliste qui réserve les choses belles à l'écrémage des fortunes, le luxe peut surgir de tout autres conditions que le pouvoir d'achat monétaire : la liberté pour les producteurs de faire les choses selon leur désir, qui sera le plus souvent un désir de les faire belles et bien. Donc l'affranchissement de toutes les contraintes de la production capitaliste qui les font faire mal. C'est que ces contraintes expriment une cohérence globale : le capital s'efforce toujours de rémunérer minimalement le travail ; il structure donc une demande faiblement solvabilisée ; à laquelle on ne peut proposer que de la marchandise à prix suffisamment faible ; donc produite dans des conditions de productivité qui les vouent à être mal faites ; par des salariés maltraités et peu payés ; et la boucle est bouclée. Seule la crème des riches échappe à la boucle de la camelote. La frange où se concentre la richesse trouve alors une offre qui, au doublet « mauvaise qualité/productivité » des marchés de masse, substitue la formule « bonne qualité/prix élevé » des marchés d'écrémage.

Le système du salaire à vie brise cette fatalité de la camelote. Il la brise *par le découplage de l'activité et de la rémunération*. Quand les gens, protégés par la garantie économique générale, peuvent s'adonner à une activité, produire, *sans que cela ait la moindre incidence sur leur rémunération*, ils le font dans de tout autres conditions : selon leur désir, c'est-à-dire bien. Ici il faut donc, une fois de plus, inverser l'énoncé capitaliste voulant que, laissés à eux-mêmes, affranchis du « sain aiguillon de la vie à gagner », les gens ne fassent plus rien – le peuple, c'est bien connu, est essentiellement feignant. Or c'est l'exact contraire : « laissés à eux-mêmes », c'est-à-dire libérés des violences de la mise au travail capitaliste, les gens font, ils n'arrêtent plus de faire, et même ils font de mieux en mieux : car ils sont des êtres de désir et d'activité.

Quand, par exemple, un agriculteur cesse d'être tenu par la camisole de la grande distribution, avec ses exigences de prix, donc de productivité, donc de chimie, quand il cesse d'être tenu par la dette contractée pour les investissements de mécanisation, imposés eux aussi par la logique des rendements et des prix bas, toutes choses avec lesquelles il peut rompre dès lors qu'il est sous la garantie économique générale, alors il produit pour la satisfaction de produire bien : des produits sains et de bonne qualité – sans doute en moins grandes quantités, mais il y aura bien plus de candidats à l'activité agricole si elle est satisfaisante, défaite de l'esclavage capitaliste et relevée de l'incertitude économique.

Dans le système capitaliste, ce sont les producteurs à l'écart des marchés de masse, mais alors à prix très hauts, qui, par exemple, fournissent la restauration gastronomique. Laquelle est elle-même prise dans la tenaille de la dette pour ses installations, et par la même logique des fournisseurs *de qualité* (meubles, vaisselle, etc.) qui, dans le capitalisme, prend la forme du prix élevé. Et toujours selon l'adage – capitaliste par excellence – « la qualité, ça se paye ». Or il n'en est rien. La qualité n'a pas à « se payer ». Le capitalisme nous a mis dans la tête que la qualité se liait nécessairement à la quantité d'argent, faute de quoi nous n'aurions accès qu'à la camelote. C'est un mensonge. La qualité vient avec les conditions faites aux gens pour les laisser produire comme ils l'entendent, c'est-à-dire *sans que leur survie en dépende*. On s'aperçoit aussitôt que la qualité est le corrélat immédiat de cette liberté. Et ceci toujours pour la même raison : parce que les gens font les choses bien, et même au mieux de ce qu'ils peuvent, quand ils les font pour eux-mêmes et pour les proposer à la reconnaissance sociale, *pourvu que celle-ci ne prenne pas la forme du prix monétaire* auquel leur reproduction matérielle serait accrochée. Alors sont réunies les conditions pour que, hors de la contrepartie de l'argent en quantité, se répandent les productions au meilleur de ce qu'elles peuvent, qu'elles deviennent la règle plutôt que l'exception.

Vocation esthétique du communisme

Si le communisme est une proposition grise, il perdra la bataille imaginaire. Mais il n'a nullement à l'être. C'est même tout le contraire. Il n'y a aucun paradoxe à soutenir qu'il peut être, et qu'il doit être, *luxueux*. C'est-à-dire mettre partout la lumière des choses belles et bien faites parce que tout le monde aura été mis dans les conditions de les faire belles et bien – les conditions de la garantie économique générale. On voit ici à quel point maintenir les plus grandes latitudes d'expression possibles à la proposition privée est d'une importance cruciale. La division du travail a ses nécessités, on les a assez dites, et assez dit aussi qu'on ne saurait faire l'impasse à ce sujet. Mais la division du travail par elle-même ne contredit nullement que les choses nécessaires qui en sortent soient belles et bonnes. Or elles ne le seront que si la production est, bien sûr, extraite de la tyrannie de la valeur capitaliste, mais n'est pas non plus enrégimentée dans une planification tombée du haut.

Alors les producteurs associés souverains donneront leur meilleur : parce qu'ils feront ce qu'ils aiment faire. Sous cette forme communiste, l'initiative privée nous proposera des bons produits alimentaires, des beaux meubles, des beaux parfums, des beaux vêtements, bref des beaux objets, c'est-à-dire des choses qui font la vie esthétique. Le design ne sera plus la captation par le capitalisme de l'esthétique, comme il l'est aujourd'hui – car, des skylines des métropoles au métallisé des téléphones portables ou aux lignes des voitures, toute son intervention présente est faite pour nous inviter à contempler la puissance matérielle du capitalisme, pour nous mettre dans la tête, le plus souvent de manière inconsciente, ce lien de fer entre « beauté » des objets et système capitaliste des objets, pour nous faire penser : « Souvenez-vous de l'Allemagne de l'Est et de l'URSS, comme c'était *moche*, et comme chez nous c'est beau, comme c'est racé – eh bien ça, c'est le capitalisme. »

Le communisme perdra la bataille imaginaire, et puis la bataille politique, s'il s'enferme dans l'austérité des intellectuels critiques et leur désintérêt ostentatoire, quand ça n'est pas leur mépris, pour les objets, pour la vie sensible, à commencer par la vie domestique. « Pensons surtout à développer nos intellects », « soyons de purs esprits », « les objets nous sont indifférents », « nous sommes bien au-dessus des contingences matérielles », « ces choses n'ont aucune importance ». Quelle erreur. Elles en ont une, et considérable. Dans un scolie « diététique » inattendu, quoique parfaitement logique, Spinoza qui, en matière de développement de l'intellect, n'est pas exactement un demi-sel recommande d'entourer sa vie « par des aliments et des boissons agréables, ainsi que par des parfums, le charme des plantes verdoyantes, la parure, la musique, les jeux qui exercent le corps, le théâtre et d'autres choses de même sorte dont chacun peut user sans dommage pour autrui » (*Eth.* IV, 45, scolie). L'esthétique doit être mise partout dans la vie, depuis son sens étymologique, comme sollicitation de la sensibilité des individus, jusqu'à ces pratiques les plus hautes où la sollicitation des sens conduit possiblement aux méditations les plus profondes – à l'image du dialogue de Pierre Gagnaire et de Ryoko Sekiguchi[78] sur l'art culinaire, comme on le retrouverait également dans l'art des parfums, mais aussi dans celui, japonais, de la préparation du thé, ou de la composition florale.

Par construction, les achèvements les plus hauts sont aussi les plus rares et, logiquement, le nombre de ceux qui y auront accès sera limité. Le critère capitaliste de la sélection est connu : l'argent – on va sur le site de Pierre Gagnaire et, de l'enchantement de sa parole, on tombe dans la réalité de ses tarifs : dîner à deux dans son restaurant coûte un SMIC... On a compris que ce critère n'aurait plus cours. Et cependant il y en aura nécessairement un autre à la place – puisque « le plus rare à la portée de tous » est une promesse logiquement défectueuse (en tout cas pour cette sorte de biens que les économistes appellent « rivaux[79] »). Une forme ou une autre de tirage au sort ? Et après tout, pourquoi pas.

En réalité, l'essentiel est ailleurs que dans ces expériences tout à fait exceptionnelles. On a compris que par « luxe » il fallait moins entendre le rarissime réservé à un tout petit nombre, que le beau et bien fait, mais généralisé et mis à la portée du grand. De la présence de moins de choses mais plus belles dans la vie quotidienne, comme habitude et comme éducation, jusqu'aux expériences les plus hautes auxquelles éventuellement elle prépare, c'est cela le luxe. Et c'est le désir des producteurs libres qui fait le communisme luxueux.

10. Garantie économique générale et production culturelle

Il y a dans le capitalisme contemporain deux manières de dépendre matériellement, donc de connaître l'angoisse de l'incertitude : la dépendance directe au marché et à l'emploi ; la dépendance à l'administration subventionnaire de l'État néolibéral. La première concerne les petits entrepreneurs et les salariés, la seconde les mondes de la production culturelle (on pourrait y ajouter tout le milieu associatif). Si cette dernière forme de dépendance transite par l'État, il ne faut pas s'y tromper : par sa médiation interposée, c'est bien la logique économique néolibérale qui continue de produire ses effets. La recette fiscale à laquelle est adossée la subvention publique est indexée sur l'activité économique privée – donc sur la plus ou moins bonne tenue globale du « marché ». Quant à la dépense elle-même, elle est sous la pression constante du discours hégémonique qui confond tout à dessein (« il faut réduire la dette publique » = « il faut réduire la dépense publique »), et de la surveillance par les marchés financiers (les créanciers de la dette publique) qui lui emboîtent le pas.

Sans être directement branchés sur le marché et l'emploi, les bénéficiaires de la subvention d'État n'en connaissent donc pas moins l'incertitude et l'angoisse. La dépense culturelle, ce « supplément d'âme » – entendre : fondamentalement « inutile » – est constamment menacée et vient tout en haut de la liste des candidats à la réduction en cas de crise fiscale – tout le monde a compris que celle de la Covid s'annonce terrible. Les producteurs culturels, quoique ne relevant pas immédiatement du système marché-emploi, n'en sont pas moins bien placés pour savoir que la *précarité générale* instituée par le néolibéralisme les concerne au premier chef. Eux aussi, comme les salariés, vont pouvoir se faire un sang d'encre car, fût-ce par la médiation de l'État de subvention, ils sont plongés comme les autres dans la grande instabilité du « marché » et soumis à son aléa de principe. Eux aussi, en ce moment, se tordent les doigts et se ravagent avec la question – la même que celle des salariés : « Qu'est-ce qu'on va devenir ? »

C'est cette logique de l'angoisse que la garantie économique générale vise à détruire. Découpler activité et moyens matériels d'existence, puisque c'est là le cœur de la proposition du « salaire à vie » de Friot, supprimer toute conséquence matérielle personnelle de la production individuelle, alias de la proposition privée, ne fait pas que soulager des incertitudes de la survie, dont les données sont définitivement stabilisées, mais libère des possibilités d'activité inédites.

Dépendance matérielle et créativité distordue

Constitués de tout petits bataillons, souvent d'un tel nombrilisme sociologique qu'ils en ignorent les gros (ceux du salariat, notamment ouvrier) et croient être les seuls à compter vraiment sur la scène sociale, les mondes de la production culturelle n'en offrent pas moins un accès aux enjeux centraux du salaire à vie, quoique celui-ci n'ait pas d'abord été pensé pour eux. Car, avec ses particularités, leur cas aide à cerner d'encore plus près le lieu du poison capitaliste : qui est dans l'accrochage des moyens de la survie individuelle à la validation sociale des propositions privées, à partir du moment où cette validation sociale prend la forme monétaire – et ceci que l'argent vienne du marché, de l'emploi ou de l'État capitaliste. Le propre du capitalisme, c'est de donner à la validation sociale la forme monétaire et, réciproquement, d'avoir fait de la forme monétaire le mode majoritaire de la validation sociale. Le capitalisme convertit la validation sociale en moyens matériels d'existence, et fait passer les moyens matériels d'existence par la validation sociale. Vous ne survivrez que si votre activité parvient à se convertir en argent, voilà le *nomos* du marché capitaliste. Et voilà le lieu d'origine de la précarité instituée.

Cet accrochage de la survie à la validation monétaire a pour nom : la concurrence. Le poison capitaliste, c'est de confondre l'émulation et la concurrence. L'émulation, jusqu'à la rivalité, est une passion humaine qu'on n'éradiquera pas par décret. Elle a ses bonnes propriétés, elle a ses pollutions. La concurrence, c'est l'émulation mais *branchée sur des enjeux de survie matérielle*. Donc sur des enjeux de survie tout court. Contrairement à ce que répand le discours libéral depuis des décennies, la concurrence, ainsi redéfinie, ne fait pas s'activer les gens « pour le meilleur » : elle les fait s'activer *sauvagement* – comme s'activent les humains lorsque leur survie est en jeu. La violence de l'enjeu pénètre aussitôt le comportement, se convertit aussitôt en violence du comportement. Ramenés *par la concurrence* à des enjeux vitaux, les agents s'activent en effet, luttent même, mais ils luttent comme des sauvages[80]. Leur obsession n'est pas de faire les choses bien, elle est de les faire valider – c'est-à-dire convertir en argent.

De là par conséquent que, prêts à tout puisqu'il s'agit de survivre, ils sont notamment prêts à répondre à toutes les injonctions institutionnelles dont leur reproduction matérielle est dépendante *en tant qu'elle est accrochée à la validation sociale*, matérialisée en argent (subventions, droits d'auteur). En « littérature », par exemple, certains producteurs prennent directement, et ouvertement, le parti des marchés de masse, et par là s'assurent de la validation de l'institution éditoriale – dans le circuit des « best-sellers ».

D'autres, peut-être pires, cultivent par habitus une distinction très ajustée à la « demande », productions qui se donnent les attributs de la-littérature, prennent des postures « critiques », voire « transgressives », mais sans jamais rien transgresser, ni rien déplacer, donc avec la certitude de se ménager un lectorat significatif, sans doute pas celui des marchés de masse, ostensiblement dédaignés, mais de la bourgeoisie lectrice, qui veut bien se donner le frisson de « la pensée non conforme » mais *jusqu'à un certain point* seulement, parfaitement identifié par les producteurs « ajustés », et ceci d'ailleurs – c'est là toute la puissance du concept bourdieusien d'habitus – sans que cet ajustement soit nécessairement le fruit d'une stratégie délibérée ou d'un calcul explicite. Combinant en apparence des injonctions contradictoires – porter le fer *mais pas trop* –, bref se donnant « l'air de », ces positionnements sont par là eux aussi assurés de conserver la validation de l'institution éditoriale, comme l'atteste d'ailleurs leur franche installation dans le système des prix, un indicateur très fiable de qui dérange quelque chose et qui ne dérange rien (bien sûr, il y a toujours des ratés, des distinctions qui vont à qui, normalement, n'aurait pas dû les avoir).

Et puis il y a les autres producteurs, écrivains, artistes, qui aspirent à une production affranchie des canons de l'admissible, c'est-à-dire du comestible, par l'ordre social en ses institutions. Mais qui n'en ont pas moins à survivre matériellement et doivent, souvent la mort dans l'âme, passer des compromis avec les institutions – parce que, comme toujours, à la fin il faut bien croûter. Eux sont les premiers visés par l'étranglement financier qui menace de suivre la crise économique. D'une manière générale, la pénurie déchaîne les luttes concurrentielles pour les ressources rares, et intensifie tous les effets de normalisation puisque, situées du « côté court », les institutions ont la main comme jamais, en tout cas sur leurs obligés[81].

Décrocher la reproduction matérielle de la validation sociale

La garantie économique générale ne fait alors pas que relever les producteurs culturels, comme tous les autres producteurs, de l'angoisse des lendemains : elle supprime toutes les distorsions qui tiennent aux enjeux vitaux de la reproduction matérielle, c'est-à-dire aux impératifs de la validation sociale dans les institutions privées-marchandes (édition) ou publiques-subventionnaires, et par là rendent les producteurs culturels à leur nécessité créatrice. Elle a aussi pour effet de faire en partie exploser le personnage social du « créateur »/« auteur »/« artiste », qui n'existe comme tel que par l'onction de telle ou telle institution *ad hoc*, par l'insertion des individus dans leurs circuits, le succès répété à décrocher de la subvention, la présence identifiée dans les réseaux, etc. Par le découplage radical de l'activité et des moyens de l'existence matérielle qu'opère le « salaire à vie », n'importe qui retrouve, ou plutôt trouve tout court, la possibilité de formuler une proposition privée à caractère de création : une proposition artistique qui ne requiert plus d'avoir préalablement acquis les attributs sociaux et institutionnels de l'« artiste ».

À l'évidence, toute « contrainte » de validation sociale n'en est pas abolie. Sauf à écrire des poèmes pour ses tiroirs, une proposition privée, par son caractère même de « proposition », fait *ipso facto* le choix de s'exposer à l'épreuve de la réception publique. Mais ce qui change radicalement, dans le système de la garantie économique générale, est que le verdict de cette épreuve n'est plus d'aucune conséquence quant à la survie matérielle du proposant. Il y aura donc toujours des échecs de la réception, c'est-à-dire de la validation sociale – *mais sans conséquence monétaire* –, échecs soit du fait de la médiocrité de la proposition, soit du fait de son étrangeté, de sa nouveauté, et de son trop grand pouvoir de déconcertation, c'est-à-dire de son décalage en avance de la sensibilité contemporaine. Bref, il y aura toujours des champs artistiques et leurs verdicts sociaux, mais rien de tout ça ne pourra plus condamner celui/celle qui échoue, spécialement dans le second cas, à renoncer *pour des raisons matérielles*. Le fonctionnement social de ces univers que Bourdieu appelait des champs est déjà en soi suffisamment violent – avec tous ses effets d'orthodoxie, de réseaux, de faveurs, de sélectivités, parfois bien placées (en effet Marc Lévy n'est pas de la littérature), souvent mal (tel prix Goncourt n'en est pas davantage) – pour que cette violence ne se convertisse pas aussitôt en sanction matérielle.

Contrairement au mythe – somme toute très capitaliste – de l'artiste maudit, ou plutôt de l'artiste dans la misère, dont la figure a été réenchantée comme « bohème », qui encourage celui qui ne veut pas subordonner sa création à la sanction monétaire du marché des œuvres à accepter la misère, à faire même de sa misère un élément constitutif, et pourquoi pas exaltant, de sa « vie d'artiste » – en gros : merci de nous débarrasser les circuits marchands avec vos trucs dont personne ne veut, mais persévérez bien néanmoins, et soyez assurés de notre considération dans la mouise –, contrairement à ce mythe, donc, il y a beaucoup à douter que la précarité ait la moindre propriété avantageuse sur la créativité. Elle est une chienne (*porca miseria*, disent les Italiens) qui tourmente sans cesse, et détourne l'esprit de ce qu'il aurait de mieux à faire. Comme on sait, les transfigurations libérales ont fait de la précarité un « sain aiguillon », la « petite » stimulation sans laquelle nous nous laisserions tant aller (à l'oisiveté). Or c'est faux : la précarité agresse, dans le pire des cas voue les agressés à devenir des agresseurs à leur tour si leurs intérêts fondamentaux sont en jeu, dans le meilleur ne fait rien faire de bon. La créativité, à l'exact contraire du récit libéral de la « mise en tension », prospère bien davantage du temps libéré et de la tranquillité d'esprit.

Un cas de destruction par « l'aiguillon de la concurrence » : la recherche

Il est un univers de la production culturelle (étendue) où la chose est spécialement visible – et d'autant plus que ses conditions sont en train d'être en ce moment méthodiquement détruites –, c'est la recherche. Le CNRS en France a longtemps été une réalisation, sans doute approximative mais néanmoins exemplaire, du « salaire à vie » et de ses vertus : des individus, certes sélectionnés, mais payés quasiment sans contrepartie, à faire pour ainsi dire ce qu'ils veulent. Mais précisément, ce qu'ils veulent, ici, c'est faire de la recherche ! Alors ils la font, sans compter leur temps, et au mieux de ce qu'ils peuvent, pour cette éternelle simple raison que *c'est leur désir*. Et dans ces conditions, la recherche est excellente.

Mais que des gens soient ainsi laissés à très peu de contrainte, pas loin de leur libre vouloir et, pire encore, hors marché, c'est insupportable au néolibéralisme. Aussi, là où il n'y avait que peu de contrainte, le néomanagement appliqué à la recherche a-t-il décidé d'en mettre toujours plus, notamment des contraintes de surveillance (*reporting*) et d'évaluation. Mais, bien plus désastreusement, des contraintes de fragilisation générale des positions : par la concurrence, comme d'habitude. Concurrence pour les ressources nécessaires à la recherche (crédits d'équipement), concurrence pour l'accès aux postes statutaires. La déstabilisation n'est-elle pas une merveilleuse stimulation ?

Eh bien non, elle est le pire des toxiques. Sous son action corrosive, les agents commencent à se battre – et les externalités positives d'une activité fondamentalement coopérative sont détruites. Mais surtout, ils cèdent à l'affolement dès lors que leurs conditions matérielles d'existence sont directement menacées, et commencent à chercher, dans la panique, à identifier les stratégies institutionnelles gagnantes. Le mimétisme, c'est-à-dire le conformisme, est malheureusement la seule solution rationnelle à ce problème. Malheureusement, en effet, car la créativité de la recherche n'y survit pas quand chacun ne cherche plus... qu'à se rallier aux courants dominants, rationnellement interprétés comme ceux qui bénéficient de la meilleure validation institutionnelle, donc des meilleures chances de salut matériel. L'innovation scientifique et intellectuelle suppose de faire ce qui ne se fait pas encore ; or tout le monde est déterminé par le nouvel agencement institutionnel concurrentiel à faire ce que tout le monde fait ; fin de l'histoire. L'ethos de la science périt à coup sûr, et il périt même deux fois, d'abord d'être saisi par le conformisme, ensuite d'être saisi par un conformisme *méchant*, comme il est de règle quand tout le monde est porté à cran.

Le « risque » comme mensonge idéologique et comme fléau matériel

Décidément, il faut retourner tous les énoncés libéraux : la vraie prise de risque, ou disons la prise de risque pertinente (relativement à ce qu'il s'agit de faire), ici donc la prise de risque *intellectuelle*, suppose d'être relevé de tous les autres risques, en tout cas du risque matériel. Mais, de même que le capitalisme confond tous les désirs, et prend le désir marchand pour le désir tout court, de même confond-il toutes les sortes de risques, et rabat-il toutes les prises de risque sur la seule déstabilisation matérielle – malheureusement rédhibitoire à toutes les autres aventures. Si l'on veut jouer gros sur un certain front, le front de la création par exemple, il est préférable d'être un peu tranquille sur les autres.

Bien sûr, et l'histoire l'atteste, on pourra toujours trouver des individus d'exception qui ont triomphé de tous les obstacles cumulés. Mais ces attestations ne font que reconduire le mythe capitaliste du « créateur qui a fait son choix » (celui de la misère) et, plus caractéristique encore, celui de l'individu héroïque. Plus encore, elles laissent dans l'ombre tout ce que les collectivités ont perdu d'avancées de toutes sortes du fait que ceux qui auraient pu les accomplir n'étaient pas complètement à la hauteur de cet héroïsme – mettre la création culturelle ou intellectuelle sous condition d'héroïsme est bien la plus libérale, et la plus débile des idées.

La saine vertu du risque est peut-être le plus mensonger de tous les articles de l'idéologie libérale. On en a l'indice, pour ne pas dire la preuve, à ceci qu'aucun de ceux qui en tiennent le discours n'a jamais connu la précarité. Les zélateurs du risque se reconnaissent à ce qu'ils n'ont jamais connu de conséquences personnelles à leurs échecs, parfois colossaux (par exemple, toute la trajectoire professionnelle d'Alain Minc n'est qu'une interminable litanie de fiascos, il va très bien merci), et à ce qu'ils sont cuirassés de leur fortune personnelle, de leurs carnets d'adresses, et de leur certitude du recasage – ils sont les apologistes du risque *pour les autres*. Chacun peut connaître l'envie de prendre des risques, de s'exposer à des risques – traverser un océan à la voile ou un désert à pied, produire une œuvre dont la vérité sera insupportable à ses contemporains –, mais de son propre chef, et non contre son gré, sous la commande d'un donneur d'ordre. Les vrais noms du « risque » capitaliste, c'est-à-dire du risque-pour-autrui, sont la misère et la précarité. Ce risque-là n'a aucune vertu. Il tourmente, épuise, et n'incite qu'au mauvais – du simple conformisme jusqu'à la violence concurrentielle.

En relever tous est le fond de la proposition communiste, non selon une « simple » exigence morale, mais sous la visée d'une augmentation des puissances individuelles et collectives, si l'angoisse de survie est bien plus un frein qu'un moteur à l'accomplissement. Ici la garantie économique générale appliquée aux producteurs culturels trouve naturellement sa place dans l'idée d'un communisme luxueux. Elle libère de la peur et restitue à chacun la possibilité de s'adonner, voire, s'il le souhaite, de proposer : écriture, peinture, sculpture, musique, dessin, théorème, traité, photo ou vidéo, tout ce qu'on veut… Il faut affirmer qu'une société qui s'organise pour permettre à ses membres de produire davantage de *cela* et moins de téléphones racés est une société meilleure. Et qu'ouvrages et œuvres ne sont jamais si réussis qu'accomplis selon un désir libre et tranquille : relevé des inquiétudes de la survie, et tourné vers la vie.

Troisième partie

Hégémonie, contre-hégémonie

11. Ils ne lâcheront rien

Figurer le communisme est une chose, savoir comment y aller en est une autre. Savoir comment y aller, entendre : par quel rassemblement de forces le faire porter, et mesurer contre quel autre. On ne peut pas dire que toutes ces questions soient encore très bien établies à l'ordre du jour... Certes, partout de salutaires appels, des tribunes, des textes : « après » devra être différent, nous ne retournerons pas à la normale, il faut ne pas redémarrer comme avant. C'est bien. L'ennui peut-être, c'est qu'on ne trouve pas la première analyse des conditions concrètes dans lesquelles ce « il faut » aura à se mouvoir. Disons-le tout de suite, elles sont adverses. En fait même : hostiles.

« Plus rien comme avant » ?

Sous le coup d'une inspiration discutable, l'une de ces tribunes[82], bien dans cet esprit (positif), se prend à rappeler le précédent de « L'an 01[83] », qui déjà en 1971 voyait le grand dérèglement, se proposait de tout arrêter pour tout réfléchir à nouveau. Et, déplorent les signataires cinquante ans plus tard, sans que rien n'ait été arrêté, rien réfléchi, et que tout soit pire. La question qui normalement devrait les étreindre s'ensuit pourtant logiquement : par quel miracle quoi que ce soit devrait-il changer davantage ? (ici, on ne sait pas pourquoi, on pense irrésistiblement à « l'Europe sociale et démocratique »).

Or la réponse pessimiste est très simple : parce qu'il y a « du monde » en face. Certes, un tout petit monde, mais très resserré, très coordonné, et très déterminé – à ne rien changer *du tout*. Le délié avec lequel les patrons de Total, de la BNP et de tant d'autres ont envoyé le gouvernement se faire voir chez Plumeau à propos des dividendes de l'année 2020 gagnerait, par exemple, à être pris en considération – s'il étonne encore quiconque. Au moins prend-on la mesure de l'efficacité des appels à la « modération » ou à l'« autorégulation » : voilà ce que ces gens se permettent *au cœur de l'épidémie*. On imagine « après ».

On a eu l'occasion de rire beaucoup avec les « contreparties » des aides d'État déversées à milliards sur les entreprises. La condition de non-fricotage dans les paradis fiscaux, bien sûr c'était une blague. Celle de correction environnementale minimale a dû susciter une hilarité plus grande si c'était possible – et puis quoi encore ? Cependant, tout bien considéré, Roux de Bézieux, lui, n'est pas de ceux qui ne veulent *rien* changer : par exemple sur les 35 heures, les congés payés et l'assurance-chômage, il est très partisan du changement. Tout le monde se la raconte avec la démondialisation et la relocalisation des chaînes de valeur. Mais c'est une fable pour enfants en bas âge. Que le gouvernement décide pour l'avenir de s'épargner les humiliations de 2020 et rapatrie masques, respirateurs plus quelques médicaments, sans doute. Que les entreprises pèsent le risque géopolitique (elles le faisaient déjà) ou, maintenant, géosanitaire là où elles ont leurs billes de sous-traitance, probablement aussi. Mais s'imaginer que le capital sous pouvoir actionnarial renoncera à des coûts salariaux de 100 $/mois au Vietnam (la Chine, c'est devenu i-na-bor-dable !), et bientôt de 20 $ en Afrique qui piaffe à la porte de la mondialisation, c'est se raconter des histoires en couleurs. En quarante ans de néolibéralisme, la division internationale du travail a connu des restructurations d'une profondeur inouïe pour transformer les périphéries en ateliers à bas coût du centre. Imaginer que le centre pourrait revenir sur la logique profonde de ce mouvement tout entier conçu pour relever la profitabilité et briser les luttes de classes tient du rêve éveillé. Le comble étant bien sûr de se figurer que les nullités criminelles au pouvoir pourraient manifester la moindre velléité de faire changer quoi ce soit. Ceux donc qui s'imaginent que « après, tout sera différent » doivent croire très fort aux pouvoirs de la fée Clochette. Parce que les tendances spontanément à l'œuvre nous avertissent plutôt que, sauf action de déraillement organisé, « après » sera *pareil en pire*.

« Soit un gouvernement de gauche... »

Mais déraillement qui ? ou déraillement quoi ? La gauche « socialiste » (et satellites) joue au petit train, il ne faudra pas lui en demander davantage. Quand la réalité est décevante, il y a toujours le recours de s'échapper dans l'imagination. D'un côté, c'est un peu infantile, de l'autre il y a des manières d'imaginer qui procurent des expériences de pensée intéressantes. Soit, donc, l'hypothèse de la sortie électorale, et puis celle d'un gouvernement de gauche miraculeusement élu, un peu décidé, c'est-à-dire avec des projets ferroviaires *sérieux*, entendre : même pas seulement faire dérailler, mais poser les aiguillages autrement. Question : que se passe-t-il ?

Réponse : il se passe une *vérification*. La vérification d'une certaine impossibilité. L'impossibilité, c'est celle opposée par le capital qui, en quarante ans, a tellement conquis, tellement pris l'habitude d'*exiger* et d'*obtenir*, tellement régné sans partage, et surtout installé si profondément les structures de son règne – la financiarisation, le libre-échange, les délocalisations – qu'il n'existe pas pour lui la moindre raison sérieuse d'abandonner quoi que ce soit. Et en effet : quand on a si méthodiquement installé les conditions de son *emprise*, par quelle sorte de miracle humaniste renoncerait-on à l'exercer ? Tant la concurrence instituée à l'échelle internationale par l'OMC et l'UE que le primat de la valeur actionnariale imposé dans les marchés de titres déréglementés déterminent les courses successives vers l'Europe centrale, la Chine, le Vietnam, l'Afrique. Les délocalisations ne sont que l'exercice de ces possibilités, la satisfaction joyeuse des impératifs institués de la compétitivité et de la rentabilité. Et aussi la sanction exemplaire des corps sociaux qui refusent de s'ajuster autant qu'il le faudrait. Vous vous accrochez à votre code du travail, à votre SMIC et à votre protection sociale ? Chaque fois que vous résisterez, nous vous briserons un peu plus. Puisque, par les latitudes de mouvement que nous nous sommes aménagées, nous en avons *les moyens*.

Le capital qui s'est créé une telle position, et qui s'y est bien installé, s'efforçant d'ailleurs sans cesse pour l'élargir davantage, ne laissera pas défaire ses acquis sociaux à lui. Il ne voit plus l'intérêt de *transacter* – pour cette simple et bonne raison que le pouvoir qu'il a conquis l'autorise à *ne plus le faire*. On transacte quand on n'a pas tous les moyens d'imposer unilatéralement sa volonté – mais quand on les a ? Or il les a. De là que tout ce qui pourrait ressembler à une négociation réelle, à un compromis sérieux, c'est-à-dire portant sur des questions autres que d'ajustements secondaires, ait complètement disparu du paysage social, disparition d'ailleurs entérinée par le vocabulaire Potemkine des gouvernements-relais, qui ne connaît plus que les « concertations », voire les « consultations ». Après quatre décennies de « progrès » ininterrompu, on n'obtiendra plus rien du capital.

L'espace « intermédiaire » du compromis négocié était le lieu de la social-démocratie et de toutes ses institutions. Cet espace fermé par les conquêtes stratégiques du capital, ironiquement impulsées par la social-démocratie même, à qui l'on doit aussi bien la financiarisation, la concurrence européenne et le libre-échange international, il s'ensuit que syndicats réformistes et partis socialistes en peau de lapin sont logiquement tombés dans le trou qu'ils avaient si bien creusé. Sur la scène de l'histoire, il n'y a plus de place pour les acteurs qui s'étaient donné pour mission d'« obtenir quelque chose du capital » après qu'ils l'ont armé des moyens de ne plus rien lâcher. Alors ils disparaissent. Seul un effet de persistance rétinienne, ou d'inertie façon Bip Bip et Coyote, peut faire croire qu'ils existent encore – mais ne restent en réalité que des bâtiments, vides de tout contenu politique. Et encore : Solférino a bien mis la clé sous la porte. On ne parlera pas de la CFDT, antenne factice du syndicat patronal. Mais Montreuil ? Combat perdu après combat perdu, la CGT n'en finit pas de revérifier l'évanouissement de sa position de syndicalisme revendicatif *au niveau macrosocial* (au niveau des entreprises, évidemment c'est autre chose) quand il n'y a plus rien à obtenir – et de n'en tirer aucune leçon.

Ce que valent les mandats de la « démocratie »

Là-dessus, voici donc notre gouvernement de gauche, par hypothèse « déterminé », qui s'avance. Il a reçu l'onction des urnes, posé un programme clair : arraisonnement de la finance, protectionnisme, réglementation environnementale contraignante, relèvement des impôts des riches et du capital, annulation des baisses de charges, redressement des services publics, nationalisations, reprise en main des orientations du crédit – sans oublier : refonte générale du secteur des médias, retirés des mains du capital privé. Mais surtout, à l'inverse de la gauche de droite qui se récrie d'effroi à l'idée de porter la main aux traités européens – horreur du repli et de la frilosité –, lui fait la précédente analyse (c'est dans l'hypothèse de notre expérience de pensée) et se donne, précisément, pour projet de refaire les structures, puisque le pouvoir inexpugnable du capital doit *tout* à leur configuration d'à présent. Refaire les structures, c'est rouvrir l'espace intermédiaire, celui dans lequel le salariat, à armes un peu moins inégales, peut s'engager dans des combats qui ne soient pas totalement sans espoir. Et le corps électoral, dans sa majorité, a dit oui à tout ça. Notre gouvernement a mandat.

Alors il va découvrir ce que valent vraiment les mandats de la « démocratie ». Car au moment où il arrive au pouvoir, les structures qu'il a pour projet de transformer sont là. Or ces structures déterminent deux sortes de moyens à l'usage du capital : les moyens, en temps ordinaires, de ne rien céder de substantiel au salariat ; et les moyens de rang supérieur de mettre en échec toutes les tentatives de le priver de ses moyens ordinaires. En somme, la structure générale de la mondialisation néolibérale peut travailler à la fois à ses opérations courantes de discipline salariale et à son autodéfense.

En fait, le gouvernement-de-gauche-déter n'aura même pas à attendre de prendre ses fonctions pour s'en apercevoir. Dans la structure générale qu'il se propose de combattre, il y a une force de représailles préemptives foudroyante, c'est la finance. Car le gouvernement déter-etc., la finance l'aura vu venir de loin. Du moment où l'hypothèse de son succès électoral commencera à prendre consistance, elle sortira les armes. Une seule en fait, mais décisive : le taux d'intérêt. Quand marché pas content, lui toujours faire ainsi : il vend les titres de la dette souveraine, fait baisser ses cours, donc monter ses taux d'intérêt. Mais cette fois, ce sera en tempête. C'est qu'un gouvernement qui s'en prend aux structures de la financiarisation s'en prend aux moyens par lesquels les marchés disciplinent les gouvernements – c'est-à-dire les tiennent à des politiques publiques parfaitement respectueuses de leurs intérêts de créanciers : pas d'inflation (pour ne pas dévaloriser les patrimoines), pas de déficit (pour ne pas laisser croître une dette sur laquelle il pourrait y avoir défaut), déréglementation du travail et concurrence commerciale pour imposer les exigences de la rentabilité.

Bref, s'en prendre aux structures de la finance, c'est s'en prendre aux structures du pouvoir de la finance. Énorme surprise : la finance ne laissera pas faire. Sa réponse sera à la mesure de la menace anticipée. Si celle-ci est sérieuse, celle-là sera furieuse. Des ventes massives de la dette souveraine peuvent entraîner les taux d'intérêt très (très) haut. Mais alors tout le reste de la politique économique de notre gouvernement est défait… avant même d'avoir pu être mis en œuvre : la charge de la dette s'élève dans de telles proportions qu'au mieux elle évince les autres dépenses publiques et prive la politique budgétaire de toute marge de manœuvre, au pire elle amène en un clin d'œil l'État au seuil du défaut. La politique « progressiste-déter » est annihilée sans avoir seulement eu le temps de voir le jour.

Il faut alors imaginer le concert médiatique, l'égout des chaînes d'information continue en plein débordement, la noria des fulminants. Pour fixer les idées, on se souviendra qu'en 1983 la presse s'était mise en autoébullition avec la « faillite du gouvernement socialo-communiste » pour 3,2 % de déficit budgétaire – on voit d'ici le massacre. Le pire étant dans cette affaire que la finance dispose de ce diabolique pouvoir de se donner raison à elle-même puisque, créant les conditions de la mise en échec, elle... met en échec, et donne alors à qui veut tous les motifs de triompher : « C'est un échec ! » En l'occurrence, le seul échec véritable est celui de n'avoir pas su plaire aux marchés. Mais cet échec-là n'a rien à voir avec les propriétés objectives de la politique économique en question – comme on le voit logiquement à ceci qu'elles n'auront même pas eu le temps de produire leur premier effet avant d'être emportées par la furie spéculative.

Il ne faudra pas trop compter sur BFM, France 2 et France Inter pour apercevoir ce genre de subtilité – « On vous l'avait bien dit. » Et il le faudra d'autant moins qu'ici la haine médiatique de classes, dont on a déjà assez vu quel libre cours elle pouvait se donner pendant les Gilets jaunes, ne se sentira plus aucune limite : un gouvernement porté par le populo, attaché à la défense de ses intérêts à lui davantage qu'à ceux des ruisseleurs, tournant si ostensiblement le dos aux prescriptions des répétiteurs autorisés, ne peut être par soi qu'une infamie, et le plus vite on en finira avec lui, le mieux.

Pendant ce temps, l'UE aux cent coups, admonestations en tous sens : la Commission fait des communiqués, la BCE menace de ne plus racheter la dette française (et, par là, de parfaire les conditions d'adversité financière déjà créées par les marchés), les exhortations allemandes, les sarcasmes de *The Economist*, *Le Monde* préoccupé à sa une qu'on pourrait faire le choix du repli national. Ce ne sera même plus une campagne : ce sera un tapis de bombes. Médias privés, médias publics – car ici il faut envisager un concept étendu de la presse du capital. Par exemple, de même que la CFDT relève d'un concept étendu de patronat, il n'est pas besoin à la presse du capital étendue d'être formellement la propriété du capital pour tenir le discours du capital – Léa Salamé et Nicolas Demorand font ça admirablement sur France Inter tous les matins, ils ne seront pas les derniers à glapir à « la banqueroute ». Or, si l'économie commence avec les anticipations des agents économiques, c'est peu dire qu'il y aura là comme un « climat ».

Là-dessus, le patronat (formel) apportera sa petite contribution à lui. D'abord bien sûr, forte participation au manège à tocards sur tous les plateaux télévisuels, concerto de lamentations, comédie du désespoir et des cheveux arrachés, retenez-moi ou mon talent et moi nous quittons l'URSS, départs effectifs, et bruyamment médiatisés, compteur en temps réel sur BFM des sorties de capitaux et des « cerveaux » (sans rires enregistrés). Ensuite, plus discrètement, mais plus décisivement, mise en panne de l'investissement et de l'embauche, c'est-à-dire grève de la croissance et de l'emploi. Où l'on pourra – sauf dans les médias – mesurer vraiment ce que c'est que *la prise en otage de la société entière par le capital* : ou bien mes conditions, ou bien je vous mets tout en rideau. Disons donc les choses comme elles sont (seront) : sabotage ouvert pour briser aussi vite que possible un gouvernement considéré (à raison…) comme un ennemi de classe.

Et notre bon gouvernement, rendu en ce point où il est invité par toutes les forces du capital à s'administrer son « mandat démocratique » par les voies naturelles, qu'est-ce qu'il lui reste comme possibilités ? Eh bien deux, et deux seulement. S'affaler – comme fit Tsípras dans une situation comparable. Ou bien passer la seconde.

Rapatrions l'expérience de pensée dans un réel possible et reformulons le problème d'une autre manière, à la lumière des hypothèses qu'on peut former sur la situation présente. Si la pandémie d'aujourd'hui et celles qui suivront, leurs causes et leurs suites, ne laissent maintenant plus d'autre choix que d'être anticapitaliste, entre s'affaler et s'avancer laquelle des deux voies choisissons-nous ?

12. Chili 73

Jamais, nulle part, la bourgeoisie n'a rendu les clés de son propre et gracieux mouvement. Pourquoi le ferait-elle d'ailleurs ? Pourquoi laisserait-elle faire la destruction de la société capitaliste, puisque la société capitaliste *est pour elle* ? Aussi, sous toutes les latitudes, et à toutes les époques, la bourgeoisie a-t-elle le même visage distordu de haine, la même frénésie de faire tirer sur la foule que cette rombière à brushing et lunettes de soleil saisie par la caméra de Patricio Guzmán dans les rues de Santiago en 1973[84]. Et, sinon toute la « bourgeoisie », catégorie sociologique mal définie et qui brasse plutôt large, du moins sa fraction la plus conséquente, consciente de soi comme classe, et consciente de ses intérêts de classe – la bourgeoisie ensauvagée.

Par toutes les fibres de son être, cette bourgeoisie, toujours, partout, est *versaillaise*. C'est en France en effet, en 1871, qu'elle réalise pleinement son concept et, du même mouvement, indique tout ce qu'il faut savoir de la démocratie bourgeoise. La démocratie bourgeoise est ce régime où l'on peut parler de tout à l'exception de ce qui asseoit le pouvoir social de la bourgeoisie – à savoir, en dernière instance, la propriété privée des moyens de production, et la forme particulière d'enrôlement qu'elle détermine : le salariat. Quiconque entreprend de toucher à ça trouvera la bourgeoisie en travers de son chemin.

Leçon de choses

Entre 1970 et 1973, Salvador Allende s'y est risqué. Il en a résulté une leçon de choses politique d'une cruauté qui force la méditation – au moins de ceux qui auraient le projet de recommencer.

Mais quelle idée de retourner au Chili des années 1970 en pleine pandémie des années 20 du siècle d'après ? Celle précisément de rappeler à quoi pourrait être confronté le simple désir que « après la Covid plus rien ne pourra être comme avant », même quand il voit que le mouvement naturel des choses n'y suffira pas et qu'il faudra lui donner un coup de main – toute la question étant de savoir ce qu'il faut entendre par « coup de main ».

Si l'expérience chilienne est utile[85], c'est parce qu'elle est récente. Les formes de société qu'elle nous figure sont plus proches des nôtres que celles de la Russie de 17 ou de la Chine de la Longue Marche – partant, les comparaisons plus faciles et plus parlantes. Les problèmes auxquels elle a eu à faire face ne sont pas si différents de ceux que nous rencontrerions, aurions-nous le projet de nous en inspirer, dans les termes où elle-même se définissait alors : « l'avènement du socialisme par la voie démocratique ».

Car c'est là finalement toute la question : en matière de « socialisme » (à la place de quoi nous mettrons « communisme[86] »), qu'est-il permis d'espérer de la « voie démocratique » ? Une expérience de pensée figurant un gouvernement de gauche, non pas du tout anticapitaliste, mais gentiment… social-démocrate (au sens historique du terme), c'est-à-dire, quand même, décidé à œuvrer pour modifier les conditions structurelles du rapport de force entre le capital et le travail, donc à s'en prendre aux agencements de la mondialisation financière et commerciale, cette expérience de pensée livre déjà ses enseignements.

Quand bien même il s'en tiendrait à cette base programmatique somme toute modérée *relativement à ce qu'exigent en fait les urgences environnementales et sanitaires désormais mêlées*[87], ce gouvernement serait défait en rase campagne : par les forces des marchés de capitaux et leur pouvoir de mise en échec (via les taux d'intérêt) de toute politique économique qui leur disconvient, par les forces de la propagande médiatique – il n'y a que dans les normes distordues de la presse du capital qu'on qualifie d'« extrême gauche » des agendas finalement aussi tempérés, comme celui qui est envisagé ici. Et puis par les forces du sabotage patronal.

Le sabotage patronal… C'est probablement la mention la plus propre à renvoyer l'expérience de pensée aux enfers du délire paranoïaque – comme si des choses pareilles pouvaient exister. Or, en fait, elles existent. Il est vrai que le Chili d'Allende est un cauchemar pour les anticomplotistes : une déstabilisation organisée depuis la Maison-Blanche, la CIA à la manœuvre, des multinationales appelées en relais, des transferts de fonds pour soutenir la réaction chilienne. On soumettrait sur le papier un scénario pareil aux docteurs de Conspiracy Watch, ils signeraient le bon d'internement dans la minute. Malheureusement, tout est vrai, et documenté. Ces choses-là ne sont sans doute pas ordinaires, mais elles existent. Or les procédés extra-ordinaires sont fait pour être remobilisés dans des circonstances extra-ordinaires. Extra-ordinaire, c'est probablement ainsi que l'oligarchie capitaliste qualifierait une situation politique où l'ordre capitaliste se trouverait mis directement en question. De là, probablement aussi, les moyens « adéquats » qui s'ensuivraient. C'est ce qui s'est passé au Chili au début des années 1970.

Y compris, donc, ceux du sabotage patronal. La grève des – patrons – camionneurs met en panne toute la distribution, la pénurie organisée ayant pour effet de faire proliférer le marché noir, et exploser les prix, dans une situation où l'inflation est déjà un problème – elle entrera dans des zones où l'on peut parler d'hyperinflation. L'embargo sous lequel l'économie chilienne se trouve placée la prive et de ses exportations de matières premières (le cuivre notamment) et de ses importations stratégiques (machines et pièces). Le FMI et la Banque mondiale lui refusent toute assistance financière. Normalement, aucun projet socialiste démocratique ne tient le choc quand la population est reconduite à la faim. Et pourtant la population chilienne tient ! Enfin « la population »... La classe ouvrière. Avec en face, donc, les bourgeoises à brushing et glapissements, et puis le patronat, pour finir l'armée. Car l'appareil de force a fait son choix.

La fin de l'histoire est connue : la « démocratie », le Parlement, la « loi de la majorité », tout ça finit en bombardement aérien de la Moneda. Et voilà le point de cruauté de la leçon de choses : jusqu'au dernier moment, Allende a voulu croire en la procédure « démocratique », et refusé l'option de la classe ouvrière en armes. Malheureusement, en face, on n'y croyait pas. Moyennant quoi les armes n'ont été que d'un côté – qui a, logiquement, été vainqueur. Drame classique de la théorie des jeux : celui qui joue la coopération dans un jeu non coopératif finit comme à la belote : capot.

On dira que c'est en fait une leçon très ancienne – on la ferait aisément remonter à la Commune, voire à 1848. Elle n'en est pas moins utile à redécouvrir, d'autant plus que la relative proximité du Chili 73 lui donne un relief de sens supplémentaire, mieux fait pour nous parler que les épisodes trop distants et trop déréalisés par l'éloignement dans le temps. Cette leçon tient que la chose que nous appelons

« démocratie » n'a rien de démocratique, qu'elle a partie liée avec certains intérêts fondamentaux, et qu'elle met bas les masques dès que ces intérêts se trouvent mis en danger. À partir de quoi *tous les moyens* lui sont bons.

La « démocratie » est une pantomime dont le champ est très précisément circonscrit. Et d'une circonscription qui va en se rétrécissant à mesure que ces intérêts fondamentaux vont, eux, en s'étendant. Ce double mouvement est le sens même du néolibéralisme. Dont les procédés « démocratiques », en longue période, se sont durcis à vue d'œil : depuis les confiscations des traités européens jusqu'à l'État d'urgence permanent, puis les éborgnements en série pendant les Gilets jaunes.

Qu'on s'en prenne au noyau dur, et l'on voit dans l'instant ce qu'il reste de la-démocratie-on-peut-parler-de-tout. Le degré auquel, ne serait-ce que ces deux dernières années, nous nous serons entendu répéter par les violents que « la démocratie, c'est le contraire de la violence » devrait être suffisant pour nous renseigner à cet égard. Quand les pires ordures violentes vont psalmodiant que « la démocratie, c'est le débat », c'est que leur idée du « débat » est manifestement une énorme arnaque.

Philosophies de service

Comme toujours, le vrai lieu d'étonnement n'est pas tant du côté des éborgneurs que de celui des intellectuels de service après-vente. Car cette colossale ânerie de « la-démocratie-on-peut-parler-de-tout » est l'article de foi d'une corporation entière, journalistique notamment. Ainsi le journalisme à prétention intellectuelle n'aura-t-il pas cessé de démontrer son inanité intellectuelle en élisant depuis des décennies Jürgen Habermas comme son penseur de référence, celui qu'on sort du placard quand les temps donnent de la gîte et qu'il s'agit de se rappeler quoi penser. Alors Habermas nous assomme d'une pleine page dans *Le Monde* ou dans *L'Obs* pour répéter que l'Europe est notre salut, et « la démocratie » notre bien le plus précieux. Sans surprise, le principal liquidateur du marxisme dans l'École de Francfort, donc de l'École de Francfort, commencé philosophe de l'agir communicationnel, est devenu le barde tout-terrain du « débat démocratique », de la « délibération », réglée comme il se doit par les normes de la « rationalité dialogique » et la « force du meilleur argument » – bref de la politique comme séminaire universitaire. Entre gens de bonne volonté, tout n'est-il pas soluble dans la discussion ?

Manque de chance, au Chili la solution était plombée. Comme on peut s'y attendre quand « les gens de bonne volonté » se trouvent à défendre ce qui leur semble être leurs intérêts existentiels fondamentaux, à plus forte raison quand les uns ont des fusils et pas les autres. Habermas n'a jamais dû voir de sa vie la rombière de Santiago ou quelque de ses équivalents fonctionnels – qui, pourtant, ne manquent pas. Médème n'est pas exactement en route pour deux heures de séminaire : elle veut qu'on se décide enfin à tirer sur cette saloperie d'ouvriers communistes. Ce qui sera fait.

Mais Habermas, la politique réelle, les forces sociales réelles, leurs agendas et leurs moyens réels, ça n'est pas trop son truc. Pourquoi donc la vie politique différerait-elle de la vie tout court – c'est-à-dire de la vie universitaire ? Le prodigieux contresens nommé « la-démocratie », dressé comme saint sacrement par la classe entière des possédants et leurs ilotes intellectuels, aura valu au Chantre tous les honneurs que réserve sa version à lui de « la vie tout court ». Quant à Allende qui, pour son malheur, y avait ajouté foi, la vie, lui l'y aura laissée, comme bon nombre de ses camarades.

Les expériences politiques passées s'ajoutent donc aux expériences de pensée présentes pour nous permettre de mesurer ce qu'il est permis d'espérer des procédures électorales dans le capitalisme quand c'est le capitalisme qui doit être mis en cause : rien. Mais le malaxage des esprits depuis si longtemps y a incrusté la religion de « la-démocratie » si profond que rien ne semble pouvoir venir à bout de son argument formel, tel qu'il résonne si familièrement : comme une discussion entre gens de bonne foi, où le différend (mineur) se règle par la parole rationnelle. Mais si la politique sous capitalisme avait jamais répondu à ce genre de définition projective, on aurait dû s'en apercevoir. Étonnamment, le fait de n'avoir jamais rien observé de tel n'empêche pas certains de retourner à l'écurie de « la-démocratie » et de l'investir du fol espoir que, si la discussion conduite dans les formes détermine qu'il faut en finir avec le capitalisme, eh bien nous en finirons avec le capitalisme. D'une part, il n'y a pas la moindre chance que l'ordre capitaliste tolère une organisation (constitutionnelle, électorale et médiatique) de la discussion qui puisse conduire à un tel résultat. D'autre part, si quelque miracle y conduisait malgré tout, on verrait de quel bois démocratique le capital se chauffe : le même qu'au Chili en 1973, le même qu'à chaque époque de l'histoire où il s'est trouvé sur la sellette.

Comme de juste, c'est là le genre de considération qui fera l'objet du plus épais déni de la part des « démocrates ». Des plus vives condamnations également. Car dans l'univers mental d'un « démocrate », il y a deux camps : les « démocrates », bien sûr, et les violents – « qui ne veulent pas du débat ». Par exemple, pendant les Gilets jaunes, les violents ne voulaient pas du Grand Débat de Macron. C'était bien la preuve qu'ils étaient des violents. Ne pas vouloir du Grand Débat, c'était bien être contre la démocratie. Puisque la démocratie, c'est le débat. En bonne logique, on aurait d'ailleurs dû aller jusqu'à déduire que le Grand Débat était de la Grande Démocratie. Même France Inter n'a pas osé aller jusque-là.

Comme tout le reste de la justification néolibérale du monde, cet argument-là est en train de partir en charpie, et n'est plus maintenu que par l'acharnement de quelques répétiteurs éditoriaux. Ce que valent la « démocratie », son « débat » et ses scrutins sous la garde des institutions de la Ve République et du cirque médiatique, une part croissante de la population commence à s'en faire une idée assez juste. Qui voit aussi de mieux en mieux, entre violences sociales, violences symboliques, violences langagières et violences policières, qui sont les vrais violents dans cette société.

On peut gager que, bientôt, plus grand monde ne se laissera arrêter par ce genre d'arguties, peut-être même plus ceux qui étaient pourtant le mieux disposés à y croire – la bourgeoisie « éduquée » – quand ils constateront que toutes les protestations pacifiques du monde ne dévient pas d'un iota le cours du désastre climatique et pandémique[88], c'est-à-dire le cours du capitalisme. On peut compter, à ce moment-là, sur les derniers chiens de garde pour jeter, une fois de plus, l'opprobre sur les « violents ». Et faire oublier, s'ils l'ont jamais sue, cette phrase du « meilleur d'entre eux », le révéré, l'embaumé JFK, qui, pas tout à fait conforme au modèle du bolchevique à couteau entre les dents, n'en savait pas moins que « ceux qui rendent une révolution pacifique impossible rendront une révolution violente inévitable ». L'histoire ne connaît pas d'autres responsables du niveau de violence que les dominants.

Conclusions provisoires

Il y a deux conclusions à ne pas tirer de tout ceci, plus une troisième qui s'ensuit en les inversant – et elle à retenir.

La première conclusion déduirait que, si « la voie démocratique vers le socialisme », telle qu'Allende crut pouvoir la tenir, est impraticable, alors ne reste que l'alternative du statu quo ou du règne (peu démocratique...) des avant-gardes révolutionnaires. Comme toujours, les antinomies qui prétendent épuiser les possibles rendent inaccessibles tous les termes intermédiaires. Ce qui se déduit par inversion de la première conclusion fausse, c'est surtout que la « démocratie » n'est qu'une terrible homonymie – si, pour l'heure, l'écrasante majorité s'y laisse prendre. La « démocratie » n'a rien à voir avec la démocratie – elle n'en est que le pâle simulacre en temps ordinaires, et le parfait retournement sitôt qu'on s'approche de ses points limites. Un à qui la chose n'avait pas échappé, c'est Brecht : « Le fascisme n'est pas le contraire de la démocratie mais son évolution par temps de crise. » C'est peu dire que ces dernières années en France, et dans beaucoup d'autres pays, donnent consistance à cette idée.

Brecht ne met pas de guillemets à « démocratie », mais on peut les mettre à sa place. Pour pouvoir aussitôt les enlever – et accéder à une idée de la démocratie sans guillemets. Car d'authentiques expériences démocratiques, qui ne s'affaissent pas dans le parlementarisme capitaliste (le vrai nom de la « démocratie »), nous en connaissons : Chiapas, Rojava, Catalogne 1936. Qu'elles existent ne nous dispense pas de nous poser la question de leurs *conditions* : conditions de formation, conditions de viabilité interne, de résistance à l'adversité externe, etc. Et encore moins de nous poser la question subsidiaire de la possible transposition, ou non, de ces conditions à notre situation propre. Mais elles existent et, même si la politique ne procède pas par décalcomanie, c'est une idée qui procure de l'agrément, de l'énergie, et un sens de l'orientation.

La deuxième conclusion erronée partirait de l'hypothèse (robuste) qu'en ce moment personne n'a envie de prendre les armes, pour en tirer qu'alors « rien » ne se passera. Ici il faut peser les arguments contradictoires. Le premier souligne que les sociétés bougent, leurs sensibilités se remanient, des choses possibles à une certaine époque cessent de l'être à une autre – par exemple un putsch de forces armées (en France aujourd'hui, ce ne serait d'ailleurs pas tant l'armée que la police), faire tirer sur la foule, etc. : ce sera plus dur aujourd'hui. Il s'ensuit qu'une transition au « socialisme » (communisme), s'il est exclu qu'elle vienne de la voie parlementaire strictement, répondrait à des conditions moins tragiquement exigeantes que celle du Chili par exemple. Le second argument tient au contraire que l'histoire est toujours capable de tout. On se souvient de la question lancinante de savoir comment un peuple de si haute culture que l'Allemagne avait été capable de la Shoah. Dans l'ordre de la fiction, c'est le réalisme à s'y méprendre qui rend impossible de se débarrasser du doute, ainsi du *Complot contre l'Amérique* de Philip Roth, où les États-Unis passent au fascisme sous la présidence d'un Charles Lindbergh aux sympathies ouvertement nazies. Qui pourrait garantir qu'en France il est inconcevable qu'on ouvre des stades ?

Comme toujours, ce sont les circonstances concrètes qui trancheront entre ces tendances opposées – au moins est-il utile de n'en dénier aucune. Avec l'espoir que les fusils n'aient rien à faire dans le processus – redisons que, pour l'heure, on ne voit pas trop qui se sent de les empoigner (à bien des égards c'est tant mieux), et que cette donnée *aussi* fait partie de l'analyse réaliste d'ensemble. Alors quoi ? Alors la masse. La masse et ses irruptions ignorantes de l'ordre légal du capitalisme – d'autant plus réalisables qu'elle sera plus nombreuse. C'est ça la troisième conclusion.

La troisième conclusion, c'est celle qui, s'appuyant sur des expériences réelles frappantes et sur des expériences de pensée, certes imaginaires mais aussi édifiantes, commence par mesurer très exactement ce qu'elle peut espérer de la « voie démocratique », en fait assimilée par erreur à la voie électorale-parlementaire (interne au capitalisme). Puis qui, s'inspirant de nouveau de l'histoire, évalue ce dont l'oligarchie du capital est capable en situation de menace sérieuse. Qui, dans la période présente, ne s'abandonne pas non plus au seul pouvoir « chaotisant » du choc social (énorme) qui vient – le chaos n'a *par soi* aucune vertu progressiste. Enfin qui connaît son arme véritable : le nombre.

13. L'adversité du dehors (communisme dans un seul pays ?)

On ne peut pas dire que l'advenue du communisme soit une voie jonchée de pétales. Aux obstacles du dedans s'ajoutent ceux du dehors. Car le dehors, par définition, est capitaliste – et la sympathie ne l'étouffera pas. Ici la question de l'internationalisme revient en force. L'internationalisme de l'évitement était une pantomime, mais n'annulait en rien la possibilité d'un internationalisme communiste, auquel la perspective de la franche hostilité extérieure se trouve même redonner vigoureusement un sens : non, bien sûr, un sens moral, pas même un sens politique qui serait celui de la communauté politique mondiale, mais un sens *stratégique*, qui interroge les chances d'une révolution communiste isolée sur la scène du monde – le problème ne date pas exactement d'aujourd'hui.

Une expérience communiste sur la scène du monde

En fait, c'est tout le nexus « mode de production/État/souveraineté » qui est ici en question. Par exemple, il faut souligner de nouveau le lien étroit qui s'est noué entre le capitalisme et l'État. C'est le capitalisme qui donne à l'État les moyens matériels de sa force armée, c'est-à-dire de son statut sur la scène internationale. La logique pure de l'État, comme assertion de puissance, au-dedans et au-dehors, le lie intimement à la production capitaliste en laquelle il trouve des instruments inégalés. Parmi toutes les raisons qui font que l'État, sous le capitalisme, est devenu État capitaliste, il y a aussi celle-ci, qui ne compte pas pour rien, et se situe en ce point où la logique de puissance politique et géopolitique de l'État se branche directement sur la logique de puissance matérielle du capitalisme. La compétition développementale entre URSS et États-Unis dès les années 1930 est une compétition de puissance politique *médiatisée par les moyens matériels*. Quand bien même le « socialisme » disparaît de la scène de l'histoire, demeurent pour les États capitalistes tous les enjeux du contrôle intérieur et de l'assertion extérieure. Aujourd'hui que le capitalisme occupe seul le terrain, sa puissance matérielle, comme en témoigne *a fortiori* l'hybridation *sui generis* de la Chine, est plus que jamais un lieu de fascination pour le pouvoir d'État – un lieu de fascination, c'est-à-dire un lieu de résistance extrême, pour des raisons étatiques profondément intrinsèques, à toute tentative de renverser ce que l'État identifie comme la source vitale de ses meilleurs moyens : l'appareil d'État ne se laissera pas priver de « son » capitalisme.

Sa part de cacophonie rivalitaire est trop importante pour qu'on puisse dire de la scène internationale qu'elle est un « concert des nations ». C'est bien d'ailleurs parce qu'elle est une sorte d'état de nature à l'échelle planétaire, avec les mêmes propriétés d'instabilité générale – des fronts, des agressions, des alliances, des retournements d'alliance – à peine régulées par des institutions internationales débiles (faute des moyens de puissance qui viendraient de l'adossement à une communauté politique constituée), c'est bien pour toutes ces raisons que les États ne s'éloignent jamais de leurs armes, qu' au contraire ils les accumulent, dans une course sans fin propre aux jeux non coopératifs, dont les seuls bénéficiaires stables sont les fabricants capitalistes. Auxquels les États s'attachent avec la dernière anxiété : comme à leurs dealers. Si cette scène est ainsi configurée, si elle jette immanquablement ceux qui s'y insèrent dans ce jeu de forces et de contraintes, vouées à jouer mécaniquement, notamment à souder l'attelage État-capitalisme, on se demande si la solution ne consisterait pas à en disparaître. Si la scène internationale ne se confond pas avec la surface géographique (de la planète), on peut peut-être, appartenant forcément à la seconde, envisager de s'absenter de la première. Pour quitter la scène internationale, il faut se rendre *insignifiant*. Petit, tout petit, jusqu'à ne plus compter pour personne. Une infra-Suisse sans les banques, ou un Liechtenstein sans paradis fiscal. Ici on pense à Rousseau et à son projet de Constitution pour la Corse, qui commence avec une sorte d'appel à se désintoxiquer de la *grandeur*. La grandeur est l'habitus stato-national par excellence. Rien en lui qui n'y tende, ne la désire ardemment, n'en fasse ressource de vanité collective. Cet imaginaire est un fléau. C'est avec cela que Rousseau veut rompre : « La nation ne sera point illustre, mais elle sera heureuse. On ne parlera pas d'elle ; elle aura peu de considération au-dehors ; mais elle aura l'abondance, la paix et la liberté dans son sein[89]. » Défroquer de la grandeur se trouve donc rejoindre les intuitions de Kant à propos de l'État super-grand : la petite taille est à la fois une condition pour échapper à la fatalité despotique *et* pour se faire oublier, condition nécessaire et sans doute pas suffisante – on connaît des États timbres-poste qui n'en sont pas moins dictatoriaux –, mais déjà quelque chose. Les « grands », réels ou imaginaires, joueront leur jeu entre eux, à distance on les regardera (ou pas). Pour échapper à la servitude des puissances matérielles du capitalisme, qui s'enchaînent l'État éperdu de grandeur, il faut rapetisser : devenir Corse.

Est-ce si sûr ? Ou plutôt est-ce possible ? Le devenir-Corse, oublié de tous, est-il une solution praticable ? La taille ne pèse pas que sur la nature de l'État (despotique ou non). Comme l'avait montré Adam Smith, elle détermine également la profondeur de la division du travail. Retour à la question directrice : où établissons-nous notre niveau de développement matériel désiré ? À quelle amplitude de réduction en cette matière sommes-nous prêts à consentir, au-delà de quoi n'irons-nous pas ? Variante : quel est le niveau susceptible d'être endossé par un « nous » suffisamment important pour soutenir une dynamique macropolitique vers le communisme ? De la réponse à cette question découlent l'extension et la profondeur correspondantes de la division du travail, puis la taille de l'ensemble support du mode de production. Or, si imprécis qu'ils soient, les *ordres de grandeur* implicitement évoqués jusqu'ici en matière de niveau de développement matériel suffisent déjà à dire qu'un devenir-Corse ne permet plus d'internaliser la fraction requise de division du travail. Dans le capitalisme, cette contrainte est aisément levée : par l'insertion dans le commerce international. La « petite économie ouverte » est une configuration bien connue des économistes, où un territoire de petite taille s'aménage une spécialisation « de pointe », en général dans les services à haute valeur ajoutée, la finance, etc., pour accumuler des recettes d'exportations élevées permettant, afin de satisfaire les besoins matériels de la population (qui ne vit pas d'ingénierie financière ou de consulting fiscal…), de « tirer » en importations sur la division *internationale* du travail. La contrainte du territoire et de la profondeur de la division (domestique) du travail est alors contournée par l'insertion dans le circuit des échanges marchands internationaux. La « petite économie » n'est donc viable qu'à condition d'être ouverte – et capitaliste.

Mais si elle ne l'est pas ? Alors la contrainte devient mordante. Et l'alternative est triple : soit consentir à des régressions, mais considérables, de niveau de développement matériel ; soit renoncer au devenir-Corse pour retrouver la taille critique, mais au risque de « réapparaître » sur la scène internationale ; soit travailler à l'émergence d'une sorte de « fédération commerciale », associant une multiplicité de « Corses » et permettant, à l'échelle d'un ensemble coopératif, de couvrir une fraction suffisante de la division du travail. À tous les problèmes économiques que pose une telle fédération, problèmes d'équilibrage des soldes des échanges et d'organisation monétaire notamment, s'ajoute le problème géopolitique que « la Corse » était supposée éviter mais qui se pose de nouveau pour une fédération de « Corses » : le problème de la visibilité internationale. Une fédération commerciale communiste ne sort du problème de la taille critique économique que pour tomber aussitôt dans celui de la taille critique géopolitique : assez grande pour la division du travail, trop grande pour la « disparition » et « l'insignifiance ». Tel est le problème des deux tailles critiques – économique et géopolitique : l'une est à dépasser, l'autre surtout pas.

La souveraineté communiste et ses problèmes

C'est un problème en effet car la scène internationale est intensément idéologisée sous hégémonie capitaliste. Dès lors qu'une expérience communiste voit le jour, elle a le choix soit de la « disparition » géopolitique mais qui se paye de la non-viabilité économique, soit de la taille économique suffisante, directement ou par la médiation d'un ensemble fédéré, mais alors au prix de « réexister » sur la scène internationale, et de devenir aussitôt une cible à abattre pour tout l'environnement capitaliste. Dans une situation aussi antagoniste, la question des moyens matériels qui tenait si fort l'État bourgeois à « son » capitalisme se pose de nouveau, et en termes presque équivalents, pour la formation politique communiste. Le niveau de développement (et de division du travail) est décidément une question cruciale qu'on n'éludera pas à simplement déclarer « la fin de l'économie ». D'une part, on l'a vu, parce que, pour citer Marx et Engels, faute d'une base technique adéquate et de forces productives suffisamment développées, « c'est la pénurie qui deviendrait générale, et, avec le besoin, c'est aussi la lutte pour le nécessaire qui recommencerait, et l'on retomberait fatalement dans la même vieille gadoue[90] ». Et d'autre part, donc, parce que le niveau de développement se pose comme le moyen matériel de la *souveraineté communiste*, ici entendue comme la défense concrète, contre les agressions extérieures, de son ordre propre. Pour l'argument *a fortiori*, on se souviendra que même une ZAD n'a pas reçu l'autorisation de vivre en paix en France. Que penser alors d'une expérience anticapitaliste à l'échelle d'un pays entier, au beau milieu de l'univers capitaliste, quand l'histoire au surplus n'a pas cessé de montrer ce dont était capable l'*hégémon* capitaliste (les États-Unis) dès que se faisait connaître une tentative de socialisme, notamment dans les Amériques centrale et latine ? Les partisans de « l'internationalisme » pourraient au passage trouver un sens assez parlant à donner à l'idée de souveraineté qui leur inspire d'habitude une répugnance réflexe. La souveraineté n'est pas seulement le décider-en-commun qui est le propre d'une communauté de destin consciente d'elle-même, elle est également *l'effort collectif* en vue de sa persévérance *comme forme de vie*, effort pour se défendre des forces extérieures occupées à la détruire. Et de nouveau donc : soit la vertu d'insignifiance géopolitique « à la corse » mais la « même vieille gadoue », soit la taille critique adéquate au développement suffisant des forces productives mais l'existence géopolitique visible et l'hostilité générale.

Tous ces problèmes ont été parcourus de longue date, dès les années 1920, quand se posait la question du « socialisme dans un seul pays » – si parler de « problèmes » n'est pas trop peu dire : un nexus d'apories en fait. L'idée que la doctrine du « socialisme dans un seul pays » s'est imposée pour épouser les intérêts de la bureaucratie stalinienne n'est qu'en partie fondée – Trostky lui donne sa formulation la plus ramassée quand il écrit : « la classe ouvrière aura, dans sa lutte pour le socialisme, à exproprier la bureaucratie, sur la tombe de laquelle elle pourra mettre cette épitaphe : "Ici repose la théorie du socialisme dans un seul pays[91]" ». Que le refermement autarcique se soit trouvé adéquat aux intérêts de la classe bureaucratique émergente, la chose n'est pas douteuse. Mais « le socialisme dans plusieurs pays » ne se décrète pas non plus. Les années 1920 voient la liquidation des espoirs de contagion révolutionnaire sur le continent européen. Or une expérience communiste dans un pays ne peut pas se mettre sous condition de son extension internationale, sauf à rester l'arme au pied indéfiniment dans l'attente du grand alignement mondial. Elle ne peut pas non plus se lancer en spéculant qu'elle sera rejointe, encore moins en faisant de cette possibilité un élément déterminant de sa propre viabilité.

On sait la rareté de la formation des conjonctures révolutionnaires ; quand il s'en présente une, ne pas la saisir est une condamnation démoralisante aux calendres grecques. On sait aussi que les effets d'émulation internationale sont loin d'être négligeables, que des pays de configurations proches ont des chances d'avoir des conjonctures proches, ou corrélées, mais sans qu'il y ait la moindre nécessité dans des alignements qui demeurent pour partie contingents. Par conséquent, devoir faire face seul à l'hostilité capitaliste environnante fait partie du programme révolutionnaire. Avec tous ses périls, notamment celui de la formation d'un appareil de force « logiquement » requis par la lutte internationale. On sait la trajectoire de séparation tendancielle que connaissent ces appareils et notamment de quelle manière, initialement dirigés contre l'hostilité extérieure, ils se retournent vers l'intérieur, comme appareils de surveillance paranoïaque qui traquent au-dedans les relais des forces du dehors, mais – et c'est bien le pire – d'une paranoïa qui n'est pas *entièrement* délirante.

Ce sont des problèmes trop pénibles, que certains secteurs de la gauche anticapitaliste préfèrent ne pas voir – conforts de l'anticapitalisme sans suite par refus de penser ses propres conditions de possibilité quand elles attentent au rêve (des harmonies spontanées, de la vie sans institution, de la violence qui n'existe plus nulle part). Refus notamment de *prendre au sérieux* qu'au moment où une expérience communiste plus consistante qu'un réseau de ZAD fera son entrée sur la scène de l'histoire, le reste du monde capitaliste se dressera pour *lui faire la peau*. Qu'est-ce qu'on fait avec ça ? Évacuation par les tuyaux du déni ou réflexion stratégique, si pénibles qu'en soient les réquisits ? Et qu'est-ce qu'on fait notamment pour penser comment notre manière d'accommoder l'hostilité extérieure pourra ne pas tourner au désastre intérieur ? – puisqu'en effet c'est une possibilité. Et qu'elle est le lieu où la réflexion quant aux « bonnes formes institutionnelles » est peut-être la plus pertinente, et la plus impérieuse.

Tout ceci, qui nous laisse sur les bras plus de questions que de réponses, a au moins pour vertu de consolider quelques-unes des intuitions centrales d'une perspective communiste : elle est une affaire macrosociale qui ne se résoudra pas dans des « autonomies » locales (même si elle a le plus grand bénéfice à les faire prospérer) ; la question de la taille de l'ensemble sous lequel s'établit une forme de vie communiste *complète* est décisive : car elle engage l'extension et la profondeur de la division du travail, c'est-à-dire le niveau de développement des forces productives tel qu'il fait à la fois antidote à un communisme réduit à la socialisation de la mouise, et instrument de la persévérance dans un environnement hostile. En attendant que la conscience internationale du désastre écologique progresse jusqu'au point de conséquence où l'abolition du capitalisme lui apparaisse comme seule réponse à la hauteur, ainsi que l'échelle à laquelle elle n'a plus d'autre choix que de se déployer : mondiale. Alors peut-être : communisme dans tous les pays !

14. Craquements dans l'hégémonie

Il reste que le communisme dans tous les pays commencera bien dans un seul pays – et, des deux hégémonies, celle du dedans et celle du dehors, c'est la première qu'il faudra vaincre d'abord. À cet égard, et par un argument *a fortiori*, l'expérience chilienne, « simplement » socialiste, donne à méditer. Faut-il l'éloigner de nos esprits au motif qu'elle serait déprimante ? Si l'on considère que regarder en face des réalités non conformes à nos fantasmes est déprimant, oui. Si l'on considère qu'être prévenu est plutôt un avantage, non. La préférence pour la paix est universelle, logiquement elle souffre d'être déçue quand on la renvoie aux convulsions de l'histoire. Tout le monde préférerait que « ça se passe bien ». Mais quand il s'agit d'abandonner leur pouvoir ou leur hégémonie, les concernés sont très déterminés à ce que « ça se passe mal » – pour les autres, qui veulent les leur retirer. Tout le monde voudrait que « la démocratie » fasse son œuvre et, selon sa promesse, organise en souplesse les transitions. Mais quand « la démocratie » est la démocratie *bourgeoise*, elle est d'abord bourgeoise avant d'être démocratique, c'est-à-dire n'est démocratique *que dans les limites de sa bourgeoisie*. Or, précisément, le problème, c'est la bourgeoisie – comprise comme métonymie du capitalisme.

Néanmoins on persiste à chercher dans l'histoire des *cas* qui permettraient de se rassurer, qui nous diraient la possibilité attestée que des changements considérables aient leur chance *dans le calme*. Par exemple le fordisme. Moment de grandes conquêtes, renégociation d'un compromis qui, certes, ne fait pas sortir du capitalisme – le maintien de la souveraineté du capital sur la production est l'un des éléments du deal –, mais fait tout de même faire des avancées considérables au salariat. Grand compromis, négociation majestueuse : le calme.

C'est simplement oublier l'énormité de ce qui a précédé, et permis ce dénouement en apparence heureux : une Grande Dépression suivie d'une guerre mondiale, ni plus ni moins. On n'échappe pas aux lois d'une sorte de physique politique : face à l'énergie qu'un bloc hégémonique retranché dans ses institutions met à se défendre, il faut mettre une énergie équivalente, et elle peut devoir être considérable. En l'occurrence, cette énergie politique était venue sous la pire des formes : la guerre. Il avait fallu *tout ça* – et le désastre économique et la faillite morale des élites compromises dans la collaboration – pour que le bloc au pouvoir cède, et laisse faire ce qu'il aurait autrement refusé avec la dernière énergie. Tout ça, donc, pour n'obtenir qu'un aménagement *dans* le capitalisme.

Regarder l'histoire en face, même quand ses verdicts sont rudes, n'est pas démoralisant. Ce qui est démoralisant, c'est la série indéfinie des échecs par persévérance dans l'erreur stratégique. On peut persister à se raconter, comme les directions confédérales, notamment celle de la CGT, qu'on va « obtenir quelque chose dans la négociation », mais ça n'est plus qu'une chimère quand le capitalisme a refait ses structures pour que le capital, relayé par l'État bourgeois, ait désormais les moyens de *ne plus rien céder* dans la « négociation ». Alors Retraites 2003, Retraites 2010, Loi Travail 2016, Code du travail

2017, Ordonnances SNCF 2018, Retraites 2019 : les défaites enfilées comme des perles, voilà ce qui est démoralisant. À force, les salariés ont fini par voir la série, et l'on comprend qu'ils n'aient plus trop le goût à « sortir », ou qu'ils y regardent à deux fois avant de se lancer dans des mouvements perdants sur tous les tableaux : et la perte financière et l'échec « revendicatif ».

Il n'y a pas de parade immédiate à cette situation, mais il n'y en a pas moins une réponse possible, une réponse pour le long terme, une réponse stratégique, adossée à une analyse : si l'espace revendicatif que le fordisme avait ouvert s'est trouvé annulé par la *reconquista* néolibérale – entendre, par le nouvel état des structures que cette *reconquista* a imposé –, alors l'effort doit se déplacer, non plus s'exercer à l'intérieur du cadre, puisque celui-ci a été reconfiguré pour rendre tout succès significatif impossible, mais porter *sur le cadre lui-même* – la financiarisation, le libre-échange, l'ordolibéralisme européen. Évidemment, on sort ici du cadre de la « revendication » traditionnelle. Mais précisément : on peut toujours « revendiquer » « le partage des richesses » ou « la réduction du temps de travail », ce sont des revendications auxquelles le « cadre » oppose une fin de non-recevoir catégorique. Il s'en suit que si le syndicalisme reste syndicalo-syndicaliste (= dans le cadre), il est mort. Certes, *localement*, il lui reste de quoi mener des combats – hélas pour l'essentiel défensifs : repreneurs, reclassements, réindustrialisation, tous les « re » qui suivent les plans de licenciements et les fermetures. Et encore : telle était bien l'issue désespérante où conduisait le film de Stéphane Brizé, *En guerre*, récit d'une lutte qui ne pouvait aboutir, en tout cas dans ses objectifs premiers de maintenir le site en activité, et qui ne pouvait que terminer dans les (demi-)défaites des « re » – dont on n'oublie pas pour autant qu'elles sauvent des meubles pour les salariés. Les luttes locales, en effet, sont vouées à ce type d'échec, faute des conditions de possibilité globales qui leur donneraient quelque chance – car c'est bien à ce niveau, global, que se prédéterminent les possibilités du succès : quand toutes les structures sont aménagées pour permettre au capital de faire ce qu'il veut, pour mettre tous les atouts entre ses mains, comment le travail pourrait-il avoir la moindre chance de quoi que ce soit qui aille au-delà des « re » ? Alors les luttes locales se tapent la tête contre les murs avant de se résoudre à l'abandon, et puis aux miettes, le pire étant sans doute que tous les arguments avancés par le capital sont *vrais*. Oui, c'est vrai que si les directions des entreprises cotées en Bourse ne réagissent pas quand le profit plonge, leur cours finira par baisser, l'entreprise par être victime d'une OPA, et la direction remplacée par une autre, sans doute pire. Oui, c'est vrai que, dans les conditions présentes de la concurrence déchaînée au niveau mondial, les salariés se retrouvent à se battre contre un dumping social irrésistible, et puis confrontés à l'alternative soit de la réduction des salaires, soit d'un tour de servitude supplémentaire pour relever la productivité, soit de la délocalisation. Quand le cadre est devenu aussi adverse, continuer de vouloir s'y battre sans même esquisser la perspective de le transformer, tout en continuant d'en espérer des issues différentes, est un signe de santé stratégique, et peut-être mentale, défaillante. Voilà l'impasse où se trouve rendu le syndicalo-syndicalisme. Il est certain que ce qu'il y a à bouger n'est plus de l'ordre de la « revendication » : il est d'un niveau qui appelle des *transformations politiques*. Refaire un cadre, ça n'est pas de la « revendication », c'est de la politique – pas la même grammaire. Les confédérations réellement combatives (il n'y en a pas trente-six…)

doivent faire l'analyse de la fermeture définitive de *l'espace social-démocrate* dans lequel leur activité était fondamentalement inscrite, et muter en conséquence : il n'y aura pas de salut hors d'un syndicalisme s'assumant comme syndicalisme *politique* – et même comme syndicalisme révolutionnaire.

Dislocations

Pour les syndicats qui ne se sont pas vautrés dans la collaboration de classe comme pour les forces politiques de transformation, contempler la chape écrasante des structures néolibérales n'est pas « déprimant » : on y gagne et l'abandon des illusions condamnant à l'échec sans fin, et l'identification plus claire de ce à quoi il faut réellement s'attaquer. C'est d'ailleurs une vue d'autant moins déprimante que, depuis la crise financière de 2007-2009, ces structures, si elles continuent de remplir leur office économique, sont entrées dans une phase de délégitimation politique profonde. Et même cumulative, puisque les pouvoirs en place ont pour seule réaction d'approfondir le néolibéralisme en réponse à la crise du néolibéralisme. Depuis la loi Travail de 2016, le pays est entré dans une phase de conflictualité chronique. Chaque année ou presque connaît un « mouvement social » d'importance, et ces épisodes n'ont rien de séparé : entre deux flambées, la braise rougeoie, jamais ne s'éteint. La colère est devenue le bruit de fond politique de la société, et ça n'est pas que le symptôme d'un changement des humeurs collectives : également celui d'une arrivée aux limites, et d'une réouverture de degrés de liberté.

En réalité, c'est le régime politique, et même politico-économique d'ensemble, qui est entré en phase de délabrement. Ou de ce que Gramsci appelle une *crise organique*. On reconnaît la crise organique à ce que les institutions politiques ne sont plus en état d'accommoder les tensions sociales engendrées par des contradictions économiques devenues trop vives. Les institutions politiques parfont normalement la viabilité d'ensemble de la formation sociale. Certes, celle-ci reste travaillée de contradictions mais, précisément, les tensions qui en résultent sont reprises dans la sphère politique qui assure en dernière instance une résolution, ou plutôt une régulation, des conflits. Mais il y a des seuils de conflictualité au-delà desquels la capacité d'accommodation des institutions est débordée. Car, par définition, une régulation n'est pas une résolution. Ou plutôt c'est une résolution temporaire et insuffisante. Les choses commencent à aller de travers quand elle est trop temporaire et trop insuffisante : le conflit resurgit trop vite et de plus en plus fort – un jour on se retrouve avec des Gilets jaunes et une situation quasi insurrectionnelle. Voilà typiquement ce qu'il faut entendre par « des tensions qui débordent la capacité régulatrice d'un système institutionnel » : pendant des décennies, on réussit à berner l'électorat avec de fausses alternances entre droite de droite et gauche de droite, mais le stratagème finit par s'éventer à mesure que la crise économique s'approfondit. Le système institutionnel s'avère incapable de fournir des réponses à ce qui pourtant en appelle impérieusement. Ni le fonctionnement électoral ni la pantomime du « dialogue social » ne produisent plus la moindre accommodation efficace. Logiquement, les demandes se donnent une autre issue : la rue.

Les alarmes n'avaient pourtant pas manqué. Électorales d'abord (succès du FN, TCE en 2005), mais à paysage politique invariant, et bien sûr sans entraîner la moindre correction de trajectoire – on disait « séisme », et on se rendormait jusqu'au coup d'après. Le champ politique toutefois enregistre ces tensions, et les « traite » à sa manière. À commencer par le remaniement, voire la dislocation, de son paysage interne. Les institutions restent en place mais la structuration stable des forces politiques, qui est l'une des conditions de leur bonne opération, se défait sous le coup des refus électoraux. On voit alors apparaître des formations politiques plus ou moins nouvelles, en tout cas qui viennent briser la répartition politique bien établie jusqu'ici : M5S en Italie, Podemos en Espagne, UKIP au Royaume-Uni, etc. Et bien sûr LREM en France. Si LFI reste encore en position d'outsider, le cas de LREM est d'une certaine manière plus intéressant : énorme chambardement dans le plan des partis… mais sans la moindre modification (au contraire) d'agenda politique. Soit le prototype de la fausse transformation bien faite pour n'exciter que les journalistes politiques, avec pour seule perspective d'aggraver l'état des tensions, toujours aussi irrésolues, davantage même. En témoigne que les chambardeurs ne manquent pas d'être chambardés à leur tour : ligne chaotique (M5S), trajectoire (et disparition) météorique (UKIP), effondrement sur soi par hémorragie interne (LREM). Mais aucun remaniement strictement interne au champ politique ne peut produire la moindre stabilisation à ligne politico-économique constante. Puisque c'est précisément cette ligne *le problème*. C'est cette ligne, maintenue depuis plus de trois décennies, qui a porté les tensions sociales à un point explosif, et d'autant plus que le travail entier des institutions politiques, en France particulièrement mais pas seulement, est pour ainsi dire fait pour éviter aux gouvernants l'inconfort d'avoir à répondre aux gouvernés, pour organiser leur séparation maximale, et permettre de *ne tenir aucun compte*. À ceci près, bien entendu, que ce dont il n'est tenu aucun compte ici – dans les institutions politiques – n'est pas annulé ou sorti du réel pour autant, mais voué à faire résurgence là – hors des institutions politiques –, et (logiquement) sous des formes autres que celles prescrites par les institutions politiques. Aussi toute recomposition des forces parlementaires, à institutions et surtout à ligne politico-économique constantes, est-elle vouée à l'inanité des gesticulations – et à la seule excitation du journalisme politique, la pathologie *superstructurelle* par excellence.

Pendant ce temps, la crise organique fait son chemin. Et ses symptômes se multiplient. Parmi lesquels, s'il semble d'abord anecdotique, le surgissement sur la scène politique de personnalités, disons inhabituelles. Sous l'effet de dislocation contenue que crée la montée des tensions sociales non accommodées, le crible de sélection aux emplois politiques, parfois jusqu'aux plus hauts, se distend ou se déchire, laisse passer des personnalités qui n'auraient jamais eu leur chance « en régime », et les laisse d'autant plus passer que le personnel des partis pense y voir une possibilité de se sauver lui-même, en présentant aux suffrages un individu « hors norme », persuadé que servir aux électeurs une « différence manifeste » fera l'affaire. Alors s'ouvre le temps des énergumènes et des désaxés. En France, c'est à l'évidence Sarkozy en 2007 (et même dès 2002) qui nous y a fait entrer. Qu'un personnage aussi insensé, vulgaire, agité, immature, puisse devenir président de la République, c'était déjà un choc à l'époque. Depuis, il a fallu s'habituer. Dix ans plus tard tout est confirmé, et en fait aggravé, par LREM. C'est bien un signe caractéristique de la crise organique que d'amener à poser publiquement la question ordinairement (et non sans raison) refusée, la question de la santé mentale des dirigeants, de leur structure psychopathologique. Question spécialement irrésistible dans le cas de Macron, personnalité au vide intérieur inquiétant et à la totale étrangeté au réel, comme en témoigne un rapport aux mots et au langage complètement désarticulé, les mots annonçant des actes valant les actes eux-mêmes, réel et parole devenant complètement indistincts, si bien qu'il devient possible de dire – mais *hors tout mensonge*, et c'est ça qui est le pire (par définition, le mensonge suppose un certain savoir de la vérité) – que reviendront « les Jours heureux », qu'il n'y a pas de violences policières, que le gouvernement fait la planète *great again*, améliore l'accueil des étudiants étrangers en multipliant leurs frais d'inscription par quinze, se soucie de la qualité des soins en fermant des lits d'hôpitaux, etc. Un Chirac, par exemple, avait le mensonge délibéré, conscient, éhonté, et presque joyeux. Mais il s'agit désormais de tout autre chose : de psychés déréglées qui forclosent la réalité pour lui substituer un monde de mots valant réalité.

L'effet politique de la forclusion est alors visible dans l'effondrement de toutes les régulations de la moralité élémentaire pour livrer les propos au grotesque ou à l'ignominie sans limite. C'est pourquoi, avec une intuition très sûre, un site parodique comme Le Gorafi, s'est situé exactement sur le nerf de l'époque, là où l'invention humoristique, pourtant sérieusement débridée, est constamment exposée au risque d'être dépassée par la réalité. À cet égard on pourrait qualifier le lieu du Gorafi, et peut-être par métonymie Le Gorafi lui-même, de zone grise, zone d'indistinction qui, dans un test à l'aveugle, ne permet plus de savoir quoi attribuer à qui. Par exemple quand on lit que Muriel Pénicaud, ministre du Travail, appelle « les employeurs à ouvrir leurs chakras[92] » pour lutter contre la hausse du chômage : Gorafi ou réalité ? (réponse : réalité). Entre « Gérald Darmanin appelle les Français à faire un don pour payer leurs salaires » (Gorafi) et « C'est trop facile de s'acheter de la générosité sur le dos des entreprises » (députée LREM, à propos du congé parental pour perte d'un enfant), quelle est la taille de l'écart ? À ce dernier sujet, un dessinateur du *Canard Enchaîné* avait mis dans la bouche de la ministre du Travail : « Au départ, je pensais supprimer le congé enfant décédé, vu que si l'enfant est décédé, y a plus besoin de s'en occuper. » Tout le glaçant d'une époque où les psychotiques sont au pouvoir tient à ce que cette dernière phrase, si elle n'est pas réelle, est devenue tout à fait *plausible*. Et c'est bien le propre des mots quand ils ont largué les amarres d'avec la réalité : tout est possible à dire.

Ce dérèglement du langage est le corrélat du dérèglement des personnalités qui, de plus en plus nombreuses, gravitent autour du pouvoir politique, l'un et l'autre dérèglement n'étant évidemment que les épiphénomènes d'un ébranlement structurel beaucoup plus profond, l'ébranlement de la crise organique. Entendons-nous bien : que le format de l'homme politique « Ve République », gris, caporalisé, et standardisé comme par emboutissement, ait fini par craquer est, en soi, la meilleure des nouvelles. La possibilité d'échapper aux notables électoraux, à leur homogénéité sociologique, à leur langue d'aggloméré, qui n'en voudrait ? Et de fait, à la faveur du chambardement de 2017, on en a vu arriver quelques-uns qui détonaient heureusement. Mais pour combien de DRH cinglés en contrepartie ? Ou de fadas déclarés ? Qui aurait pu imaginer un personnage aussi barré que Joachim Son-Forget dans un parlement il y a dix ans ? Hors du cirque parlementaire et cependant au plus haut sommet de l'État, comment un personnage comme Alexandre Benalla a-t-il été rendu possible ? (« Déguisé en juge, Alexandre Benalla prononce son acquittement », Le Gorafi). Bien sûr, il y a toujours eu des personnages plus ou moins louches très près du monarque – plus rarement, tout de même, des qui se déguisent en flic pour aller faire le coup de poing dans les manifs. Il ne faut pas s'y tromper : ces olibrius ne sont pas des accidents ou des anomalies. Leur présence en ces lieux exprime le dérèglement général du champ politique en situation de crise organique, ils en sont même l'un des symptômes caractéristiques, s'il tourne au grotesque. Mais comme on sait, le grotesque politique est une donnée historique d'importance. Quelque chose se dit d'une époque quand, par exemple, son dirigeant politique suprême prend le temps d'une conversation téléphonique prolongée pour circonvenir la candidature présidentielle d'un comique pétomane. Il ne faut pas se laisser prendre à un sociologisme spontané qui, par principe, mettrait le comique pétomane en dessous de l'inspection des finances dans l'ordre de l'aptitude politique – contre les habitudes de la respectabilité, la comparaison est loin de tourner à l'avantage de qui on croit. Cependant, en l'occurrence, on peine à s'empêcher de penser qu'on préférerait ne pas. À quoi, de nouveau, on pourrait opposer qu'entre Trump, Bolsonaro ou Johnson (il y a peu encore Berlusconi) l'époque semble décidément aux comiques, la seule différence étant que ce sont tous des comiques *riches* et involontaires, et que pour une fois se présenterait un comique *populaire*, etc.

Mais ça n'est pas tant la question des mérites démocratiques comparés des comiques et des diplômés qui nous retient que celle du surgissement des premiers dans un paysage usuellement réservé aux seconds, et du dérèglement (relatif) dont ce surgissement est le symptôme. La crise organique selon Gramsci est ce moment où, sous l'effet de tensions qu'elle n'est plus en état d'accommoder, la structure politique prend du jeu, laisse s'ouvrir des degrés de liberté et se produire des événements qui n'auraient pas pu avoir lieu « en régime » – phénomènes inédits (Gilets jaunes), personnalités hors norme (hors les normes anciennes). Elle est aussi, enfin, ce moment où les gesticulations plus ou moins chaotiques dont le champ politique est le siège ne peuvent (évidemment) plus rien au déséquilibre grandissant qui s'opère entre les deux modalités de reproduction de l'ordre social : le consentement et la coercition. Et notamment à la substitution qui se produit de l'une à l'autre, le recours croissant à la coercition devant venir suppléer ce qu'un consentement, maintenant en voie d'effondrement, permettait de « tenir » : les forces de l'ordre physique produisent de la répression à proportion de ce que les forces de l'ordre symbolique échouent à produire de l'adhésion – pour continuer de disposer d'« un pays qui se tient sage[93] ».

Sage pourtant, « le pays » l'est de moins en moins. Il a bien sûr toutes les raisons du monde de l'être, économiques, sociales, politiques, mais toutes les raisons stratégiques également. Car, si c'est un paradoxe apparent, c'est lorsque la répression semble la plus dissuasive qu'elle est objectivement la plus incitative : en tant qu'elle signale la détérioration de la viabilité politique du régime. Donc sa vulnérabilité. Voilà pourquoi la méditation des leçons du passé, celle de l'expérience chilienne notamment, si elle nous informe de quelques (cruels) mécomptes possibles, ne doit pas saturer notre paysage d'anticipations. Car la crise organique est là qui, en tant que telle, est le signe d'une *possibilité*. Rien, dans les mouvements du bloc hégémonique présent – pas même la crise de la Covid –, n'indique la moindre velléité de correction de trajectoire. Tombé en dessous même du *simulacre* purement verbal auquel il parvenait encore à s'astreindre de temps en temps, le pouvoir se range finalement à la solution simple et de meilleure économie : rien changer pour que rien ne change. Les tensions ne peuvent donc qu'aller croissant, jusqu'à ce qu'elles finissent par triompher des derniers obstacles symboliques qui retiennent encore le mouvement des foules – notamment la croyance persistante en les possibilités de « la démocratie », et la réticence aux illégalismes. Comme a commencé à le prouver le mouvement des Gilets jaunes, viendra un moment où l'aggravation des tensions, le mépris confirmé dans lequel sont tenues les demandes sociales, et le constat des impossibilités radicales qu'opposent le système institutionnel présent et son personnel politique conduiront à des débordements inédits.

Ils y conduiront d'autant plus sûrement que tout craque et qu'une part croissante de la population perçoit ce craquement. Comme il n'a pour seule réponse aux tensions qui l'assaillent que l'approfondissement de ses propres tendances – qui produisent les tensions… –, l'ordre social présent se voue lui-même à la ruine – ou à la fascisation. Aussi bien le commencement de dislocation (qui ouvre un espoir) que le second terme de l'alternative (la fascisation) appellent, rendent impérieuse même, la formation d'un nouveau bloc hégémonique. Mais avec qui ? Et fait comment ?

15. Anticapitalisme et antiracisme (éléments pour un bloc contre-hégémonique)

Nous sommes le 2 juin 2020 au soir. Tout l'après-midi, une impressionnante manifestation a défié l'interdiction du préfet de police pour rassembler plus de 20 000 personnes à l'appel du comité Justice pour Adama. Le choc est complet – et pour tout le monde. Sur le plateau d'une de ces chaînes d'information continue qui se sont passionnément vouées au maintien de l'ordre capitaliste, et à sa surcouche fascistoïde s'il le faut, un éditorialiste, décomposé de panique, pousse des cris d'effroi : « C'est la convergence des banlieues et de l'extrême gauche[94] ! »

Quand les oligarques livrent avec une telle spontanéité leurs motifs de terreur les plus intimes, il faut les prendre au mot et les suivre en toute confiance : pour une fois ils disent le vrai. Et nous indiquent ce que nous avons à faire.

La question de la « question centrale »

Que nous ne l'ayons pas fait jusqu'à présent montre assez que « ça » ne se fait pas tout seul. Si pourtant le nombre est la seule arme opposable, la jonction des gros bataillons du salariat et des quartiers est l'impératif stratégique par excellence, la formule d'un bloc (contre-)hégémonique possible. Mais précisément : la formule se dérobe. En tout cas, pour l'heure elle est toujours manquante – même si des événements comme ceux du 2 juin en dévoilent la possibilité. Ce qui est certain, c'est qu'elle n'est pas à la portée de simples exhortations (psalmodies) – à faire converger-les-luttes. Ce qui est certain également, et que, dans son épuisement, l'appel à la « convergence des luttes[95] » révèle, c'est que la morphologie du paysage social et politique s'est considérablement transformée en longue période, et que l'affrontement contre le capital a perdu la simplicité de l'antagonisme à deux blocs, massifs (si tant est qu'il l'ait jamais eue) : capital contre travail, ou plutôt capitalistes contre prolétaires. Peu importe les raisons de la fragmentation du paysage des luttes, elle est là et, par soi, fait obstacle à la constitution d'un bloc contre-hégémonique si chacune des parties ne poursuit que son agenda spécifique. On objectera que les bataillons du salariat sont suffisamment gros pour faire le travail à eux seuls. Peut-être – d'un point de vue purement numérique. Mais son état d'atomisation, s'il n'est pas insurmontable en principe, est réel pour l'heure. Et puis dans les banlieues, il y a aussi cette autre chose : l'énergie de la révolte.

En tout cas, l'obstacle se présente d'abord sous la forme d'une méta-question, la question de la « question centrale » : quelle est la question centrale ? Il est bien entendu que chacun a la sienne et la voit à sa porte. La « question centrale » de la lutte antiraciste, c'est le racisme (systémique) – quand les jeunes des quartiers se font tirer dessus par la police, il est difficile d'en faire autre chose que la question centrale : il n'y a guère plus central que les enjeux de la vie et de la mort. La « question centrale » de la lutte anticapitaliste, c'est le capitalisme. Etc. Et toutes ces « questions centrales » de lutter pour le monopole de la centralité. On connaît même les deux formes principales que prend en quelque sorte la lutte des luttes (pour le monopole de la lutte) : tantôt la négation, tantôt la réduction. La négation, c'est l'ignorance pure et simple, l'assertion brute de la supériorité et de la centralité de sa propre lutte, la relégation des autres luttes au rang de distraction. La réduction, c'est la tentative de dissolution analytique : certes votre lutte à vous est digne de considération, mais en réalité elle n'est qu'un sous-produit de la nôtre, qui est vraiment centrale ; c'est très important ce que vous faites, mais vous êtes un produit dérivé ; enrôlez-vous dans notre lutte (la bonne, la vraie), c'est finalement le meilleur moyen de servir la vôtre. Alors le racisme est déclaré un effet secondaire du capitalisme : soyez *d'abord* anticapitalistes, la question raciste s'en trouvera réglée *de facto*. Ou bien à l'inverse on pose que le racisme est premier, et que le capitalisme en a historiquement découlé : pour être anticapitalistes, *commencez* par être antiracistes.

Il est bien certain qu'aucun bloc contre-hégémonique ne se formera sur des bases pareilles. Et cependant les cris horrifiés de l'éditocrate au soir du 2 juin disent assez qu'il n'y a pas non plus de fatalité. Partir de l'idée que ces luttes – on peut (on doit) y ajouter les luttes féministes également – sont liées de quelque manière n'est pas une vaine postulation : elles le sont. Mais comment, et jusqu'où exactement ? Houria Bouteldja, par exemple, fournit une réponse à la fois profonde et caractéristique, offrant par là une base idéale à la discussion : les combats (anticapitaliste et antiraciste) se lient originellement en un moment de l'histoire qui continue de propager, intacts, ses effets, moment où se produit la rencontre de l'État naissant et du capital *autour de la race*[96]. Argument : l'État se constitue (aussi) dans la projection de puissance sur la scène extérieure, et cette projection prend la forme de la conquête coloniale ; dans le même temps et dans les mêmes régions du globe, le capital cherche la sécurisation de ses approvisionnements ; l'État accompagne donc le capital qui ultérieurement lui fournira les moyens de sa puissance matérielle ; cette rencontre mutuellement avantageuse se fait dans l'asservissement des populations doublement colonisées (politiquement et économiquement) ; de ces menées jumelles, État et capital contracteront un pli raciste encore à l'œuvre aujourd'hui. La race est donc le *nexus* originel, et c'est par elle que tout se défera.

Capitalisme et colonialisme : l'accumulation primitive et ses suites

L'argument est d'une force indubitable. Que le pli raciste soit encore à l'œuvre, on ne le sait que trop. Mais cette persistance ne valide pas toute la thèse pour autant. Non pas que l'État n'ait été en effet très directement impliqué et dans l'entreprise colonialiste et dans l'installation de l'ordre capitaliste – il l'a été, considérablement même. Mais une concomitance n'est pas une consubstantialité, et cette thèse prend une contingence historique pour une caractéristique d'essence. Oui, sous l'égide de l'État, le capitalisme a d'abord procédé par les voies du pillage colonialiste – *d'abord*. Ramener systématiquement le capitalisme à ses origines colonialistes est une nécessité historiographique (et politique), mais pas une nécessité conceptuelle, sauf à confondre l'essence et l'accident. Il est une évidence historique que le pillage colonialiste entre dans les données de l'accumulation primitive. Mais toutes ces données ne se maintiennent pas à l'identique au long de la trajectoire historique subséquente. C'est ignorer la logique spécifique de l'accumulation du capital, son degré d'autonomie (élevé), et la contingence des conditions qui lui ont servi de *lancement*, mais hors desquelles le capitalisme peut désormais parfaitement fonctionner. Souligner l'autonomie de logique de l'accumulation capitaliste, c'est dire qu'elle est capable de s'affranchir des conditions initiales de son essor. Ce que, d'ailleurs, elle aura confirmé. Certes, la dépendance aux matières premières des pays du Sud persiste. Mais cette dépendance ne détermine pas univoquement et irréversiblement les rapports sous lesquels elle se donne satisfaction. Historiquement, ces rapports prennent d'abord la forme de la prédation unilatérale permise par le colonialisme. Tant que ceux-ci sont possibles, le capitalisme fait des économies de complication et va au plus simple : il se vautre dans le pillage. Il faut se souvenir de la maxime par laquelle Turgot définit « l'économie » : « donner le moins pour avoir le plus ». S'il est possible, pour avoir le plus, de donner *rien*, pourquoi donc aller voir ailleurs et faire autrement ? Mais la prédation ne dure que ce que durent les conditions de possibilité de la prédation. Lorsque celles-ci se défont, lorsque, par exemple, les nations du Sud commencent à se structurer et à surmonter l'état de faiblesse qui les avait livrées entièrement au pillage colonialiste, les rapports doivent changer. De la prédation unilatérale pure, on passe aux compromis de corruption avec les potentats qui ont capté la rente. Plus tard, s'il le faut, on en viendra aux rapports commerciaux régularisés – ce qui, du reste, n'exclut nullement, le cas échéant, par exemple pour sécuriser des approvisionnements jugés stratégiques mais géopolitiquement compromis, l'option d'une guerre impérialiste quand elle est possible, et pour renouer avec l'habitude invétérée de « se servir » (Koweït, Irak).

Contre la thèse de la consubstantialité, cependant, le capitalisme n'est pas le créateur des rapports de domination raciste : l'histoire les lui livre déjà faits, il en hérite tels quels. Et sans doute s'en accommode-t-il fort bien puisque, rapport social intrinsèquement inégalitaire, il se trouve *a priori* de plain-pied avec toutes les autres logiques inégalitaires. En l'occurrence à un double titre. D'abord, donc, du fait que la domination colonialiste autorise la prédation unilatérale. Ensuite, mais bien plus tard, parce que l'ancienne domination colonialiste se transporte, après la décolonisation, en domination raciste en métropole, et que la domination capitaliste sait faire quelque chose de toutes les autres dominations, de celle-là particulièrement. C'est que la rationalité économique capitaliste, en tant qu'elle est instrumentale, convertit tout, indifféremment, en instrument (du procès d'accumulation) : nature, humains, tout. Entre le « facteur travail » des économistes et les « ressources humaines » des managers, tout son vocabulaire en porte la trace. Aussi, toutes les positions dominées dans la société contemporaine, quelle que soit la nature de la domination, se désignent-elles au capitalisme dans son procès de chosification des humains, en vue de leur exploitation.

Hiérarchie de la dignité, inégale humanité

La nature même d'une société de domination(s), d'une société inégalitaire, détermine une hiérarchie symbolique des dignités – qui est comme un gradient d'humanité. L'essence des rapports inégalitaires de domination tient dans la prémisse, explicite ou implicite, que les humains ne sont en réalité pas égaux en humanité. Il y a des degrés d'humanité, et ils peuvent faire l'objet d'une classification hiérarchique. En haut, la pleine humanité ; en bas, l'humanité incomplète. Voire l'humanité incertaine, l'humanité *discutable*, les incomplètement dignes, et même les *indignes*. Si le racisme revêt un caractère matriciel dans l'ordre des phénomènes de domination, c'est parce qu'il pose le plus ouvertement et le plus directement l'inégalité en humanité des hommes. Le racisme, c'est l'inégalité sous sa forme à la fois maximale et pure.

C'est une prémisse qui survit à toutes les décolonisations, et se transporte à l'identique dans les ex-métropoles. Rien ne dit mieux cette permanence que les rapports de la police avec les populations issues de la décolonisation. Ce dont témoignent, comme à ciel ouvert, les propos policiers recueillis par Didier Fassin, dans son ethnographie d'une BAC[97], propos posant, dans le meilleur des cas, les jeunes des quartiers comme ennemis, donc d'emblée installés dans un rapport de guerre, mais évoquant également « la jungle », « les sauvages », « les vermines », « les merdes », ou ceux qui « vivent dans la merde ». Quand des individus sont considérés comme plus tout à fait des humains, on peut les traiter sans les égards qu'on doit à ceux qui sont tout à fait des humains. Logiquement, la hiérarchie de la dignité en humanité se décline en hiérarchie dans le traitement des individus par les institutions – il suffit de voir comment, toutes choses égales par ailleurs, les populations issues de la colonisation sont traitées par les administrations, dans l'accès au logement social, etc. Parce que, de toutes les institutions, l'institution policière est celle dont le travail est le moins symbolisé, elle est également celle qui donne à voir sous sa forme maximale ce qui suit de la dégradation des individus dans la hiérarchie de la dignité en humanité, et notamment l'objectalisation qui autorise les traitements interdits à ceux qu'on reconnaît pleinement comme sujets humains : piétinement des droits, humiliations, violences gratuites, et jusqu'au meurtre.

Formellement parlant, le capitalisme ne procède pas différemment. En tant qu'il est un rapport de domination, il s'arrange fort bien de tous les gradients d'humanité : il s'y sent parfaitement à son aise – l'inégalité, c'est son monde à lui aussi. En l'occurrence, si le fond du gradient désigne le plus chosifié, parce que le moins élevé en humanité, alors il indique par là même le plus *exploitable*, le plus susceptible de la réduction *ad instrumentum* offert à la rationalité instrumentale. C'est pourquoi, toutes choses égales par ailleurs, les populations racisées, comme à plus forte raison les migrants, sont vouées à se trouver insérées dans le salariat sous les statuts les plus dégradants et dans les conditions les plus brutales, puisque, de ces individus qui ne sont pas tout à fait des humains, on peut (par voie de conséquence) faire un peu *ce que l'on veut* : prendre, jeter, convoquer, annuler, déplacer. Saisonniers de l'agriculture, ouvriers de la construction, précaires des plateformes uberisées, etc., on sait assez quels traitements sont réservés dans l'emploi à ceux que la société a par ailleurs relégués tout au fond de ses hiérarchies de la dignité. C'est en ce fond que le capitalisme se rend en priorité pour y puiser quand il veut pourvoir aux segments les plus rebutants de la division du travail, puisque c'est là qu'il trouve, par construction, les moins humanisés, donc les plus chosifiés, les moins défendus aussi, et partant les plus *instrumentables*, ceux dont l'exploitation est la moins contrainte, moralement et/ou juridiquement. Aux lieux infâmes de la division du travail, les individus infâmes de la hiérarchie en dignité.

En puisant dans ce fond, le capitalisme ne cesse donc de produire des rapports de domination hybridés, composites, mais toujours sous le primat de sa grammaire de domination à lui, des composites de dominations dominés par son rapport de domination à lui, à savoir le rapport salarial. Éloigné des conditions historiques, colonialistes, de l'accumulation primitive, le capitalisme considère cependant la rémanence des rapports racistes dans la société où il évolue, traces profondes laissées par le passé esclavagiste ou la décolonisation, et voit ce qu'il peut en faire. Si ces rapports, qui *lui* sont secondaires, lui offrent des opportunités simples de surexploitation, il les saisit sans hésiter. Mais si les données politiques générales se modifient, qui mettent ces rapports autres en question, voire sous pression, si de la société se font connaître des protestations pour les corriger, le capitalisme saura faire avec. Mais quoi exactement, et jusqu'où ? C'est ça la question.

L'antiracisme vu du capitalisme

On pouvait difficilement louper, à l'été 2020, la photo de Jamie Dimon, président de JP Morgan, posant genou à terre devant le coffre de la banque pour bien signifier qu'à ses yeux également *black lives matter*. À l'évidence il y a une *formulation* du combat antiraciste qui ne pose aucun problème au capitaliste Dimon. Qui lui en pose si peu que faire le geste et dire le slogan ne lui coûte rien, et même, croit-il, peut lui rapporter gros (symboliquement). Dans la tête de Jamie Dimon, lutter contre le racisme a pour sens d'affirmer qu'un Noir peut légitimement aspirer à la présidence d'une firme de Wall Street. Que des considérations liées à la couleur de peau nuisent à l'ascension sociale des Noirs dans les entreprises, ça doit bien arriver un peu de temps en temps, mais ça n'est pas bien, et il faut lutter contre. Telle est la formulation du problème antiraciste pour le capitaliste Jamie Dimon : *black lives* dans l'entreprise *matter*. Les Noirs *aussi* ont le droit d'être de francs capitalistes.

Et l'on pourrait reproduire exactement la même analyse à propos des rapports de domination masculine. Que le capitalisme n'invente pas plus que les autres rapports de domination. Mais qu'il se subordonne d'abord sans vergogne, comme le montre, par exemple, Silvia Federici[98]. La domination masculine, délocalisée dans les foyers ouvriers, permet l'exploitation gratuite du travail féminin au service de la reproduction de la force de travail (masculine), et c'est une heureuse contribution invisible à la plus-value du capital. Ici le rapport de domination sexiste se révèle entièrement fonctionnel au rapport de domination capitaliste – qui ne se prive pas de constater ce bel alignement, puis d'en faire quelque chose. Jusqu'à ce que, sous les offensives répétées des luttes féministes, les données politiques d'ensemble viennent à changer sur ce terrain-là. Et, de nouveau, il ne faut pas sous-estimer la plasticité des hybrides de domination que produit le capitalisme, qui se montre très capable de les reconfigurer selon les conditions environnantes, *pourvu que son rapport de domination à lui ne soit pas altéré*. En matière de féminisme, le capitalisme se montre capable des mêmes déplacements strictement déterminés qu'en matière de racisme.

En bonne logique puisque le capitalisme est financiarisé, que la logique capitaliste trouve son expression la plus pure dans la finance, c'est depuis la finance de nouveau, après le genou posé de Jamie Dimon, que nous vient la manifestation symbolique la plus éloquente de ce capitalisme « révisé », qui « bouge avec la société » – comme pourrait dire un conseil en communication. En célébration de la Bourse toute-puissante, une statue massive d'un taureau agressif a été installée il y a quelques décennies à deux pas de Wall Street – le taureau (*bull*) est le symbole des marchés haussiers[99]. Il y a quelques années, une seconde statue a été installée au même endroit : une petite fille, à l'échelle du taureau, surpassée en taille comme on peut l'imaginer, mais lui faisant face, parfaitement déterminée, bien campée, les poings sur les hanches. On pouvait d'abord penser à une performance de subversion de la statue capitaliste par une contre-statue anticapitaliste, une symbolisation, certes un peu épaisse, des générations à venir se mettant en travers de la voie capitaliste. Quiconque aurait nourri ce fol espoir aurait été démenti dans les vingt-quatre heures, espérance de vie approximative d'une œuvre chargée d'une telle intention à une encablure de Wall Street. Posée face au taureau en 2017, la *fearless girl*, puisque tel est son nom, est toujours là, elle va bien merci. On comprend qu'elle se porte à merveille : « *Know the power of women in leadership. SHE makes a difference* », disait la plaque légendant la statue. « SHE » étant le code de marché de State Street Global Advisors, le fonds d'investissement qui a commandité l'« œuvre ». Avec un acte de baptême pareil, la petite fille sans peur n'a en effet rien à craindre. Comme Jamie Dimon pense que les Noirs ont le droit de devenir traders, le fémocapitalisme affirme la légitime place des femmes au sommet des entreprises. Les luttes contre les dominations sont entièrement légitimes – dit le capitalisme – tant qu'elles continuent de se couler dans la grammaire de la domination capitaliste. C'est vrai, dans notre histoire, nous ne nous sommes pas toujours très bien comportés, mais après tout rien ne s'oppose à ce que le Noir soit un exploiteur comme les autres, et la femme tout autant, bienvenue à eux, notre tolérance est entière[100].

Il y a donc une *histoire* des rapports entre les rapports (de domination), et cette histoire dégage progressivement les hiérarchies structurales à valeur pendant des périodes successives. Le rapport capitaliste a fini par se détacher du lien très serré qui l'unissait, dans les conditions particulières de l'accumulation primitive, au rapport colonialiste, et l'histoire de son rapport avec le rapport raciste transporté en ex-métropole après la décolonisation, ou du rapport raciste post-esclavagisme aux États-Unis, continue de s'écrire. Jusqu'à quel degré de remise en cause, pour aboutir à quelle configuration, nous ne le savons pas encore. Mais que, parmi tous les rapports de domination, il y en ait un qui se maintienne, s'approfondisse même, tout en contribuant au pilotage de la réforme des autres rapports, suffit à indiquer sa position dans la structure hiérarchique des rapports. Au reste, sa « contribution » fait l'objet d'un réglage digital. Par exemple que des Noirs finissent banquiers de fusions-acquisitions à gros bonus, ça ne lui posera bientôt plus aucun problème (si ça lui en pose encore) – il s'est bien accommodé d'un président des États-Unis noir et, en l'occurrence, ça a été une très bonne affaire : celui-là aura évité à l'industrie financière le complet démantèlement qu'aurait dû lui valoir la crise des subprimes. Mais supposons qu'un autre président noir se présente qui, lui, aurait pour agenda d'en finir avec Wall Street, on pourrait compter sur le capital pour refaire aussitôt alliance avec tout l'arc du racisme politique des États-Unis et en agiter les pires passions. De même, promouvoir des femmes dans les conseils d'administration ou les postes de direction générale, voire, comme il en a l'habitude, jouer la comédie de la citoyenneté concernée en « s'impliquant » dans les débats sociétaux, ne lui coûte *rien* – sinon de prendre à rebrousse-poil sa vieille génération de phallocrates invétérés (mais il peut compter sur l'attrition démographique pour s'en débarrasser). En revanche, la parité des salaires, qui serait pourtant la conséquence la plus élémentaire à en tirer dans son propre domaine, ce sera un peu plus difficile : le capital veut bien prendre toutes les postures que commande l'époque, mais pour autant qu'il n'y aille pas de gros sous. Il suffira surtout que se fasse connaître un féminisme ouvertement anticapitaliste, comme celui du Manifeste de Cinzia Arruzza, Tithi Bhattacharya et Nancy Fraser[101], et la guerre sera déclarée – quitte à ce que ce soit sous la forme déguisée d'une guerre interne au féminisme, entre le fémo-capitalisme de Sheryl Sandberg[102] et le « féminisme des 99 % », le capital ayant soin de se tenir en retrait de cette scène et de n'y pas apparaître (il y faudra tout de même quelques manœuvres mensongères pour faire oublier que le « féminisme des 99 % » se revendique explicitement anticapitaliste…)

La fabrique à « indignes » du capitalisme

Mais alors, précisément, n'est-ce pas là l'indication que le rapport capitaliste ne peut envisager la correction des autres rapports de domination au mieux qu'à la façon d'une mitigation marginale, et en fait comme un simulacre ? Bien sûr on sera très content d'avoir quelques Noirs banquiers d'affaires et des femmes à la tête de quelque grande entreprise, mais tout de même, il ne s'agirait pas non plus qu'on nous ôte notre réservoir de demi-humains, cette espèce de pré-armée de réserve des « indignes » où l'on peut aller puiser *sans se gêner*. C'est qu'il y a des segments repoussants de la division du travail, ceux dont « personne » ne veut, et qu'il faut bien les remplir, donc trouver ceux qui n'auront pas d'autre choix que d'en bien vouloir. Si le gradient d'humanité reste profondément structuré par les rapports de domination raciste et masculine, alors le capitalisme continue d'y voir une opportunité fonctionnelle. Dans ces conditions, il se contentera d'« écrémer » la frange supérieure des racisés, par exemple, pour les promouvoir en alibis, et mieux laisser perdurer le reste de la structure de domination dont il a trop besoin – tout en ayant bruyamment protesté que *black lives matter*. Équivalent français : les filières « banlieue » de Sciences Po.

C'est bien ce qu'il fait. Pour l'heure. Car nous ne saisissons jamais que le processus en cours, et même en ses commencements. Et sans savoir s'il est voué à en rester aux aménagements cosmétiques, c'est-à-dire à s'arrêter bientôt (Jamie Dimon ayant posé son genou à terre, on peut passer à autre chose), ou bien s'il peut s'approfondir. La question est en effet de savoir s'il existe une trajectoire, évidemment contingente, mais dans laquelle, sous l'effet sans doute d'un intense travail politique, les rapports de domination postcoloniaux et sexistes pourraient tendanciellement s'effacer, laissant le rapport capitaliste monopoleur de la domination. Le critère pour en juger, c'est la préservation du « réservoir ». Des rapports de domination extrinsèques, comme ceux du racisme et de l'oppression des femmes, sont-ils *absolument requis* par la reproduction de la pré-armée de réserve des « indignes » ? Il suffit d'avoir dit « armée de réserve » pour avoir l'idée que non. Bien sûr, tant que des « indignes » lui sont aimablement fournis par des rapports de domination hérités d'aussi longue date, installés aussi profondément dans la société, le capitalisme serait fou de ne pas en tirer le meilleur parti – et toujours selon son habitude : aller au plus simple. Mais, comme nous le savons depuis Marx, le capitalisme n'a pas formellement besoin que d'autres rapports de domination lui entretiennent une armée de réserve : il se la fabrique lui-même. Sa prise en otage des individus par la survie matérielle est différentielle : imperceptible comme telle par les plus avantagés, dont la stabilité de situation est garantie par les origines sociales et la trajectoire scolaire (quitte à ce que ce soit au travers d'une succession de postes), elle est mordante pour ceux qui sont jetés dans la précarité et par là réduits à la plus grande dépendance. C'est-à-dire à l'état le plus ouvertement instrumentable.

Pour le coup, la sociologie « classique » des « inégalités sociales » a abondamment documenté les mécanismes par lesquels, *indépendamment des rapports de race ou de genre, quoique potentialisables par eux*, se reproduisaient les trappes à pauvreté-précarité, reproduction d'ailleurs générationnelle où les conditions initiales interdisent statistiquement les trajectoires d'extraction. Le monde social est *a priori* (sans intervention correctrice de quelque institution) à rendements croissants : ses mécanismes jouent spontanément dans le sens de l'autorenforcement, et ses effets cumulatifs sont puissamment polarisants. C'est-à-dire producteurs de gradient. Les « indignes » n'y sont pas définis par leur position dans des rapports de race ou de genre, mais par leur niveau de revenu, leur degré de scolarisation, leurs aptitudes supposées, leurs manières aussi – de parler, de se tenir, de se vêtir, etc. –, enfin leur position dans la division du travail. Le capitalisme produit donc de lui-même une hiérarchie spéciale, une hiérarchie propre, qui vient se superposer aux autres hiérarchies, dans des rapports de potentialisation réciproques, et c'est la hiérarchie dans la dignité salariale. Bien sûr cette construction symbolique n'est que la doublure de structures matérielles, celles du rapport salarial lui-même – si cette dichotomie a du sens, car les effets des constructions symboliques sont très… réels : c'est par elles que passent les mécanismes d'approfondissement et de polarisation cumulatifs. Le point important en tout cas, c'est que le capitalisme a en lui de quoi produire son propre gradient, et son propre réservoir.

Par la force des choses, le travail que fait la société sur elle-même à propos des autres rapports de domination, les pressions politiques qui en résultent, l'intéressent. La potentialisation de la domination salariale par les dominations de race et de genre est un avantage qu'il ne laissera pas perdre sans rien faire. Le capitalisme n'est pas exactement « sport »: si les dominations s'entrecroisent et s'empilent pour produire des super-dominés, sur lesquels exercer plus intensément encore sa domination à lui, il ne se le refusera pas. Le rapport de domination capitaliste est compliqué (au sens de la complication médicale) par les autres rapports de domination: être noir ou arabe, être femme ou queer, c'est la probabilité (voire la certitude) d'être *encore plus* dominé salarialement. Mais si ça bouge du côté de ces autres rapports? – entendons: si ça bouge *sérieusement*, c'est-à-dire autrement que les ajustements de l'écrémage cosmétique à la Facebook, JP Morgan et les filières *ad hoc* de Sciences Po?

Dans le pire des cas, le capitalisme sait qu'il peut toujours compter sur son gradient à lui, son gradient autoproduit, sa petite (grande) fabrique à « indignes ». Il aimerait mieux avoir le secours des autres dominations, mais s'il faut faire sans, il survivra quand même. Il survivra pour une raison à la fois simple et profonde, qui tient à sa manière très spéciale de dominer, à sa façon de prendre les individus et les collectivités pour les dominer: il les prend par la survie matérielle. C'est une force à la fois spécifique et irrésistible: la force d'une prise d'otages. La force dominatrice particulière du capitalisme, c'est qu'il est un *mode de production* – ce que n'est pas *par soi* le racisme (pour qu'il le devienne, ce qu'il peut, il faut qu'il se branche sur d'autres rapports). L'entièreté des données de la reproduction matérielle individuelle et collective a été remise au capitalisme – et aux capitalistes. L'organisation collective de la reproduction matérielle s'appelle la division du travail, or nous sommes enfermés dans une division du travail *capitaliste*. Ce sont les rapports sociaux caractéristiques du capitalisme qui opèrent la division du travail. Celle-ci entièrement captée, l'emprise qui en résulte est écrasante, sans échappatoire ou presque. Voilà pourquoi, même dans une hypothétique, mais concevable en principe, société capitaliste débarrassée du racisme, il faudrait encore se soumettre – à la domination capitaliste.

Il y a trois conditions pour qu'un mode de production établisse son rapport propre en position hiérarchiquement supérieure : la première, triviale, est qu'il organise la production collective dans la forme d'une domination ; la deuxième, qu'il se soit subordonné la totalité de la production matérielle ; la troisième, décisive, qu'il ait gagné son autonomie en se désencastrant des autres rapports sociaux dont la logique pouvait mitiger la sienne propre[103]. Il est alors en position hiérarchiquement supérieure parce qu'il règne par les enjeux hiérarchiquement supérieurs : les enjeux de la survie matérielle. Avant toute chose, il faut vivre. La forme d'organisation qui règne seule sur la réponse à cette question a alors les coudées totalement franches. C'est le cas du capitalisme, et c'est pourquoi sa force d'enrôlement survivrait sans difficulté à l'effacement de toutes les autres dominations.

Le rapport de domination dominant

Mais la domination capitaliste ne se distingue pas seulement des autres par l'étendue de son périmètre, et les rapports d'inclusion que cette étendue détermine : 1) *tous* les agents (hormis les capitalistes, définis comme ceux qui peuvent vivre des revenus de leur capital) sont concernés par la prise d'otage matérielle du capitalisme et contraints, pour survivre, de vendre leur force de travail dans les conditions du salariat ; 2) les racisés, les femmes sont toujours *aussi* des salarié(e)s – la réciproque n'étant évidemment pas vraie. À cette particularité quantitative s'ajoute une caractéristique d'une autre nature : structurale.

Il y a une hiérarchie *structurale* des rapports de domination dans une société, et cette hiérarchie apparaît dans le rapport que nouent ces rapports. Celui qui est capable de se maintenir, qui l'exige même, quand les autres sont contestés, et qui peut aller jusqu'à se joindre à cette contestation mais comme opportunité en vue de sa propre consolidation, celui-là est le rapport structuralement dominant. Il faut insister sur le caractère *structural* de cette hiérarchie des rapports de domination, et n'en conclure à aucune hiérarchie morale ni à aucune hiérarchie de valeur. Mais si, comme le disait jadis Althusser, une formation sociale est « un tout structuré à dominante », alors (tautologiquement) une société indique son caractère capitaliste à ce que sa « dominante » est le rapport de domination capitaliste. On pourrait très bien imaginer un autre type de formation sociale, avec une autre hiérarchie structurale et un autre rapport de domination dominant, capable de plier à soi les autres rapports de domination, c'est-à-dire de faire prévaloir *en priorité* ses propres réquisits, voire de se subordonner les autres.

La position supérieure de la domination capitaliste dans la hiérarchie structurale des rapports de domination tient donc à ce que nous sommes dans une société… capitaliste. Mais comment faire, quoi ajouter, pour que cet énoncé ne soit pas une pure et simple circularité ? Ceci que, dans la société capitaliste, le capitalisme est institutionnellement exprimé, appareillé et *défendu*. Et il l'est *formellement*. C'est sans doute là le point décisif. Les rapports sociaux du capitalisme font l'objet d'inscriptions juridiques. Le droit de propriété est inscrit dans la Constitution, la subordination salariale dans le droit du travail.

Étant solidifiée dans le droit, la domination capitaliste est par conséquent défendue par l'État – qui, comme tel, s'avoue « État bourgeois ». La chose est flagrante quand la police protège une réunion d'oligarques connue sous le nom « Le Siècle ». Elle l'est tout autant quand la police réprime, avec une sauvagerie inouïe, des mouvements d'activistes dont la portée anticapitaliste est manifeste, ZAD, loi Travail, etc., au motif de « la protection des institutions ». Dans une tête policière ou préfectorale, « les-institutions » est une entité indéfinie qui ne désigne rien d'autre que l'ordre social en vigueur. Mais alors comment mieux laisser apparaître, en l'occurrence, que cet ordre social est capitaliste si la-défense-des-institutions est envoyée pour détruire des manifestants anticapitalistes ?

Il n'en va pas du tout de même avec les dominations racistes et sexistes : elles ne sont pas inscrites dans les textes les plus fondamentaux. C'est même tout le contraire : on dit explicitement l'inverse – l'« égalité », l'« universalité », la « République », les « droits humains », etc. Bien sûr, rien de tout ça n'empêche ni le racisme ni le sexisme. Mais ceux-ci y prennent leur modalité particulière : inavouée, diffuse, délocalisée – *systémique*. « Systémique », à l'inverse de « systématique », qualifie, comme son nom l'indique, un effet de système, c'est-à-dire un effet produit par la composition d'une multiplicité de mécanismes sociaux *informels*, sans pôle ou sujet organisateur global – là où le « systématique » renvoie au contraire à une organisation consciente, délibérée, donc localisable. C'est pourquoi, dans les qualifications disputées aujourd'hui, par exemple à propos des violences racistes de la police, il serait conceptuellement plus juste de dire qu'en première approximation elles sont *systémiques*, et non *institutionnelles* (ou disons : plus systémiques qu'institutionnelles). L'« institutionnel », tel qu'on va l'entendre ici[104], suppose une inscription formelle – déposée dans un *texte* d'institution. Le « systémique », lui, se contente de la pratique, c'est-à-dire d'être véhiculé par une multiplicité d'agents, au travers d'une multiplicité de mécanismes, certes formant *in fine* une cohérence d'ensemble qui appelle, précisément, la racine *systema*, mais sans devoir recourir à l'hypothèse d'un ingénieur système – qui, lui, ne préside qu'à du systématique. Le racisme de la police est systémique, il n'est pas institutionnel. C'est d'ailleurs bien sur cette ligne de front que la police s'en défend (en confondant à dessein, ou par bêtise, « systémique » et « systématique », et puis le tout avec « institutionnel »): nulle part, en effet, on ne trouvera une directive, un ordre, un texte, un principe explicite demandant que les Noirs et les Arabes soient spécialement maltraités. Dans la ligne de cette argutie purement formaliste, l'absence de toute inscription institutionnelle, formelle, permet de « prouver », mais tautologiquement, que la police, en tant qu'institution, n'est pas raciste – exactement de la même manière que, à l'époque où l'Algérie était en France, il ne pouvait pas y avoir de *guerre* en Algérie (seulement des « événements »), ou que le monopole étatique de la violence étant légitime, il ne peut pas y avoir de *violences policières*. Voilà les dénis caractéristiques où conduisent inéluctablement les arguments formels poussés au comble de leur formalisme. Mais il n'y a nul besoin de directives pour que les policiers entre eux, avec leur hiérarchie, tous abandonnés à leurs pires passions, opérant hors la vue, au surplus dans des zones établies de fait comme ghettos, macèrent et s'entretiennent mutuellement dans le racisme le plus crasse et le plus généralisé, s'il est informel – systémique.

On peut cependant difficilement ne pas voir que l'époque présente met à mal la netteté de ces partages conceptuels. Car des *textes institutionnels* à imprégnation raciste, on en trouve de plus en plus : lois anti-immigration (anti *certaines* immigrations), par exemple, ou désormais lois « anti-séparatisme », dont on a cru pouvoir dissimuler l'islamophobie foncière en la ripolinant comme « réaffirmation des principes de la République » – visiblement sans voir la coloration « spéciale » que cette belle opération faisait prendre à la dite « République ». Ici, à l'évidence, le racisme « systémique » est en train de prendre une consistance « institutionnelle ». C'était probablement le lot d'une dérive continue du racisme systémique d'État que de finir par produire une discontinuité livrant passage à un racisme institutionnel d'État.

La modification des partages du systémique et de l'institutionnel en matière de racisme exprime par excellence les transitions d'une société capitaliste en proie à la crise organique – et les rythmes caractéristiques de ces transitions : tout y bouge à grande vitesse. Pour autant, la ligne de partage fondamentale vaut encore : quand la société d'aujourd'hui est raciste et sexiste, elle l'est *contre* ses déclarations fondamentales (et leurs inscriptions institutionnelles dans les textes de plus haute normativité juridique) ; quand la société est capitaliste, elle l'est *en accord* avec ses déclarations fondamentales. C'est pourquoi on peut dire, à raison, que la société contemporaine est une *société capitaliste*. Elle serait une société raciste, ou une société sexiste (au sens de la dominante structurale, et non au sens de la présence, évidente, de racisme et de sexisme dans la société), si, par exemple, elle était explicitement construite sur la base de principes ethniques ou théo(phallo) cratiques. Les sociétés d'apartheid se reconnaissent à ce qu'elles *formalisent* la différence raciste, en l'exprimant dans leurs affirmations de valeurs les plus hautes – et en la défendant activement. De même les sociétés sexistes à ce qu'elles *revendiquent* la minoration des femmes. Le racisme ou le sexisme y sont des valeurs *positives*, qui méritent par conséquent d'être défendues. La société contemporaine ne déclare rien de tel, grands dieux non !, elle jure même vouloir lutter très fort contre. Bien sûr ça ne l'empêche nullement d'être raciste et sexiste, mais comme « à l'insu de son plein gré ». En revanche elle inscrit explicitement les principes du capitalisme – propriété, liberté – dans ses textes fondamentaux – et l'on ne compte plus les fois où la police est envoyée au secours du capital à ce motif même. En réalité, fondamentalement, la police est là pour ça – dans la société capitaliste. Les différends interpersonnels sont en quelque sorte de la petite monnaie policière, paradoxalement destinée à faire oublier les grosses coupures, ou plutôt, si l'on peut jouer sur les mots, *la* grosse coupure, la coupure entre le capital et le travail, dont la police *capitaliste* est fondamentalement la surveillante.

Dans la société d'aujourd'hui, donc, le racisme et le sexisme sont (aux réserves précédentes près) *systémiques*. Le capitalisme, lui, est pleinement *institutionnel*. Plus exactement, il est *d'abord* institutionnel, et *au surplus* systémique. Car, à part les inscriptions formelles, le capitalisme est également soutenu par tout un ensemble de mécanismes sociaux informels, diffus, a-centriques, incoordonnés *ex ante* (même s'ils sont *de fait* parfaitement coordonnés *ex post* – et produisent un *effet de système*). Ce sont les mécanismes de ce que Marx nomme l'idéologie, et Gramsci l'hégémonie. Dans le cas du racisme et du sexisme, le systémique est le substitut hypocrite de l'institutionnel, dans le cas du capitalisme son complément naturel – car il est logique que les valeurs positives formelles se donnent pour prolongement des discours apologétiques informels. En tout cas, nous savons maintenant ce qui fait la position particulière, supérieure, de la domination capitaliste dans la hiérarchie structurale des rapports de domination : 1) Son extension : capitalistes mis à part, la domination capitaliste affecte *tous*, puisque tous sont concernés par les enjeux de la survie matérielle et que le capitalisme, en tant que mode de production, a entièrement captés ces enjeux. La hiérarchie structurale s'exprime donc dans les rapports d'inclusion des « périmètres » : tous les racisés, les femmes, les queers, sont des salariés, la réciproque n'est pas vraie (les relations d'inclusion ne sont pas symétriques...). 2) La domination capitaliste correspond à l'organisation générale que la société revendique explicitement, dont elle formule les principes fondamentaux, à laquelle elle donne une multitude d'expressions institutionnelles formelles, et dont elle assure activement la défense par l'emploi des forces armées. Aucun autre rapport de domination ne peut revendiquer pareil statut dans la société contemporaine. 3) Le rapport de domination capitaliste, s'il trouve avantage à l'existence des autres rapports de domination, en tant que ces derniers sont susceptibles de venir avantageusement compliquer le sien, peut également envisager de s'en passer. Il n'a pas impérativement besoin d'eux pour reproduire le réservoir à « indignes » au fond duquel sa rationalité instrumentale va puiser les plus éhontément instrumentables, puisqu'il produit lui-même de l'armée de réserve. Il peut donc se mettre « à l'écoute de la société », enregistrer les réorientations des grands courants de l'opinion, et composer s'il y a lieu. Bien sûr les dominations racistes et sexistes lui sont tout à fait fonctionnelles, et si ces dernières viennent à être contestées par le travail que la société fait sur elle-même, le capitalisme cherchera d'abord les compromis minimaux – par exemple par les stratégies de l'écrémage. Si toutefois ces accommodements s'avéraient insuffisants, les abandons que lui imposerait une attaque sérieuse contre les autres rapports de domination ne lui seraient en rien fatals.

Les luttes ensemble

Repartons de la postulation (bien fondée) : « les combats sont liés », et de la question qui s'ensuivait : oui, mais comment ? Pas simplement, donc. C'est même une articulation passablement complexe.

La hiérarchie *structurale* des rapports de domination ne détermine aucune hiérarchie de *qualité* des luttes qui correspondent à ces rapports. Aucune lutte ne se subordonnera les autres. Ce serait doublement idiot : symboliquement, d'abord, parce qu'on ne construira pas un bloc (contre-)hégémonique sans faire se parler, se considérer, se rapprocher, et même se retrouver de quelque manière au moment décisif, les différentes composantes du paysage des luttes – donc sans qu'il soit fait droit aux légitimes motifs de chacune, ni, inversement, que les unes ne renoncent à inféoder les autres ou à simplement les battre froid. Stratégiquement ensuite parce que, pour l'heure, les divers rapports de domination sont si intriqués que les luttes en sont indistinguables en situation : allez demander, par exemple, aux femmes de chambre noires des hôtels Ibis de faire le tri de leurs « causes », ou de les hiérarchiser. Ce sont des complexes, ou des agglomérats, de dominations qui se donnent en pratique, si bien que lutter contre l'une est *ipso facto* lutter contre les autres. Il s'ensuit quatre conclusions possibles.

1. Il n'y aura pas de bloc contre-hégémonique hors d'une reconnaissance de l'égalité *des luttes*. Une égalité qualitative, cependant, qui n'empêche pas de

faire des différences quantitatives. Égales en légitimité, les luttes diffèrent en périmètres. Bien sûr ces périmètres connaissent des zones de recouvrement, mais partielles. Dans ces recouvrements, la superposition des dominations se trouve structurée d'une certaine manière. Répondre à la question de savoir « comment les combats sont liés », c'est penser cela : les recouvrements partiels, de quelle manière ça s'agence en leur sein, et ce qu'il y a au-dehors.

2. Que les recouvrements ne soient que partiels, qu'il y ait un dedans et un dehors, ceci se synthétise en reconnaissant à toutes ces luttes leurs *autonomies relatives* – où les deux mots comptent : « autonomie » et « relative ». Reconnaître l'autonomie des luttes antiracistes ou féministes, c'est ne pas se raconter que, le capitalisme dépassé, ces oppressions en seraient *ipso facto* supprimées. Malheureusement, on peut parfaitement concevoir une société post-capitaliste qui conserverait des traits racistes, homophobes, sexistes, ou bien même qui créerait des hiérarchies inédites. Les oppressions qui se trouvent mises en jeu dans ces luttes valent pour elles-mêmes, sans pouvoir être intégralement *réduites*, comme produits dérivés, à une oppression matricielle qui serait celle du capitalisme.

3. Autonomies donc. Mais relatives. Car si elle n'est pas matricielle, la domination capitaliste n'en occupe pas moins la place supérieure dans la hiérarchie structurale des dominations, et nous savons maintenant pourquoi. De tous les rapports de domination dont la société contemporaine est traversée, le rapport capitaliste est celui qui est en position de se maintenir quand tous les autres seraient attaqués, voire réduits. Sur le mode du simulacre, ou de l'ajustement marginal, ou davantage si la situation le lui imposait, il peut même collaborer à ces contestations. La plupart du temps, en effet, c'est sous une

forme dont l'hypocrisie confine au grotesque. Ainsi d'Hillary Clinton qui, lors de sa campagne de 2016, n'hésite pas à lâcher : « Si nous brisions les grandes banques demain, ceci mettrait-il fin au racisme ? Ceci mettrait-il fin au sexisme ? Ceci mettrait-il fin aux discriminations contre la communauté LGBT ? Ceci rendrait-il les gens plus accueillants aux migrants du jour au lendemain[105] ? » Mais nous avons les mêmes à la maison, et pendant des décennies nous aurons eu le temps de voir à l'œuvre les organes de la diversion sociétale (*Libération*, *L'Obs*, etc.). Clinton ne perd pas par hasard en 2016. Elle perd parce que ces stratégies de diversion et de substitution ont atteint leur limite. Même les luttes en direction desquelles ces stratégies avaient été (hypocritement) orientées aperçoivent qu'elles n'ont plus rien à y gagner, et peut-être même beaucoup à y perdre.

Mais on ne fera plus le coup « des banques » au « Féminisme pour les 99 %[106] » qui ré-accroche fermement son action à une perspective anti-capitaliste, et ceci sans pour autant rien abandonner de sa spécificité à elle. Telle est exactement la synthèse de l'*autonomie relative*. Au reste, c'est le capitalisme lui-même qui l'impose puisque, jouant la synergie des dominations, il induit par-là même la synergie des luttes. En tout cas leur articulation de fait – à l'image (de nouveau) des femmes de chambre noires des hôtels Ibis. Le capitalisme se sert des autres rapports de domination pour péjorer le sien propre. Par conséquent, c'est *aussi* dans et par l'intensification de son oppression salariale qu'une femme éprouve plus intensément l'oppression sexiste, un racisé l'oppression raciste. Parce qu'il est placé en position supérieure dans la hiérarchie structurale, position d'où il remobilise à son profit toutes les autres dominations, le rapport capitaliste, de fait, organise et pratique... la convergence des dominations. La convergence rêvée des luttes aurait dû s'en suivre. Mais il fallait d'abord que le capitalisme sorte du domaine de l'inquestionnable où il s'est maintenu si longtemps. Et puis, mais sans doute du même mouvement, que les diverses luttes, à l'origine logiquement (et légitimement) autocentrées, entrent dans le régime des autonomies *relatives*, c'est-à-dire s'extraient de l'état de séparation *absolue* où tant de sollicitudes intéressées (Clinton, *Libé*...) s'efforçaient de les entretenir.

4. Il fallait aussi que les luttes, sortant de leur régime de séparation, sortent par-là même d'un certain régime d'inattention – aux autres luttes. D'inattention, voire de dommage collatéral, par enfermement dans l'exclusivité chacune de sa cause, et ignorance de toute autre chose que sa cause. Que chacun soit d'abord préoccupé de son « affaire », c'est assez normal; qu'il le soit au point de nuire aux « affaires » des autres, non. Un intellectuel comme Paul B. Preciado s'en va défendre les luttes LGBTQ dans un clip *arty* au possible tourné par Gus Van Sant pour le géant du luxe Gucci, exploiteur comme il se doit et fraudeur fiscal convaincu de surcroît: les luttes salariales ne lui disent pas merci. Il faut bien avouer que, dans un cas aussi « pur », tout semble réuni pour le pire, le pire de la caricature « Clinton », c'est-à-dire pour accréditer dans les classes populaires l'idée désastreuse que certaines luttes (ici LGBTQ) ne concernent qu'un « autre monde », un monde autre que le leur, où ne sont déclarés d'intérêt que des problèmes autres que les leurs. Dans le même ordre d'idée, un philosophe comme Emanuele Coccia pense pouvoir s'adonner à sa passion de la Terre et des arbres en collaborant à une exposition de la Fondation Cartier[107]: *Nous les arbres*. Le catalogue est visiblement de toute beauté, l'architecture du bâtiment mérite d'être

vantée : elle est déjà réconciliée avec la nature (nous dit le « conseiller scientifique[108] »), l'institution tout entière finalement est digne d'éloge[109] – ses « Soirées Nomades » (dans lesquelles il intervient) sont d'ailleurs du dernier chic. On ne dira pas que la joaillerie de luxe n'a pas quelques vertus : si elle nous permet d'entrer dans la communauté politique des marronniers.

Visiblement la cause des arbres éloigne de celle, sinon des humains, du moins des humains salariés. Dieu sait qu'elles n'ont pourtant rien qui puisse, *au fond*, les opposer, bien au contraire. Et cependant il se trouve des *manières* de poursuivre la première qui ont si peu cure de la seconde qu'elles parviennent à les rendre antagonistes. Élise, auteure anonyme d'un article pour la revue *Trou Noir*, pose la question décisive : dans nos luttes, « À quel monde nous lions-nous[110] ? » Pour Preciado, pourtant à la recherche de nouvelles alliances qui tiendraient ensemble les luttes de toutes sortes, contre « les politiques hétéropatriarcales, capitalistes, coloniales et extractivistes[111] », c'est quand même ballot de se finir dans une institution archi-capitaliste. Ou alors c'est beaucoup présumer de ses forces si le geste « stratégique » est celui de la subversion, de l'action « de l'intérieur », du discours anticapitaliste esthétiquement tenu depuis le capitalisme – mais au mépris de l'expérience tant de fois répétée de la puissance de phagocytose du capitalisme, de sa capacité à tout digérer, à tout annuler, à tout recoder en sa faveur, y compris (surtout) les « subversions ». Pour sa justification, Preciado souligne qu'il n'a « jamais eu autant de liberté qu'en travaillant avec Gucci[112] » – comment dire, c'est peut-être ça le problème. La question en tout cas n'est pas tant celle de la « pureté » que celle de l'efficacité stratégique (la même au demeurant que celle, posée en permanence au moment d'envisager d'aller dans les médias mainstream) – un peu aussi celle des tentations du glamour culturel et des institutions capitalistes qui ont compris tout l'avantage de les arroser généreusement.

Alors oui, se demander à qui on va se lier pour conduire sa lutte n'est pas du luxe, spécialement quand certaines de ces liaisons font à ce point du tort aux luttes d'à-côté. Que, de son côté, le philosophe des arbres n'ait la tête qu'à la canopée et très peu (pas du tout) au salariat, ça n'est pas en soi un problème – comme les luttes, les passions intellectuelles sont toutes égales en dignité. Mais ça le devient quand sa passion des arbres, à plus forte raison de ce qu'elle se donne pour « critique », emprunte des chemins qui légitiment un peu plus encore ces institutions capitalistes spécialistes du blanchiment moral, mécènes, philanthropes, amis des arts, c'est-à-dire escrocs symboliques œuvrant à répandre l'idée que le capitalisme n'est pas si mauvais qu'on dit, qu'il a le souci d'autres choses, plus élevées, que du simple *cash-flow,* et que somme toute on serait bien mal avisé de le renverser. D'où suit comme conséquence logique, à défaut d'être explicitement verbalisée, que, mon Dieu, le salariat restera le salariat. Que, pendant ce temps, dans le salariat justement, ça massacre à tour de bras (y compris dans les groupes de luxe qui ne sont pas les derniers à manier la tronçonneuse), c'est évidemment regrettable – mais les arbres, tout de même ! « Les musées et les fondations d'art contemporain sont devenus les jumelles à travers lesquelles il est possible de deviner notre avenir[113] » croit entrevoir Coccia. Au moins les choses sont-elles claires : par fondations d'art contemporain interposées, nous sommes invités à envisager « notre avenir » avec les « jumelles » de Cartier, Gucci, et Bernard Arnault. Et c'est avec ce genre d'opticiens que Coccia pense pouvoir sauver « les arbres » qui lui sont chers. Il y a des degrés de l'égarement politique des intellectuels qui laissent pantois.

Si donc, pour faire dans les grands mots, on devait formuler une éthique politique des luttes, ou de la coexistence des luttes, elle aurait pour premier principe de ne rien faire dans sa lutte qui puisse nuire aux autres luttes. À commencer par simplement s'abstenir de les débiner – comme inutiles distractions. Et aussi de passer par des lieux, des supports, ou des « alliés », fussent-ils de rencontre, instrumentaux même, qui font objectivement du tort aux autres luttes. Par exemple : on ne va pas poursuivre la sortie de l'euro avec les racistes du RN (quand ils la poursuivaient…) ou les « souverainistes des deux bords » ; on n'entreprend pas de sauver le peuple de la classe ouvrière par la « Révolution nationale » ; on ne fait pas des procès pour racisme à des militants marxistes au seul motif de leur préférence pour la lutte des classes, etc. Moyennant quoi on laisse quelque chance à des petits miracles comme, par exemple, le mouvement Lesbians and Gays Support the Miners pendant les grèves de 1984 en Grande-Bretagne[114], ou encore, plus étonnant, ce rapprochement, en 1968, des Young Patriots, groupe de salariés blancs pauvres de Chicago, cochant à peu près toutes les cases du *White Trash* (musique country, armes, drapeaux confédérés)… avec les Black Panthers[115], dont le leader dans l'Illinois décida de prêter moins d'attention à leurs boucles de ceinturon à pistolets croisés qu'à leur programme concret d'actions, vit qu'en réalité tout était réuni pour une alliance des luttes antiracistes et anticapitalistes, d'où naquit une improbable mais bien réelle Rainbow Coalition. L'idée étant qu'à la fin ces rapprochements « miraculeux » deviennent un peu plus de l'ordre de l'ordinaire.

Les passions pénultièmes

Il est certain que, dans les situations où elle se produit, l'articulation des dominations demeure le meilleur argument en faveur de l'articulation des luttes. Cependant le tableau des complexes de dominations, *sous dominante de la domination salariale*, celle-ci potentialisant les autres dominations, resterait incomplet si l'on omettait d'y ajouter les effets réciproques : car si, dans un sens, donc, la domination salariale s'intensifie en s'appuyant sur les dominations raciste et sexiste, dans l'autre sens, les dominations raciste et sexiste trouvent *aussi* à se renforcer de la domination salariale.L'effet réciproque est cependant moins direct, et plus médié. Il l'est par ce qu'on peut appeler les passions pénultièmes. Les passions pénultièmes désignent cet effort, souvent désespéré, de ceux qui, se trouvant « parmi les derniers », luttent avec acharnement pour ne pas être les tout derniers – luttent pour au moins se garantir une place d'avant-dernier (pénultième). Les passions pénultièmes demandent qu'il y en ait « au moins encore un en dessous ». Mais « demander », c'est sans doute trop peu dire pour ce qui revêt aux yeux des intéressés la portée d'un enjeu symbolique quasi vital. Dominés jusqu'à la dégradation d'eux-mêmes dans la vie professionnelle, les salariés humiliés sont en proie au désir farouche de « se refaire » imaginairement aussitôt qu'ils en sortent. La droite est devenue experte à lui fournir de quoi : migrants et racisés, mais aussi « assistés », sont offerts comme objets de prédilection aux passions pénultièmes, c'est-à-dire à toutes les stratégies intimes de réparation imaginaire. Aux avant-derniers on fournit des derniers qui, précisément, les font exister comme non-derniers, et dont ils vont pouvoir se différencier d'autant plus rageusement qu'ils en sont objectivement plus proches.

Mais on sait au moins depuis Machiavel que l'art de gouverner est un art de *dévoyer*, c'est-à-dire un art de faire sortir les colères de leurs justes voies pour les aiguiller dans des traverses ineptes, ou vers des impasses. Ainsi les passions pénultièmes peuvent-elles faire ventre de tout, sauf des vraies causes. Il a été assez dit que le travail intellectuel pèse bien peu comparé au travail militant des connexions pratiques, bien peu mais pas rien tout de même. Car, précisément, les vraies causes, l'identification des vraies causes, c'est son affaire à lui. Et donc, en l'occurrence, son affaire de préparer à mieux sentir que, la domination capitaliste levée, les autres dominations, par effacement des passions pénultièmes, s'en trouveraient, sans doute pas supprimées, mais sensiblement diminuées. Pour le dire brutalement : lorsque certains individus cessent d'être infériorisés, abaissés dans le travail, la violence raciste s'éloigne comme solution réactionnelle de restauration psychique de soi. Dans cette mesure même – qui n'est pas tout : des individus très bien lotis dans la hiérarchie sociale n'en sont pas moins habités d'un racisme dévorant –, dans cette mesure même, donc, les luttes antiracistes et antisexistes ont à gagner de s'associer aux luttes anticapitalistes.

Et la réciproque n'est pas moins vraie puisque faire tomber le capitalisme suppose la constitution d'un bloc contre-hégémonique le plus important, et le plus énervé possible, donc la jonction des différentes fractions impliquées dans les différentes luttes, qui n'ont pas nécessairement un intérêt, ou la capacité, à une fusion permanente – en temps ordinaire, il faut admettre que, dans « autonomie relative », il est logique que le premier terme tende à l'emporter –, mais qui doivent se retrouver au moment décisif. Il est des luttes locales, comme celles des salariés par ailleurs discriminés (à quelque autre titre), qui préparent cette jonction, en expérimentant directement pour les concernés (et en faisant voir aux autres) l'intrication des oppressions et que, dans ces situations, les luttes sont immédiatement « synthétiques ».

Égalité, justice, dignité

Constituer un bloc contre-hégémonique est une affaire de nombre, mais la question quantitative ne se réglera que *sous condition de l'égalité qualitative*. Du reste, il ne sert à rien de demander aux personnes qui y sont impliquées de faire passer leurs luttes particulières au second plan en abandonnant la préséance, voire l'exclusivité, à la lutte anticapitaliste. Cependant si le mouvement qui tend à faire de sa lutte à soi la « question centrale » est aussi spontané que compréhensible, il n'y a pas rien à faire pour « relativiser l'autonomie », rendre visible les connexions et préparer les rapprochements. Pour ceux qui sont à distance des fronts locaux et qui n'expérimentent pas de première main la synthèse pratique des luttes (bien sûr là où elle se présente, ce qui n'est pas le cas en toutes circonstances), l'intervention en mots y aide, par exemple quand elle prend la forme du manifeste « Féminisme pour les 99 % » ou la forme d'une *déclaration* comme celle du comité Justice pour Adama à l'endroit des Gilets jaunes.

Mathieu Bonzom, lui, suggère d'y ajouter le registre particulier des mots d'ordre[116], ou plutôt d'un certain type de mots d'ordre, taillés pour être transversaux, c'est-à-dire aptes à parler à tous les secteurs en lutte sans imposer l'agenda de l'un d'eux en particulier… tout en disant quelque chose – une contrainte dont la satisfaction ne va pas de soi puisque la montée en généralité tourne assez souvent en abstractions creuses. Le risque n'est cependant pas tout à fait fatal, et l'on peut trouver des mots d'ordre, certes très généraux, mais qui n'en parlent pas moins avec vivacité à tous, car il y a quelque chose de générique dans l'expérience de la domination, par-delà la spécificité des différentes dominations, et en quoi tous les dominés « spécifiques » peuvent se reconnaître. « Égalité, justice, dignité », par exemple.

Il ne faut pas s'y tromper : dire « Égalité, justice, dignité », ça n'est pas envisager une dissolution de plus de la politique dans la morale. Mais bien préparer à lutter *de concert* contre les *structures sociales* qui produisent l'inégalité, l'injustice et l'indignité. Et d'un concert qui part de ce que égalité, justice, dignité, ce sont des percuteurs immédiats pour tous les dominés. D'une certaine manière, on pourrait considérer que le premier des trois termes suffit, qu'il dit à lui seul ce que disent les deux autres. Mais « Justice », la caissière licenciée pour avoir « laissé passer » 85 centimes d'euro d'articles voit immédiatement, encore mieux même si on rapproche son cas d'une ministre du Travail ex-DRH qui a fait un million d'euros de stock-options sur un plan de licenciement et participe à un gouvernement abolissant l'ISF. « Dignité », les jeunes des quartiers traités comme des sous-hommes et humiliés à longueur de journée savent aussi ce que c'est – mais tout autant les soignants ou les profs que jamais peut-être un gouvernement n'a autant piétinés. « Égalité », c'est ce dont les salariés autant que les racisés constatent l'absence au moment où ils se posent les deux questions simples mais absolument décisives : « Comment on nous traite ? Comment on nous parle ? » Car ils se font aussitôt la réponse : comment on nous traite ? — comme des merdes ; comment on nous parle ? — comme à des chiens. « Égalité, justice, dignité », à l'évidence ça ne fait pas un programme politique. Ça ne fait pas non plus le travail militant. Ce ne sont que des mots. Mais des mots dont la circulation a quelques propriétés intéressantes. Notamment celle de dire en creux une communauté d'expérience : l'expérience de *la* domination, telle qu'elle se répète dans l'expérience de toutes *les* dominations. Et telle qu'entre les dominés elle crée des liens.

Par conséquent

On ne se raconte pas trop d'histoires quant à la force politique réelle des mots – les armes de la critique, la critique des armes, etc. Les mots cependant sortent de leur inutilité si, par leur pouvoir de figuration, ils servent à l'*affûtage* : le désir politique gagne en tranchant quand il cerne de plus près sa destination. Il y gagne aussi en consistance quand il possède son *agenda*. Or il le possède au mieux par un effet de *resserrement* : soit le retour à l'essentiel, tous détails écartés – à l'os. Ici, l'os ce sont trois énoncés, dont la méditation n'est pas toujours agréable, mais dont on peut soutenir qu'ils ont un caractère directeur, à entendre comme une fonction d'orientation, et plus encore qu'ils sont les bases à partir desquelles enchaîner des idées, mais de manière *conséquente* – la partie difficile. La partie difficile, en effet, car la pensée politique recule souvent à contempler les conséquences de ce qu'elle veut, ou les conditions de ce qu'elle désire.

On comprend que les dénis, les refus de voir ou les atermoiements aient un tel avantage dans les esprits : ils leur promettent la tranquillité. Cependant, ils n'achètent qu'un confort de l'âme bon marché et de courte durée. À terme, la seule conséquence de l'inconséquence, c'est l'impuissance. Or la situation présente commande urgemment de sortir de l'impuissance. Donc de regarder en face trois énoncés :

Entre le capitalisme et l'humanité ça se joue maintenant **à « lui ou nous[117] »**. Le capitalisme détruit, non pas « la planète », mais les conditions de l'habitabilité humaine de la planète. Le programme à venir, déjà connu, c'est : inondations, réchauffement, pandémies. *Par conséquent...*

Il n'y a aucune sortie du capitalisme envisageable par « débat » et « consensus » dans les institutions de « la démocratie », pour cette simple raison qu'elle a été installée par et pour le capitalisme – on ne sort pas du capitalisme par la démocratie du capitalisme. La démocratie du capitalisme exclut du champ de son débat la destitution de la propriété privée des moyens de production, consacre l'hégémonie de la classe bourgeoise, la rend prête à toutes les suspensions « démocratiques » quand son pouvoir social est en cause. *Par conséquent...*

***Par conséquent,* le communisme est une idée à réinstaller sur la scène de l'histoire**. Ce qui a été fait en son nom en est le contraire même, a aussi peu de rapport avec lui que l'Inquisition avec la foi catholique. Il faut en rétablir la vérité, n'en pas cacher les difficultés, en montrer des figures. En refaire une possibilité.

En guise de fin, et de commencement

La fabrication du livre tirait à sa fin – les attentives corrections de Nathalie Reignier, la maquette d'Alexandre Mouawad, les supervisions de La Fabrique –, lorsque j'ai reçu un long message de Félix Boggio Éwanjé-Épée. Pour le plaisir d'une éventuelle future discussion, je lui avais envoyé séparément le chapitre 15, « Antiracisme et anticapitalisme ». La réponse m'arrivait en avance – pour en contester l'axe argumentatif même. Peut-on, ou non, concevoir en principe une logique du capitalisme douée de suffisamment d'autonomie pour que sa rencontre avec les rapports de domination raciste relève, non d'une nécessité d'essence, mais de la contingence historique ? Je dis que oui, il pense que non.

Dans son message, Félix porte l'objection à un niveau d'élaboration théorique et historiographique qui outrepasse le registre « intermédiaire », et délibérément voulu tel, de l'ouvrage, mais dans une combinaison d'exigence intellectuelle et d'amitié dont j'ai trouvé, en tous les sens du terme, qu'elle m'obligeait. À plus forte raison de ce qu'elle réalise pleinement la finalité implicite de ce chapitre : entamer le débat. Puisque, donc, il vient de s'ouvrir sans crier gare, pourquoi ne pas en témoigner ici, tout de suite ?

Et surtout pourquoi n'en pas tirer le meilleur parti, à savoir, sur un sujet bien fait pour enflammer les passions politiques (comme l'avaient prouvé quelques épisodes récents), couler d'emblée le débat dans un certain registre qui lui laisse une chance d'échapper à de prévisibles dégradations ? Et affirmer dans l'acte même, comme on prouve le mouvement en marchant, en quoi consiste un débat inséparablement intellectuel et politique : en un exercice de tenue *intellectuelle dans le* différend *politique.*

Cette combinaison rare ne répond à aucune génération spontanée. L'époque, qui n'a que le mot « débat » à la bouche, n'a jamais pris la peine de réfléchir à ses conditions de possibilité, et se figure qu'il suffit de mettre des contradicteurs en présence pour en avoir une réalisation. Les médias audiovisuels administrent jour après jour la preuve écrasante de la fausseté de cette idée. Les réseaux sociaux plus encore – à quelques miraculeuses exceptions près. Or, inexistantes en ces lieux, les conditions de productivité d'un débat tel que celui-ci supposent une base d'accord sur l'essentiel, une marge suffisante de désaccord pour avoir matière à discuter utilement, de l'estime réciproque aussi. Félix est un ami, et il n'est pas d'accord : voici pourquoi.

Cher Frédéric,

J'ai attentivement lu le chapitre que tu m'as fait parvenir. Il y a évidemment de nombreux points d'accord entre nous, notamment quant à ton diagnostic sur la conjoncture et à l'essentiel des enjeux tactiques que tu énonces. Toutefois, comme « il n'y a pas de pratique révolutionnaire sans théorie révolutionnaire », je voulais te faire part d'une différence significative de *méthode* entre nous, ainsi que d'une divergence générale sur l'approche du capitalisme et du racisme que tu proposes dans ce chapitre. Même si nos conclusions sont assez semblables, cette différence n'est pas qu'une coquetterie. Tu prends le parti de différencier une sorte d'« essence » du capitalisme d'une part, d'autre part diverses oppressions fortement intégrées au système mais en même temps pas foncièrement indispensables à son fonctionnement intrinsèque. Je trouve assez contestable cette distinction conceptuelle, pour des raisons que je vais essayer de formuler dans les lignes qui suivent. Je m'excuse par avance de la longueur du propos ou de son aspect qui pourra sembler par moments pédant ou professoral. Ces divergences sont assez inoffensives au niveau de généralité de la discussion que tu proposes, mais elles conduisent sans aucun doute, dans les détails, à des différences notables dans l'appréciation des rapports de force ou des problèmes tactiques qui se posent à l'intérieur même des luttes antiracistes ou plus généralement dans la conjoncture sociale et politique.

Comme nous avons déjà commencé à échanger sur ce point précis, je voulais tout d'abord revenir sur un exemple que tu m'as présenté pour illustrer ton propos : tu m'as fait remarquer que les schémas de reproduction du capital chez Marx ne faisaient nullement intervenir un fait exogène comme la prédation coloniale ou l'impérialisme. Ton évocation des schémas de reproduction m'a frappé, pour la raison suivante : c'est *le* point technique dans *Le Capital* sur lequel les générations de marxistes qui sont venues juste après Marx se sont cassé les dents. Or la discussion a eu pour enjeu de définir le statut exact de ces schémas, leur rôle dans la théorie : est-ce qu'on peut exactement en déduire un fonctionnement cyclique et « complet » du capitalisme ? Si l'on se rappelle ce dont il s'agit, on parle d'un moment du livre II dans lequel Marx s'essaie, avec des outils mathématiques rudimentaires, à modéliser l'accumulation du capital. Il propose de scinder la production entre une dépense de travail passée, les machines et les biens intermédiaires (capital constant), la dépense de travail présente rétribuée en salaire (capital variable) et la dépense de travail consacrée à la production d'un surplus (survaleur) ; il divise aussi son économie en deux secteurs, dont un est consacré à la production de machines et consommations intermédiaires (secteur I), l'autre aux biens de consommation (secteur II). En somme, Marx, et les premières générations de marxistes, se sont demandé s'il pouvait y avoir une trajectoire d'accumulation harmonieuse, dans laquelle les deux secteurs accumulent aux rythmes adéquats pour que chaque secteur écoule toute sa marchandise dans son secteur et dans l'autre, et puisse acheter suffisamment de marchandises produites dans l'autre secteur pour accroître effectivement sa production.

Ce sont donc les discussions qui annoncent le Keynes de la *Théorie générale*, avec la contradiction majeure entre la nécessité d'une épargne pour investir et la nécessité de désépargner pour consommer – ces deux processus mettant en jeu des temporalités et des agents différents, voire en conflit. Sans entrer dans les détails, ce qui est fascinant dans ce débat c'est qu'il tend à mettre en évidence la consubstantialité du capitalisme comme mode de production et ses diverses « versions » contingentes. Rosa Luxemburg a d'ailleurs cherché à montrer l'importance de la continuation de l'accumulation primitive dans des territoires non capitalistes pour empêcher le système de s'effondrer totalement – beaucoup ont fait la preuve que sa solution est fausse, mais les questions qu'elle a ainsi soulevées s'avéraient très importantes. Et c'est sur ces aspects que la Théorie de la régulation[118] a fondé son idée selon laquelle il n'y a pas de capitalisme sans un mode de régulation qui correspond à un régime d'accumulation particulier. Les schémas de reproduction, plutôt que de décrire un fonctionnement économique « pur », ont donc plutôt conduit à s'intéresser à des conditions exogènes par rapport au simple cycle production-reproduction : guerres, institutions, croissance démographique, oligopolisation, essor du crédit et du capital financier, etc.

À mon sens, il y a par ailleurs un danger politique à concevoir des lois « pures » du capitalisme. Si l'on considère ce qui se trouve dans *Le Capital*, rien n'empêche d'imaginer qu'on respecte toutes les lois fondamentales qui y sont énoncées et qu'on mette en place un capitalisme entièrement régulé, et c'est toute la position des tendances révisionnistes de la social-démocratie allemande (Bernstein) ou des austro-marxistes : politique mise à part, rien n'empêche les monopoles de se mettre d'accord avec les syndicats sur le « juste » taux de marge en fonction des objectifs d'accumulation, via des négociations collectives, cartels patronaux, etc. Un fordisme amélioré et avant la lettre, en quelque sorte. Contrairement à nombre de marxistes, je ne crois pas pour ma part qu'il existe dans *Le Capital* ou ailleurs une loi économique pure qui rende le capitalisme *a priori* irréformable et *a priori* sujet à des crises dévastatrices. Certains s'y essaient avec la loi tendancielle de baisse du taux de profit mais je ne trouve plus rien de convaincant là-dedans ni de rigoureux. C'est une hypothèse plus ou moins « apocryphe » puisqu'elle émane d'une reconstruction par Engels (quand il a édité le livre III *post mortem*) d'un argument très tortueux dans les manuscrits de Marx – et d'ailleurs les marxologues les plus sérieux qui ont épluché ces manuscrits contestent largement la formulation unilatérale donnée par Engels à cette prétendue « loi »[119]. Pour résumer, il en ressort que Marx avait lui-même très bien vu qu'entre la fameuse « tendance » (à la baisse du taux de profit) et les « contre-tendances » rien ne permettait de dire laquelle des deux devait avoir *nécessairement* l'avantage – contrairement à la vulgate qui prétend que le taux de profit baisse forcément *tôt ou tard* (ce qui n'est pas faux mais sans plus de qualification l'affirmation s'apparente plus ou moins à une lapalissade).

Et c'est là tout le problème : c'est pour des raisons *politiques* que les capitalistes sont incapables de mettre en place le modèle proposé par Bauer, Bernstein et consorts d'une accumulation capitaliste *harmonieuse* et *proportionnée* ; c'est parce qu'une telle configuration – nécessitant une coordination très étroite des investissements, des prix et des salaires – induit évidemment le dépassement du capitalisme aux yeux de celles et ceux qui produisent la richesse, et que le plein-emploi implique un fort pouvoir de négociation, une marge de manœuvre considérable pour faire grève – ce qui risque fort d'inciter les producteurs directs à chercher à exercer le pouvoir économique par eux-mêmes sans avoir à négocier avec une classe de parasites. En d'autres termes, je pense que le court texte de Kalecki sur les obstacles politiques au plein-emploi a à peu près tout dit[120]. D'ailleurs, on l'a vu historiquement : la seule condition valable du point de vue des capitalistes pour accepter des régulations massives et un relatif plein-emploi c'est le fascisme, c'est-à-dire la destruction systématique des capacités politiques du prolétariat.

Voilà une première raison selon laquelle pour moi il n'est pas judicieux de distinguer les lois « générales » du système et ses variations contingentes. Marx a fait une anatomie analytique d'un système hypercomplexe mais, tout comme aucun corps ne peut vivre qu'avec son squelette, un mode de production ne peut pas se résumer à ses lois « générales » – ni d'ailleurs ne peut trouver d'explication à sa genèse. Je suis vraiment de l'avis d'Althusser sur ces points – et c'est quelque chose sur quoi il n'a jamais varié : les lois du capitalisme ne servent pas à le décrire mais à expliquer à quelles conditions il lui est possible de se reproduire ; tout en lui est contingent, mais ce qui en lui est « formel » ou de l'ordre des lois « nécessaires » est ce qui fait que les rencontres contingentes finissent par *prendre* (comme la mayonnaise).

À propos de ce que tu dis dans ton chapitre sur les guerres et la prédation, je crois là aussi qu'il n'est pas judicieux de distinguer un niveau purement « formel », dans lequel le capitalisme pourrait exister sans se livrer périodiquement à des guerres de conquête ou d'agression, et un niveau qui serait, lui, « historique » ou « contingent ». À partir du moment où le capitalisme n'émerge pas dans le monde entier au même moment, son émergence est indissociable d'une forme de « développement inégal » : il y a nécessairement des aires géographiques qui sont « à la traîne » (très largement précapitalistes) et d'autres qui en profitent[121]. Et le passif qui se joue pour les sociétés à la traîne, ou pour les victimes de l'accumulation primitive (par exemple les Africains-Américains d'abord esclaves puis émancipés au prix d'une lutte de classe d'une ampleur sans précédent puisqu'il a fallu la guerre civile américaine et la décision fédérale d'exproprier *de facto* et *sans indemnité* le capital des propriétaires d'esclaves avec la proclamation d'émancipation, une mesure que je n'hésite pas à qualifier de socialiste[122]), ne peut pas disparaître du fait des lois d'un capitalisme « pur ». Même en les considérant en elles-mêmes, ces « lois » du capitalisme accroissent l'hétérogénéité et le développement inégal. Du fait notamment que le moteur de l'accumulation est l'accroissement de la productivité, l'innovation et la mécanisation, les firmes, secteurs ou les pays moins productifs, ayant moins accès aux technologies ou aux infrastructures ou à la logistique de pointe, ou les moins mécanisés, seront structurellement désavantagés et subiront par les lois « pures » du marché une forme de prédation par les capitaux les plus avancés qui échangent avec eux leurs marchandises – les secteurs plus avancés empochent un « surprofit ». Le seul recours des économies sous-développées pour être compétitives sera de pratiquer des bas salaires et d'exporter des marchandises à faible valeur ajoutée. Ce système perdure encore largement, longtemps après les décolonisations, l'industrialisation des BRICS et la mondialisation. Bien qu'il soit difficile d'estimer ces transferts de valeur, du fait qu'avec la globalisation des chaînes de production ces transferts peuvent avoir lieu au sein de différentes filiales d'une même firme, Andrea Ricci a proposé une recherche empirique sur l'ampleur de ces transferts à l'échelle mondiale, à partir d'une approche résolument marxiste. Il trouve des transferts en termes absolus et relatifs pas du tout insignifiants, et qui doublent en termes absolus entre 1995 et 2007. En 2007, pour certaines économies comme la Chine, l'Inde, l'Indonésie ou le Brésil, les pertes se situent entre 10 et 20 % du PIB, et les gains au Nord entre 2 et 5 % du PIB[123].

Il n'y a pas de possibilité pour ces économies de rattraper ce retard *sauf* à rompre avec le capital international, au moins en partie : contrôler les capitaux, réguler les taux de change, nationaliser les banques, revoir la répartition des propriétés terriennes, faire des cartels industriels (ou nationaliser), planifier son développement industriel autocentré, contrôler les prix, imposer un monopole du commerce extérieur au moins pour un temps, etc.[124]. Et c'est là que la guerre devient inévitable pour le capitalisme *en avance* qui bénéficiait jusqu'ici du sous-développement : il faut briser toute tentative dans les Sud pour avoir une véritable souveraineté (et pas seulement dans des domaines industriels strictement, mais aussi pourquoi pas militaires, technologiques, monétaires). C'est pour moi par exemple le motif principal des guerres au Moyen-Orient : les « États voyous » sont le plus souvent des États qui ont d'une manière ou d'une autre une politique de souveraineté et des institutions qui vont à l'encontre de la libéralisation des marchés – même si, au moment des guerres en Irak, en Libye, en Syrie, les bourgeoisies d'État avaient déjà largement commencé le travail de libéralisation[125].

Pour résumer, il y a « nécessité de la contingence » du côté du développement inégal, car il est inconcevable que le capitalisme puisse s'établir d'un seul coup au même moment et dans toute sa « pureté » hypothétique dans le monde entier, donc il y a des déséquilibres structurels qui naissent effectivement de la genèse *historique* du capitalisme et qui ne sont en rien évitables *logiquement parlant*. Et par suite il y a « contingence de la nécessité » au sens où ce qui est né de façon contingente va non seulement devenir structurel mais ne peut *que se renforcer* si on laisse faire le marché et la libre circulation des capitaux. La seule possibilité de contrer la logique centre-périphérie, ce sont des politiques extrêmement volontaristes et remettant en cause une des règles politiques du capitalisme : les capitalistes ont le monopole de l'investissement ; si l'État ou les producteurs associés peuvent investir autant que les capitalistes alors il y a danger mortel, car cela prouve qu'on peut faire vivre l'économie sans eux. Donc la bourgeoisie internationale coalisée ne laissera pas faire. Et la bourgeoisie nationale, le plus souvent, quand on lui laisse la main libre, sabote les initiatives des planificateurs, transforme ce système en corruption, etc.[126].

Ajoutons que ce différentiel de pouvoir d'achat Nord-Sud peut dans une certaine mesure être considéré comme une condition matérielle de la social-démocratie réellement existante au XXe siècle[127]. En ce sens, le néolibéralisme et l'hégémonie impérialiste américaine sont les deux faces d'une même pièce : la nécessité en Occident d'une réduction du coût du travail est indissociable des gains relatifs du tiers-monde dans la période des décolonisations et dans la phase « dirigiste », d'industrialisation par substitution aux importations, dans les pays en développement. Et donc la bourgeoisie a fait la guerre de classe sur le front intérieur et sur le front extérieur. Toujours est-il que, de ce point de vue, l'échange inégal Nord-Sud joue un rôle fondamental dans l'idée de ce qu'est « être blanc » sur un plan social au Nord : c'est bénéficier par un certain pouvoir d'achat, par un certain État social (dont on attend implicitement qu'il protège les « nationaux » pendant les Trente Glorieuses), par un certain avantage industriel de ces « rentes » impérialistes. Et on comprend mieux le déclassement des Blancs et le fameux passage « du PC au FN » : il y a un processus de tiers-mondisation des Blancs. Mais attention, ce processus ne remet pas en cause le différentiel Nord-Sud : même si, au Nord, on a perdu en pouvoir d'achat, les marchandises conçues au Sud restent très bon marché chez nous du fait des très bas salaires au Sud (et ça, c'est le résultat du néolibéralisme et de la financiarisation au Sud). D'où la pérennité de la blanchité et le danger des néofascistes à la Trump qui visent à se *protéger* des tendances à la tiers-mondisation.

Ce qui m'amène à ton passage sur la distinction entre le capitalisme, dont les valeurs seraient les seules à être pleinement et de façon permanente « institutionnalisées » dans la société bourgeoise, et les formations comme le racisme et le sexisme qui appuieraient le capital sans pour autant se révéler indispensables à son fonctionnement ni, surtout, compatibles avec les idéaux fondamentaux de la société bourgeoise (liberté, égalité, propriété). Comme sur les aspects plus théoriques, cette distinction ne me paraît pas tenable. Même si Marx semble dire le contraire, surtout dans ses premiers textes communistes, il n'y a pas de capitalisme sans exclusion, oppression ou domination extra-économique. Sur le plan doctrinal déjà : Domenico Losurdo[128] a magistralement démontré que la théorie libérale classique repose toujours sur des logiques esclavagistes, coloniales ou de *Herrenvolk democracy*. Et pour ajouter une autre référence, je m'aligne entièrement sur le point de vue de Balibar dans son article « De la lutte des classes à la lutte sans classes ? », notamment quand il dit : « les rapports sociaux ne s'établissent pas *entre* des classes fermées sur elles-mêmes, mais bien *traversent* les classes – y compris la classe ouvrière – ou, si l'on veut, [que] *la lutte des classes se déroule dans les classes elles-mêmes*. Mais aussi [que] l'État, par ses institutions, ses fonctions de médiation et d'administration, ses idéaux et ses discours, est toujours-déjà présent dans la constitution des classes[129] ». La forme historique des classes sociales est redevable de stratégies d'exploitation côté dominants et de stratégies de résistance côté dominés qui sont irréductiblement diverses et impossibles à restreindre à un secteur revendicatif donné (salariat, question démocratique, question nationale, réformes fiscales, etc.)

Pour revenir sur la terminologie dans ton chapitre, ma compréhension de l'institution est, comme tu le notes, plus proche de ta définition dans *Vivre sans ?* et surtout plus proche des institutionnalistes, de la sociologie durkheimienne, maussienne, etc. Je vois bien le sens que tu veux donner à la distinction entre le niveau « institutionnel » et le niveau « systémique » : pour différencier le fascisme pur et dur et le racisme actuel. Mais d'une part, je ne comprends pas très bien pourquoi donner autant d'importance à une distinction entre règles écrites et règles non écrites par rapport à cet enjeu précis. Je crois par exemple que tu pourrais continuer selon ta logique à affirmer la priorité analytique du capitalisme sur le racisme dans une société comme les USA du temps de Jim Crow, pourtant le racisme était inscrit dans la loi.

D'autre part, si l'enjeu est uniquement le fait que le système est de mauvaise foi et prétend ne plus considérer ni les origines ni la couleur de peau – comme tu le notes, c'est de moins en moins le cas dans la législation –, alors on peut trouver le même genre de mauvaise foi sur les « valeurs » fondamentales de l'économie de marché : le capitalisme c'est quand on veut on peut, tout le monde peut créer son entreprise, au pire un jeune de banlieue est libre de devenir un franchisé Uber s'il ne trouve pas de boulot, « plutôt que de tenir les murs », etc. Il n'y a pas si longtemps, tout le monde se gargarisait avec la « moyennisation » ou la « disparition des classes ». C'est la crise de 2008 qui a fait éclater ce vernis bien entendu mais je veux souligner que l'autoreprésentation de la société bourgeoise c'est *there is no such thing as society*. L'économie néoclassique est même inventée explicitement pour contrecarrer l'excès de franchise qu'on trouve chez Smith et Ricardo sur l'origine de la richesse et de la valeur.

Une fois encore, je reste très sceptique sur l'idée que la société bourgeoise serait doctrinalement, ou dans sa version pure, opposée aux exclusions, privilèges, discriminations extra-économiques. Ça ne se vérifie pas du tout chez les penseurs libéraux. Ne serait-ce que le suffrage universel : il n'est en rien porté historiquement par des libéraux, mais par les radicaux de 1793, le mouvement ouvrier chartiste en Angleterre, les insurgés de 1848, les Communards, etc. Les doctrinaires du capitalisme sont fondamentalement en faveur de toutes les hiérarchies naturalisées, de caste, religieuses, esclavagistes, et accusent de « fanatisme » les militants qui veulent leur abolition (Burke et de Maistre sont en ce sens emblématiques).

Dans ses premiers textes communistes, Marx a extrapolé à l'extrême des tendances à l'homogénéisation du capitalisme (notamment dans *Le Manifeste*) et il est au cours de sa vie revenu systématiquement sur toutes ces assertions : il a reconnu la prévalence de formes précapitalistes existant durablement à côté du capitalisme et pouvant éventuellement *sauter l'étape* capitaliste dans la transition socialiste ; il a reconnu le caractère destructeur du colonialisme et a rapidement cessé de considérer les couches sociales lui résistant comme rétrogrades (ce qui était plus ou moins le cas à l'époque de rédaction du *Manifeste*) ; il a reconnu l'importance politique de la paysannerie *contra* les formules très méprisantes sur le sac de pommes de terre dans *Le 18 Brumaire*. Donc, finalement, le capitalisme réellement existant ne ressemble pas tellement à l'idéal-type dépeint par Marx, avec un salariat « libre » et un droit bourgeois face auquel nous serions tous à égalité.

En critiquant le droit bourgeois égalitaire, Marx a établi définitivement la limite intrinsèque à toute politique en faveur de « l'égalité des droits » et des conditions, c'est un apport politique énorme mais ça n'a pas de vertu descriptive sur ce que peut être le droit bourgeois dans des formations historiques données. C'est essentiellement une analyse dont la mission est de rectifier les tendances « naturelles » du mouvement ouvrier à chercher un État protecteur et des salaires qui seraient « au juste prix » du travail fourni. Et en même temps, Marx avait très bien vu que toute transition vers un au-delà à l'égalitarisme dans les limites « bourgeoises » avait pour *moyen* ces mêmes politiques égalitaristes et « bourgeoises »[130]. Comme l'a très joliment dit Fredric Jameson un jour (je cite de mémoire une conférence qui n'a pas été publiée telle quelle) : « la vraie question c'est le communisme, la dictature du prolétariat c'est rien d'autre que de l'*affirmative action* ». En ce sens, la bourgeoisie pratique cette *affirmative action* à l'envers de façon systématique et elle lutte *toujours* contre la logique égalitaire de son propre droit bourgeois, parce que cette logique égalitaire porte en elle le dépassement de ses limites intrinsèques du fait des forces sociales qu'elle met en mouvement (et qu'elle libère des formes anciennes de servitude).

Pour résumer, les sociétés capitalistes sont fondamentalement (et non par accident) racistes (sexistes aussi mais pour des raisons qui méritent des développements plus importants), et cette tendance a été « accidentellement » contrecarrée sur une période très courte (et à un prix exorbitant) qui correspond à la fin de la Seconde Guerre mondiale, la victoire de l'URSS sur le nazisme, le grand mouvement de décolonisation et de déségrégation aux États-Unis. Et comme tu le soulignes, la période actuelle marque un retour à des partages raciaux-ethniques plus explicites, donc nous vivons probablement la fin de cette « lune de miel » assez brève et vraiment très partielle.

Dans nos échanges préliminaires, tu m'as fait remarquer que les grandes luttes du salariat n'étaient pas tellement corrélées, quant à leur radicalité et leur force révolutionnaire, à une dimension spécifiquement antiraciste – tu prenais pour exemple la Commune de Paris, le 1917 ou encore la Révolution chinoise. Or ces épisodes marquent précisément les points les plus hauts des luttes de classe aux différents âges du capitalisme industriel – pas vraiment le *business as usual* par rapport auquel on peut tout de même considérer que l'enlisement réformiste va de pair avec un certain opportunisme social-chauvin. Et par ailleurs, dans la Commune, tu as justement la crème de la crème des militants socialistes, des cadres des insurrections de 1848, des membres de l'AIT, donc des professionnels de l'internationalisme, des gens par ailleurs très conscients des crimes coloniaux, des centaines d'immigrés polonais et italiens qui ont un rôle dirigeant dans la garde nationale, et tu as simultanément une insurrection en Kabylie qui entre explicitement en contact avec la Commune – et les deux parties se déclarent solidaires. Donc il me semble qu'on peut difficilement arguer du fait que la Commune soit un contre-exemple manifeste à l'idée que la race et l'impérialisme façonnent le mouvement ouvrier – le « nationalisent », pour parler comme Gérard Noiriel –, notamment son rapport à l'État bourgeois.

Pour observer ce phénomène quand il touche les couches modérées du mouvement ouvrier, il faudrait plutôt relire ce qui se joue dans les débuts de la IIIe République, avec les débuts du syndicalisme légal, et les débuts d'une première forme d'institutionnalisation de la classe ouvrière dans la nation française. Mais pour aller vite, le meilleur exemple dans cette séquence, c'est le ralliement de tout le mouvement ouvrier à la guerre de 1914, y compris chez les figures les plus marxistes comme Guesde. Il se trouve qu'en France, dans le cycle qui a suivi la Commune, la question de l'impérialisme est sous-théorisée, si on compare la situation théorique marxiste française à la social-démocratie allemande.

Et en Allemagne, les plus fervents pour l'Union sacrée sont les socialistes qui ont tenu des positions pro-coloniales (Bernstein) ou qui ont émoussé la critique de l'impérialisme (Kautsky). De leur côté, Lénine, Boukharine, Trotsky et Luxemburg étaient ceux qui avaient élaboré les théories de l'impérialisme les plus élaborées avant la guerre. Ce qui nous mène à 1917 : là encore, l'avant-garde du mouvement socialiste russe est très sensible à la question impérialiste, au racisme, au point que les guerres de libération nationale et la libération noire internationale sont rapidement des priorités de la jeune Internationale communiste – et d'ailleurs la libération des peuples opprimés par l'Empire russe fait le gros des troupes soviétiques dans la guerre civile. Quant à la révolution chinoise, comme Cuba, comme le Vietnam, comme toutes les guerres de libération nationales d'ailleurs, c'est en soi, après guerre, un facteur de radicalisation du mouvement communiste international, sinon englué dans la coexistence pacifique au niveau international et des manœuvres plus ou moins réformistes à l'intérieur des pays occidentaux.

En d'autres termes, et pour conclure ces remarques sur ton chapitre, je pense que les enjeux propres à la race et à l'impérialisme sont bien plus liés à la dynamique fondamentale du capitalisme *et* aux différends tactiques dans les gauches radicales et le mouvement social. En ce sens, je tiens que l'autonomie des luttes antiracistes ne correspond pas seulement à un ensemble d'enjeux indépendants des questions salariales strictes, mais qu'elles traduisent cette lutte des classes dont parle Balibar, celle qui se joue à l'intérieur des classes elles-mêmes. Ce qui ressort aussi de mon propos, c'est que la question raciale demeure indissociable de celle de l'impérialisme, et que l'effacement des positions anti-impérialistes ne peut avoir pour autre résultat que de liquider les formes fécondes et radicales de l'antiracisme – au profit d'un retour à une moraline fade, même si dans sa nouvelle version elle feint de dénoncer sans relâche (mais de façon pas moins incantatoire) le « privilège blanc ».

Je m'excuse encore pour la longueur de ces remarques, et je tiens à souligner qu'elles accentuent volontairement des différences dans le souci de faire avancer une discussion qui m'est très chère.

Félix Boggio Éwanjé-Épée, le 25 janvier 2021

Maintenant, la discussion peut commencer.

Notes

1. Précisons : le premier à connaître cette extension dans les populations générales *occidentales*. Car avant, il y en a déjà eu bien d'autres (Mers, Zika, VIH, Ebola...)
2. *Le Monde*, 1er janvier 2021.
3. Gilles Balbastre, *Moulinex, la mécanique du pire*, documentaire, production Point du jour, 2003.
4. Frédéric Keck, « Des chauves-souris et des hommes. Politiques épidémiques et coronavirus », entretien, lundi matin, 21 mars 2020 ; Paul Sebillotte, « Rendre le pangolin familier. Pour une lecture anticapitaliste des pandémies », Contretemps, 2 avril 2020 ; Jade Lindgaard et Amélie Poinssot, « Le coronavirus, “un boomerang qui nous revient dans la figure” », Mediapart, 20 mars 2020.
5. Entretien, *Le Monde*, 17 avril 2020.
6. Institut national de recherche pour l'agriculture, l'alimentation et l'environnement.
7. Andreas Malm, *La chauve-souris et le capital. Stratégie pour l'urgence chronique*, La Fabrique, 2020.
8. Andreas Malm, *Comment saboter un pipeline*, La Fabrique, 2020, pp. 99-105.
9. Nafeez Ahmed, « US Military Could Collapse Within 20 Years Due to Climate Change, Report Commissioned By Pentagon Says », Motherboard, Vice, 24 octobre 2019.
10. Andreas Malm, *L'anthropocène contre l'histoire. Le réchauffement climatique à l'ère du capital*, La Fabrique, 2017.
11. Christophe Bonneuil, « Capitalocène. Réflexions sur l'échange écologique inégal et le crime climatique à l'âge de l'anthropocène », EcoRev', n° 44, 1, 2017.
12. Armel Campagne, *Capitalocène. Aux racines historiques du dérèglement climatique*, Éditions Divergences, 2017.
13. Voir *infra*, chapitres 11 et 12.
14. « Le cri d'alarme de quinze mille scientifiques sur l'état de la planète », *Le Monde*, 13 novembre 2017.
15. Plateforme intergouvernementale scientifique et politique sur la diversité et les services écosystémiques.
16. Amélie Poinssot, « Derrière le Covid-19, le spectre d'autres pandémies à venir », Mediapart, 15 novembre 2020.
17. On rappellera que le député LREM Jacques Maire, corapporteur du projet de loi Retraites, était un ancien haut salarié de l'assureur Axa. On rappellera surtout cette publicité opportuniste jusqu'à la maladresse crasse, où Axa présentait par anticipation ses « solutions » à « la baisse programmée des futures pensions » (*sic*) attendue de la réforme des retraites...
18. Parmi tous les mérites qu'on peut trouver au film *High Life* de Claire Denis, il y a, en particulier, celui de déjouer ce régime d'image, dans le domaine où pourtant il est le plus susceptible de s'imposer, à savoir l'aventure spatiale.
19. Voir *infra*, chapitres 11 et 12.
20. Comme Pierre Charbonnier se qualifie lui-même, *in* « Mon principal espoir est que le zadiste, le jacobin écolo et le technocrate radicalisé pactisent », entretien, Le Vent Se Lève, 22 mars 2020.
21. *Ibid.*
22. Spinoza, *Éthique*, III, Préface.
23. Pierre Charbonnier, « Mon principal espoir est que le zadiste, le jacobin écolo et le technocrate radicalisé pactisent », art. cit.
24. Un site, « Les Infiltrés », leur sert de lieu.
25. Patrick Veillard, « Fin du monde, fin du mois, même combat », blog Oxfam, 5 août 2019.

26. Cyril Dion, « Gilets jaunes, venez marcher pour le climat », *Libération*, 3 décembre 2018.
27. *Id.*, c'est moi qui souligne.
28. Voir *infra*, chapitres 11 et 12 et Frédéric Lordon, *Vivre sans? Institutions, police, travail, argent...*, La Fabrique, 2019, pp. 173-190.
29. Hervé Kempf, *Que crève le capitalisme. Ce sera lui ou nous*, Seuil, 2020.
30. Andreas Malm, *Comment saboter un pipeline, op. cit.*
31. Qu'on pouvait déjà trouver chez Peter Gelderloos, *Comment la non-violence protège l'État. Essai sur l'inefficacité des mouvements sociaux*, Editions Libre, 2018.
32. À cet égard, voir Perry Anderson, *La pensée tiède. Un regard critique sur la culture française*, Seuil, 2005.
33. Günther Anders, *La violence, oui ou non. Une discussion nécessaire*, éditions Fario, 2014.
34. Édouard Joly, *Günther Anders. Une politique de la technique*, Michalon, coll. « Le bien commun », 2017.
35. « Peut-on réparer la mondialisation ? », « Entendez-vous l'éco », France Culture, 31 août 2020.
36. Isabelle Ferreras, Julie Battilana et Dominique Méda (dirs.), *Le manifeste Travail. Démocratiser, démarchandiser, dépolluer*, Seuil, 2020.
37. Dominique Méda, in *Le manifeste Travail, op. cit.*, p. 161.
38. Julie Battilana, in *Le manifeste Travail, op. cit.*, p. 9.
39. Isabelle Ferreras, in *Le manifeste Travail, op. cit.*, p. 50.
40. Julia Cagé, *Sauver les médias. Capitalisme, financement participatif et démocratie*, Seuil, coll. « La république des idées », 2015.
41. Ce qui ne veut pas dire qu'elle n'ait aucun effet dans la société britannique, mais des effets d'un autre type que de *pouvoir*. Voir par exemple Lucie Elven, « Inoxydable monarchie britannique », *Le Monde diplomatique*, décembre 2020.
42. Julie Battilana, « La Grande Table », France Culture, 6 octobre 2020.
43. Sandra Lucbert, *Personne ne sort les fusils*, Seuil, coll. « Fiction & Cie », 2020, p. 119.
44. *Ibid.*, p. 123.
45. *Ibid.*, p. 123. Indication de l'auteure: le propos de Michel Bon est tout à fait authentique, « Foi et entreprise », Kto, Télévision catholique, 26 octobre 2015.
46. Thomas Piketty, *Capital et idéologie*, Seuil, 2019.
47. Isabelle Ferreras *et alii*, in *Le manifeste Travail, op. cit.*, 4e de couverture.
48. Isabelle Ferreras, « Vers l'action: du politiquement impossible au politiquement inévitable », *in Le manifeste Travail, op. cit.*, pp. 37-66.
49. *Id.*, p. 66.
50. Julie Battilana, « La Grande Table », cité.
51. Voir à ce sujet Frédéric Lordon, *Imperium. Structures et affects des corps politiques*, La Fabrique, 2015.
52. Spinoza, *Traité théologico-politique*, *Œuvres*, III, traduction de Jacqueline Lagrée et Pierre-François Moreau, PUF, coll. « Épiméthée », 1999, chap. XVII, § 26, p. 575.
53. Rien à voir avec « transcendant ».
54. Collectif de chercheurs Labos 1point5, « Face à l'urgence climatique, les scientifiques doivent réduire leur impact sur l'environnement », *Le Monde*, 19 mars 2019.
55. Ludovic Lamant, « Biennales, fin de partie ? », Mediapart, 28 mars 2020.
56. Voir par exemple Tim Unwin, « Digital technologies are part of the climate change problem », ICT Works, 20 février 2020; Sylvain Rolland, « Comment le numérique pollue dans l'indifférence générale », *La Tribune*, 18 décembre 2018.
57. « L'économie ou la vie », Lundi Matin, 30 mars 2020.
58. Lettre à Kugelmann, 11 juillet 1868. Merci à André Orléan de m'en avoir rappelé la référence exacte.
59. « L'économie ou la vie », *art. cit.*
60. Giorgio Agamben, « Une question », Lundi Matin, 20 avril 2020.
61. C'est bien d'ailleurs tout le propos d'Agamben qui remonte

aux origines de la chrétienté pour y ancrer une généalogie de l'économique.

62. Éric Le Boucher, « Déconfinement : la responsabilité historique des syndicats », *Les Échos*, 17 avril 2020.

63. Jean Quatremer, compte Twitter, 9 avril 2020.

64. *Id.*, 20 avril 2020.

65. Doha Madani, « Dan Patrick on coronavirus : "more important things than living" », CNN, 21 avril 2020.

66. Même si Bookchin a ce genre de question en tête.

67. Bernard Friot, *L'enjeu du salaire*, La Dispute, 2012 ; *Émanciper le travail*, La Dispute, 2014.

68. Ce qui ne signifie pas que le Gosplan ne fut toujours *que* aberrations et incuries.

69. Ceci sans méconnaître que le choix du mot « salaire » par Friot a sa logique, mais qui est plus une logique historique que conceptuelle.

70. Voir à ce sujet Pepita Ould-Ahmed, « Le troc, une forme monétaire alternative en Russie (1991-2001) », *in* Frédéric Lordon (dir.), *Conflits et pouvoirs dans les institutions du capitalisme*, Presses de Sciences Po, 2008.

71. Stathis Kouvelakis, « Premières mesures anticapitalistes », émission Hors-Série, 11 juillet 2020.

72. Cédric Durand et Razmig Keucheyan, « Planifier à l'âge des algorithmes », *Actuel Marx*, n° 65, 2019/1 ; « L'heure de la planification écologique », *Le Monde diplomatique*, mai 2020.

73. Nelson Liechtenstein et Susan Strasser, *WalMart, l'entreprise-monde*, Les Prairies ordinaires, 2009.

74. Quand les flux nets ne vont pas carrément dans l'autre sens – des entreprises vers les (mal-nommés) « investisseurs » – notamment du fait des rachats d'actions (*buy-back*).

75. Voir Frédéric Lordon, *Fonds de pension, piège à cons ? Mirages de la « démocratie actionnariale »*, Raisons d'agir, 2000.

76. Frédéric Lordon, « Et si on fermait la Bourse… », *Le Monde diplomatique*, février 2010.

77. Aaron Bastani , *Fully Automated Luxury Communism*, Verso, 2018.

78. Pierre Gagnaire et Ryoko Sekiguchi, « Louanges du goût », « La compagnie des poètes », France Culture, 10 juillet 2020.

79. Un bien est dit « rival » quand, d'être consommé par un agent évince les autres agents de sa consommation. Typiquement : un repas. *La Joconde*, elle, n'est pas un bien rival. Elle est le plus rare, mais peut être appréciée par tous sans que la satisfaction des uns se paye de l'exclusion des autres.

80. Un anthropologue critique noterait ici, et à raison, le pli de pensée passablement désastreux qui s'est trouvé inscrit dans une habitude de langage : « comme des sauvages ». Car, précisément, les sociétés sauvages, au sens de l'anthropologie, se distinguent des nôtres en cela que, si elles connaissent la rivalité, mais codifiée dans des règles symboliques très strictes, elles ignorent la concurrence qui jette les individus les uns contre les autres dans le plus grand désordre.

81. Sur tous ces sujets, il faut mentionner les réflexion du Collectif La Buse, ainsi que le travail d'Aurélien Catin : « Pour plus de sécurité sociale dans la culture », *Le Monde diplomatique*, août 2020.

82. Collectif, « Comment ne pas redémarrer pour tout recommencer ? », *Le Monde*, 14 avril 2020.

83. Gébé, « L'an 01 », *Politique Hebdo*, 1970-1972.

84. Patricio Guzmán et Salvador Allende, documentaire, 2004

85. Pour en avoir une vue globale : Franck Gaudichaud, *Chili 1970-1973. Mille jours qui ébranlèrent le monde*, PUR, 2013.

86. Sortir du capitalisme, à proprement parler, n'entrait pas dans la perspective d'Allende.

87. Le tableau qu'en dresse Andreas Malm dans *La chauve-souris et le capital* (*op. cit.*) est tout simplement saisissant.

88. À cet égard lire Andreas Malm, *Comment saboter un pipeline ?*, *op. cit.*

89. Jean-Jacques Rousseau, « Projet de Constitution pour la Corse », in *Discours sur l'économie politique, et autres textes*, Flammarion, GF, 2011, p. 156.
90. Karl Marx et Friedrich Engels, *L'idéologie allemande*, Les Éditions sociales, 2014.
91. Léon Trostsky, « Le "socialisme dans un seul pays" », in *La révolution trahie*, Minuit, 1973.
92. « 10000 chômeurs de plus : Muriel Pénicaud appelle les employeurs à "ouvrir leurs chakras" », RT France, 14 novembre 2019.
93. *Un pays qui se tient sage*, documentaire de David Dufresne (2020).
94. Maurice Szafran, LCI, 2 juin 2020.
95. Je dois à la simple honnêteté de mentionner que j'ai bien contribué moi-même à ce genre de refrain.
96. Houria Bouteldja, « Pouvoir politique et races sociales », Revue Période, 6 juin 2016.
97. Didier Fassin, *La force de l'ordre. Une anthropologie de la police des quartiers*, Seuil, coll. « La couleur des idées », 2011.
98. Silvia Federici, *Le capitalisme patriarcal*, La Fabrique, 2019.
99. Par opposition à l'ours (*bear*) qui représente le marché baissier. Selon la conjoncture boursière, on dit tantôt que le marché est *bullish*, tantôt qu'il est *bearish*.
100. À cet égard, voir Timothée de Rauglaudre et Maïlys Khider, « Dans les réseaux féministes du CAC 40 », *Le Monde diplomatique*, décembre 2020.
101. Cinzia Arruzza, Tithi Bhattacharya et Nancy Fraser, *Féminisme pour les 99 %. Un manifeste*, La Découverte, 2019.
102. Sheryl Sandberg, numéro 2 de Facebook.
103. Le « désencastrement » étant ici une référence explicite à Karl Polanyi, *La Grande Transformation. Aux origines politiques et économiques de notre temps*, Gallimard, coll. « Bibliothèque des Histoires », 1983.
104. En l'occurrence en un sens beaucoup plus restreint que la définition qu'on en a donnée ailleurs : Vivre sans ? Institutions, police, travail, argent..., *op. cit.*
105. Cité par Paul Heideman, « Class rules everything around me », *Jacobin*, 28 septembre 2020.
106. Cinzia Arruzza, Tithi Bhattacharya et Nancy Fraser, *Féminisme pour les 99%. Un manifeste, op. cit.*
107. Fondation Cartier, *Nous les arbres*, exposition, 12 juillet 2019-5 janvier 2020.
108. Emanuele Coccia, « Les arbres disent "nous" », AOC, 1er octobre 2019.
109. *Ibid.*
110. Élise, « À quel monde nous lions-nous ? », Trou Noir, Voyage dans la dissidence sexuelle, 28 décembre 2020.
111. Élise, « À quel monde nous lions-nous ? », art. cit.
112. *Ibid.*
113. Emanuele Coccia, « Les arbres disent "nous" », art. cit.
114. Kate Kellaway, « When miners and gay activists united : the real story of the film Pride », *The Guardian*, 31 août 2014.
115. Michael McCanne, « The Panthers and the Patriots », *Jacobin*, 17 janvier 2021.
116. Mathieu Bonzom, « Faire naître le nouveau. Luttes sociales et horizon politique aujourd'hui en France », *Contretemps*, 8 juin 2020.
117. Hervé Kempf, *Que crève le capitalisme, op. cit.*
118. Le lien avec ces discussions autour de Marx est explicite notamment dans Michel Aglietta, *Régulation et crises du capitalisme*, Odile Jacob, 1997.
119. Michael Heinrich, « Crisis Theory, the Law of the Tendency of the Profit Rate to Fall, and Marx's Studies in the 1870s », *Monthly Review*, vol. 64, n° 11, 2013.
120. Michal Kalecki, « Political Aspects of Full Employment », *The Political Quaterly*, vol. 14, n° 4, 1943, p. 322-330.
121. Voir par exemple tout le développement historique dans Samir Amin, *La loi de la valeur mondialisée*, Le Temps des cerises/Delga, 2011.

122. Selon l'analyse de W.E.B. Du Bois dans *Black Reconstruction*, Harcourt, 1935.
123. Andrea Ricci, « Unequal Exchange in the Age of Globalization », *Review of Radical Political Economics*, vol. 51, n° 2, p. 236.
124. C'est ce que préconisaient Samir Amin dans *La déconnexion. Pour sortir du système mondial*, La Découverte, 1986, ou encore Mohamed Dowidar dans *Les schémas de reproduction et la méthodologie de la planification socialiste*, SNED, 1978.
125. Voir Ali Kadri, *The Unmaking of Arab Socialism*, New York, Anthem Press, 2019 et Ali Kadri, *Imperialism with Reference to Syria*, Springer, 2019.
126. Vivek Chibber, « Quand le Sud misait sur la «bourgeoisie nationale» », *Le Monde diplomatique*, juillet 2019, p. 18-19.
127. C'est tout l'argument de Zak Cope sur le social-impérialisme, voir par exemple Zak Cope, *The Wealth of (Some) Nations. Imperialism and the Mechanics of Value Transfer*, Pluto Press, 2019.
128. Domenico Losurdo, *Contre-histoire du libéralisme*, Paris, La Découverte, 2014.
129. Étienne Balibar, « De la lutte des classes à la lutte sans classes ? », *in* Étienne Balibar et Immanuel Wallerstein, *Race, nation, classe. Les identités ambiguës*, La Découverte, 1997, p. 229-230. Ce chapitre magistral vaut d'être lu, relu et médité.
130. Cette dialectique est le sens profond de sa *Critique du programme de Gotha*, Les Éditions sociales, 2008.

Chez le même éditeur

Giorgio Agamben, Alain Badiou, Daniel Bensaïd, Wendy Brown, Jean-Luc Nancy, Jacques Rancière, Kristin Ross, Slavoj Žižek, *Démocratie, dans quel état ?*

Tariq Ali, *Obama s'en va-t-en guerre.*

Zahra Ali (dir.), *Féminismes islamiques.*

Grey Anderson, *La guerre civile en France, 1958-1962. Du coup d'État gaulliste à la fin de l'OAS.*

Sophie Aouillé, Pierre Bruno, Franck Chaumon, Guy Lérès, Michel Plon, Erik Porge, *Manifeste pour la psychanalyse.*

Bernard Aspe, *L'instant d'après. Projectiles pour une politique à l'état naissant.*

Éric Aunoble, *La Révolution russe, une histoire française. Lectures et représentations depuis 1917.*

Alain Badiou, *Petit panthéon portatif.*

Alain Badiou, *L'aventure de la philosophie française. Depuis les années 1960.*

Alain Badiou, *Petrograd, Shanghai. Les deux révolutions du xxe siècle.*

Alain Badiou & Eric Hazan, *L'antisémitisme partout. Aujourd'hui en France.*

Alain Badiou, Pierre Bourdieu, Judith Butler, Georges Didi-Huberman, Sadri Khiari, Jacques Rancière, *Qu'est-ce qu'un peuple ?*

Jean-Christophe Bailly, Jean-Marie Gleize, Christophe Hanna, Hugues Jallon, Manuel Joseph, Jacques-Henri Michot, Yves Pagès, Véronique Pittolo, Nathalie Quintane, *« Toi aussi, tu as des armes ». Poésie & politique.*

Moustapha Barghouti, *Rester sur la montagne. Entretiens sur la Palestine avec Eric Hazan.*

Omar Barghouti, *Boycott, désinvestissement, sanctions. BDS contre l'apartheid et l'occupation de la Palestine.*

Jean Baumgarten, *Un léger incident ferroviaire. Récit autobiographique.*

Marc Belissa & Yannick Bosc, *Le Directoire. La république sans la démocratie.*

Mathieu Bellahsen, *La santé mentale. Vers un bonheur sous contrôle.*

Omar Benderra, François Gèze, Rafik Lebdjaoui, Salima Mellah (dir.), *Hirak en Algérie. L'invention d'un soulèvement.*

Walter Benjamin, *Essais sur Brecht.*

Walter Benjamin, *Baudelaire.* Édition établie par Giorgio Agamben, Barbara Chitussi et Clemens-Carl Härle.

Daniel Bensaïd, *Les dépossédés. Karl Marx, les voleurs de bois et le droit des pauvres.*

Daniel Bensaïd, *Tout est encore possible. Entretiens avec Fred Hilgemann.*

Amal Bentounsi, Antonin Bernanos, Julien Coupat, David Dufresne, Eric Hazan, Frédéric Lordon, *Police*

Marc Bernard, *Faire front. Les journées ouvrières des 9 et 12 février 1934.* Introduction de Laurent Lévy

Jacques Bidet, *Foucault avec Marx.*

Bertrand Binoche, *« Écrasez l'infâme! ». Philosopher à l'âge des Lumières.*

Ian H. Birchall, *Sartre et l'extrême gauche française. Cinquante ans de relations tumultueuses.*

Auguste Blanqui, *Maintenant, il faut des armes. Textes présentés par Dominique Le Nuz.*

Matthieu Bonduelle, William Bourdon, Antoine Comte, Paul Machto, Stella Magliani-Belkacem & Félix Boggio Éwangé-Épée, Gilles Manceron, Karine Parrot, Géraud de la Pradelle, Gilles Sainati, Carlo Santulli, Evelyne Sire-Marin,

Contre l'arbitraire du pouvoir. 12 propositions.

Félix Boggio Éwangé-Épée & Stella Magliani-Belkacem, *Les féministes blanches et l'empire.*

Bruno Bosteels, *Alain Badiou, une trajectoire polémique.*

Houria Bouteldja, *Les Blancs, les Juifs et nous. Vers une politique de l'amour révolutionnaire.*

Philippe Buonarroti, *Conspiration pour l'égalité, dite de Babeuf.* Présentation de Sabrina Berkane.

Pilar Calveiro, *Pouvoir et disparition. Les camps de concentration en Argentine.*

Laurent Cauwet, *La domestication de l'art. Politique et mécénat.*

Grégoire Chamayou, *La société ingouvernable. Une généalogie du libéralisme autoritaire.*

Grégoire Chamayou, *Théorie du drone.*

Grégoire Chamayou, *Les chasses à l'homme.*

Louis Chevalier, *Montmartre du plaisir et du crime.* Préface d'Eric Hazan.

Ismahane Chouder, Malika Latrèche, Pierre Tevanian, *Les filles voilées parlent.*

George Ciccariello-Maher, *La révolution au Venezuela. Une histoire populaire.*

Cimade, *Votre voisin n'a pas de papiers. Paroles d'étrangers.*

Julien Cohen-Lacassagne, *Berbères juifs. L'émergence du monothéisme en Afrique du Nord.* Préface de Shlomo Sand.

Comité invisible, *À nos amis.*

Comité invisible, *L'insurrection qui vient.*

Comité invisible, *Maintenant.*

Angela Davis, *Une lutte sans trêve.* Sous la direction de Frank Barat.

Joseph Déjacque, *À bas les chefs! Écrits libertaires.* Présenté par Thomas Bouchet.

Christine Delphy, *Classer, dominer. Qui sont les « autres » ?*

Alain Deneault, *Offshore. Paradis fiscaux et souveraineté criminelle.*

Raymond Depardon, *Images politiques.*

Raymond Depardon, *Le désert, allers et retours.* Propos recueillis par Eric Hazan.

Donatella Di Cesare, *Un virus souverain. L'asphyxie capitaliste.*

Yann Diener, *On agite un enfant. L'État, les psychothérapeutes et les psychotropes.*

Cédric Durand (coord.), *En finir avec l'Europe.*

Dominique Eddé, *Edward Said, le roman de sa pensée.*

Éric Fassin, Carine Fouteau, Serge Guichard, Aurélie Windels, *Roms & riverains. Une politique municipale de la race.*

Jean-Pierre Faye, Michèle Cohen-Halimi, *L'histoire cachée du nihilisme. Jacobi, Dostoïevski, Heidegger, Nietzsche.*

Silvia Federici, *Le capitalisme patriarcal.*

Silvia Federici, *Une guerre mondiale contre les femmes. Des chasses aux sorcières au féminicide.*

Norman G. Finkelstein, *L'industrie de l'holocauste. Réflexions sur l'exploitation de la souffrance des Juifs.*

Benjamin Fondane, *Baudelaire et l'expérience du gouffre.*

Charles Fourier, *Vers une enfance majeure. Textes présentés par René Schérer.*

Joëlle Fontaine, *De la résistance à la guerre civile en Grèce. 1941-1946.*

Françoise Fromonot, *La comédie des Halles. Intrigue et mise en scène.*

Isabelle Garo, *L'idéologie ou la pensée embarquée.*

Antonio Gramsci, *Guerre de mouvement et guerre de position.*

Textes choisis et présentés par Razmig Keucheyan.

Christophe Granger, *La destruction de l'université française.*

Daniel Guérin, *Autobiographie de jeunesse. D'une dissidence sexuelle au socialisme.*

Chris Harman, *La révolution allemande.*

Amira Hass, *Boire la mer à Gaza, chroniques 1993-1996.*

Eric Hazan, *Chronique de la guerre civile.*

Eric Hazan, *Notes sur l'occupation. Naplouse, Kalkilyia, Hébron.*

Eric Hazan, *Paris sous tension.*

Eric Hazan, *Une histoire de la Révolution française.*

Eric Hazan & Kamo, *Premières mesures révolutionnaires.*

Eric Hazan, *La dynamique de la révolte. Sur des insurrections passées et d'autres à venir.*

Eric Hazan, *Pour aboutir à un livre.*

Eric Hazan, *À travers les lignes. Textes politiques.*

Henri Heine, *Lutèce. Lettres sur la vie politique, artistique et sociale de la France.*

Victor Hugo, *Histoire d'un crime. Déposition d'un témoin.*

Hongsheng Jiang, *La Commune de Shanghai et la Commune de Paris.*

Raphaël Kempf, *Ennemis d'État. Les lois scélérates des anarchistes aux terroristes.*

Sadri Khiari, *La contre-révolution coloniale en France. De de Gaulle à Sarkozy.*

Stathis Kouvélakis, *Philosophie et révolution.*

Yitzhak Laor, *Le nouveau philosémitisme européen et le « camp de la paix » en Israël.*

Georges Labica, *Robespierre. Une politique de la philosophie.*

Henri Lefebvre, *La proclamation de la Commune. 26 mars 1871.*

Gustave Lefrançais, *Souvenirs d'un révolutionnaire.* Préface de Daniel Bensaïd.

Lénine, *L'État et la révolution. Présentation de Laurent Lévy.*

Mathieu Léonard, *L'émancipation des travailleurs. Une histoire de la Première Internationale.*

Gideon Levy, *Gaza. Articles pour* Haaretz *(2006-2009).*

Laurent Lévy, *"La gauche", les Noirs et les Arabes.*

Frédéric Lordon, *Capitalisme, désir et servitude. Marx et Spinoza.*

Frédéric Lordon, *Imperium. Structures et affects des corps politiques.*

Frédéric Lordon, *Vivre sans? Institutions, police, travail, argent.* Conversation avec Félix Boggio Éwanjé-Épée.

Frédéric Lordon, *Figures du communisme.*

Herbert Lottman, *La chute de Paris.*

Pierre Macherey, *De Canguilhem à Foucault, la force des normes.*

Pierre Macherey, *La parole universitaire.*

Gilles Magniont, Yann Fastier, *Avec la langue. Chroniques du « Matricule des anges ».*

Andreas Malm, *L'Anthropocène contre l'histoire. Le réchauffement climatique à l'ère du capital.*

Andreas Malm, *Comment saboter un pipeline.*

Andreas Malm, *La chauve-souris et le capital. Stratégie pour l'urgence chronique.*

Karl Marx, *Sur la question juive. Présenté par Daniel Bensaïd.*

Karl Marx, Friedrich Engels, *Inventer l'inconnu. Textes et correspondance autour de la Commune. Précédé de « Politique de Marx » par Daniel Bensaïd.*

Joseph A. Massad, *La persistance de la question palestinienne.*

Albert Mathiez, *La Réaction thermidorienne. Introduction de Yannick Bosc et Florence Gauthier.*

Louis Ménard, *Prologue d'une révolution (février-juin 1848). Présenté par Maurizio Gribaudi.*

Natacha Michel, *Le roman de la politique.*

Jean-Yves Mollier, *Une autre histoire de l'édition française.*

Marie José Mondzain, *K comme Kolonie. Kafka et la décolonisation de l'imaginaire.*

Elfriede Müller & Alexander Ruoff, *Le polar français. Crime et histoire.*

Alain Naze, *Manifeste contre la normalisation gay.*

Olivier Neveux, *Contre le théâtre politique.*

Dolf Oehler, *Juin 1848, le spleen contre l'oubli. Baudelaire, Flaubert, Heine, Herzen Marx.*

François Pardigon, *Épisodes des journées de juin 1848.*

La Parisienne Libérée, *Le nucléaire, c'est fini.*

Karine Parrot, *Carte blanche. L'État contre les étrangers.*

Nathalie Quintane, *Les années 10.*

Nathalie Quintane, *Ultra-Proust. Une lecture de Proust, Baudelaire, Nerval.*

Nathalie Quintane, *Un hamster à l'école.*

Alexander Rabinowitch, *Les bolcheviks prennent le pouvoir. La révolution de 1917 à Petrograd.*

Jacques Rancière, *Le partage du sensible. Esthétique et politique.*

Jacques Rancière, *Le destin des images.*

Jacques Rancière, *La haine de la démocratie.*

Jacques Rancière, *Le spectateur émancipé.*

Jacques Rancière, *Moments politiques. Interventions, 1977-2009.*

Jacques Rancière, *Les écarts du cinéma.*

Jacques Rancière, *La leçon d'Althusser.*

Jacques Rancière, *Le fil perdu. Essais sur la fiction moderne.*

Jacques Rancière, *En quel temps vivons-nous ? Conversation avec Eric Hazan.*

Jacques Rancière, *Les temps modernes. Art, temps, politique.*

Jacques Rancière, *Le temps du paysage. Aux origines de la révolution esthétique.*

Jacques Rancière, *Les mots et les torts.* Dialogue avec Javier Bassas.

Textes rassemblés par J. Rancière & A. Faure, *La parole ouvrière 1830-1851.*

Tanya Reinhart, *L'héritage de Sharon. Détruire la Palestine, suite.*

Mathieu Rigouste, *La domination policière. Une violence industrielle.*

Robespierre, *Pour le bonheur et pour la liberté. Discours choisis.*

Paul Rocher, *Gazer, mutiler, soumettre. Politique de l'arme non létale.*

Kristin Ross, *L'imaginaire de la Commune*

Julie Roux, *Inévitablement (après l'école).*

Christian Ruby, *L'Interruption Jacques Rancière et la politique.*

Alain Rustenholz, *De la banlieue rouge au Grand Paris. D'ivry à Clichy et de Saint-Ouen à Charenton.*

Malise Ruthven, *L'Arabie des Saoud. Wahhabisme, violence et corruption.*

Gilles Sainati & Ulrich Schalchli, *La décadence sécuritaire.*

Saint-Just, *Rendre le peuple heureux.* Textes établis et présentés par Pierre-Yves Glasser et Anne Quennedey.

Julien Salingue, *La Palestine des ONG. Entre résistance et collaboration.*

Thierry Schaffauser, *Les luttes des putes.*

André Schiffrin, *L'édition sans éditeurs.*

André Schiffrin, *Le contrôle de la parole. L'édition sans éditeurs, suite.*

André Schiffrin, *L'argent et les mots.*

Ivan Segré, *Le manteau de Spinoza. Pour une éthique hors la Loi.*

Ivan Segré, *Judaïsme et révolution.*

Ella Shohat, *Le sionisme du point de vue de ses victimes juives. Les juifs orientaux en Israël.*

Eyal Sivan & Eric Hazan, *Un État commun. Entre le Jourdain et la mer.*

Eyal Sivan & Armelle Laborie, *Un boycott légitime. Pour le BDS universitaire et culturel d'Israël.*

Patricia Sorel, *Petite histoire de la librairie française.*

Jean Stern, *Les patrons de la presse nationale. Tous mauvais.*

Syndicat de la Magistrature, *Les Mauvais jours finiront. 40 ans de combats pour la justice et les libertés.*

Marcello Tarì, *Autonomie ! Italie, les années 1970.*

N'gugi wa Thiong'o, *Décoloniser l'esprit.*

E.P. Thompson, *Temps, discipline du travail et capitalisme industriel.*

Tiqqun, *Théorie du Bloom.*

Tiqqun, *Contributions à la guerre en cours.*

Tiqqun, *Tout a failli, vive le communisme!*

Alberto Toscano, *Le fanatisme. Modes d'emploi.*

Enzo Traverso, *La violence nazie, une généalogie européenne.*

Enzo Traverso, *Le passé : modes d'emploi. Histoire, mémoire, politique.*

Françoise Vergès, *Un féminisme décolonial.*

Françoise Vergès, *Une théorie féminisme de la violence. Pour une politique antiraciste de la protection.*

Louis-René Villermé, *La mortalité dans les divers quartiers de Paris.*

Sophie Wahnich, *La liberté ou la mort. Essai sur la Terreur et le terrorisme.*

Michel Warschawski (dir.), *La révolution sioniste est morte. Voix israéliennes contre l'occupation, 1967-2007.*

Michel Warschawski, *Programmer le désastre. La politique israélienne à l'œuvre.*

Eyal Weizman, *À travers les murs. L'architecture de la nouvelle guerre urbaine.*

Zetkin Collective, *Fascisme fossile. L'extrême droite, l'énergie, le climat.*

Slavoj Žižek, *Mao. De la pratique et de la contradiction.*

Collectif, *Le livre : que faire ?*

Cet ouvrage a été achevé d'imprimer sur Roto-Page
par l'Imprimerie Floch à Mayenne en septembre 2024.
N° d'impression : 105661.

Dépôt légal : février 2021.
Imprimé en France.